바른 아가서(雅歌書) 강해

초판1쇄	2025년 11월 10일
저자	정보배
발행처	회개와천국복음연구소
발행일	2025년 11월 10일
ISBN	979-11-986644-2-6
가격	20,000원
펴낸곳	회개와천국복음연구소
등록번호	제 2024-000005호
펴낸이	정보배
주소	경기도 화성시 동탄반석로 120, 8층
대표전화	031)613-2001
이메일	alleteia@naver.com
홈페이지	https://DongtanMS.kr
출간문의	발해커뮤니케이션 T. (02)2279-7915

※본 저작물은 저작권법에 의하여 보호를 받는 저작물이므로 무단 전재와 무단 복제를 금합니다.
※잘못 만들어진 책은 구입하신 서점에서 교환해 드립니다.

포도원지기에서 천상의 왕비로
성장케 도와주는 강력한 신부 수업 교과서

바른 아가서(雅歌書) 강해

목 차

프롤로그 ··· 10

제1장

1. 아가서(노래들 중의 노래) 대체 어떤 책인가?(아 1:14, 2:2) ··· 15
2. 왜 예수님은 보잘 것 없는 시골처녀를 그렇게 사랑하셔야 했는가?
   (아 2:1~3) ··· 31
3. 솔로몬은 왜 술람미 여인의 첫 사랑이 되었을까?(아 1:2~4) ··· 39
4. 그녀가 솔로몬에 대해 알고 있었던 5가지 사실은 무엇인가?(아 1:2~4) ··· 47
5. 그분의 신분과 그분의 처소는 무엇을 가리키는가?(아 1:2~4) ··· 55
6. 신랑의 관심과 그분이 신부를 위해 준비한 것은?(아 1:2~4) ··· 63

제2~3장

1. 백합화에서 원수의 영토에 깃발을 꽂는 신부로(아 2:4,6:4~7) ··· 75
2. 솔로몬과 술람미 여인, 누가 먼저 청혼했을까?(아 2:8~17) ··· 89

3. 술람미 여자는 왜 솔로몬을 자기의 어머니의 집으로 데려갔을까?

  (아 3:1~4)   ⋯ 99

4. 솔로몬 왕이 탄 가마인가 아니면 왕비를 태운 가마인가?(아 3:6~11) ⋯107

제4~5장

1. 술람미 여인, 어여쁜 자에서 흠이 없는 신부가 되다(아 4:1~7) ⋯115
2. 외적인 아름다움에서 내면의 아름다움으로(아 4:1~11)   ⋯121
3. 신부가 드디어 비원(祕苑) 곧 비밀의 동산으로 들어가다(아 4:6~5:1) ⋯127
4. 전투하는 신부에서 다른 신부를 산출하고 양육하는 신부로(아 8:8~10) ⋯137
5. 아가서에 나오는 신부의 7가지 명칭(아 2:10, 5:2, 8:13)   ⋯151
6. 즉각적으로 반응하지 못해 잃어버린 주님, 어떻게 찾을 수 있는가?

  (아5:2~16)   ⋯161

제6~7장

1. 만인 중 으뜸인 솔로몬이 자기 동산에서 하는 일과 그가 준비해 놓은 복

  (아 6:1~13)   ⋯171

2. 나는 언제 주의 동산을 볼 수 있고 그 동산 안으로 들어갈 수 있는가?

  (아 6:2~3)   ⋯179

3. 당당하고 위엄찬 신부와 마하나임에서의 승리의 춤(아 6:4~13) ⋯187
4. 보다 더 성숙해진 신부가 신랑에게 바친 사랑이란 대체 무엇이었는가?

  (아 7:1~13)   ⋯195

5. 보다 더 성숙해진 신부가 준비해 놓은 사랑의 증표(아 7:10~13) ⋯203

제8장

1. 술람미 여인과 그녀의 어머니의 해산의 고통(아 8:1~5) ···213
2. 죽음같이 강한 사랑에서 죽음보다 강한 사랑으로(아 8:6~7) ···225
3. 아가서에 나오는 솔로몬의 신분과 그분의 놀라운 사랑(아 8:6~7) ···235
4. 나는 동산 어디에 거주하는 자인가?(아 8:11~13) ···243
5. 동산에도 세 장소가 있다(아 8:11~13) ···251
6. 천국에서 왕권신부, 왕후신부, 비빈신부, 시녀신부는 어떤 서열을 가리키는가?(아 6:8~9) ···259
7. 신부 술람미 여인의 최종적인 요청은 무엇인가?(아 8:14) ···265

종합편

1. 술람미 여인과 나 너 그리고 우리들(아 1:2, 4:6, 7:10~13) ···277
2. 성안 순찰자와 성벽 파수꾼은 왜 술람미 여인을 도와주지 못했을까? (아 3:2~3, 5:8) ···289

[부록] 정보배 목사가 히브리어에서 번역한 아가서 직역본 ···300

에필로그 ···320

프롤로그

|프
|롤
|로
|그

 성경의 책장 깊숙한 곳, 오랫동안 닫혀 있던 문이 하나 있습니다. 너무나 인간적인 사랑의 언어들로 가득하여 때로는 외면받고, 그 참된 의미를 오해받아 온 책, 바로 '아가서'입니다. 많은 이들이 아가서를 한 왕과 시골 처녀의 뜨거운 연애담으로만 여겨왔습니다. 그러나 이 책은 단순한 사랑 노래를 넘어, 창세부터 요한계시록까지 이어지는 하나님의 거대한 구원 계획, '하나님의 경륜' 속에서 그리스도와 교회가 맺게 될 가장 깊고 최종적인 사랑의 관계를 보여주는 천상의 서사시입니다.

 이 책은 구원의 감격을 넘어, 사랑의 완성을 향해 나아가는 모든 성도를 위한 '천상의 로드맵'입니다.
 저 또한 오랫동안 이 놀라운 비밀의 문 앞에서 서성였습니다. 하지만 성령의 조명하심 아래, 아가서가 그려내는 한 여인의 여정이 바로 오늘을 살아가는 우리 모두의 영적 순례길임을 깨닫게 되었습니다. 이 책은 세상이라는 거친 포도원에서 일하던 한 시골 처녀가 어떻게 왕의 눈에 들어 그의 사랑을 받게 되는지로 시작하여, 마침내 하늘의 왕비가 되어가는 장엄한 과정을 그려내고 있습니다.

 독자 여러분은 이 책을 통해 한 영혼이 그리스도의 신부로 성장해 가는 세 가지 놀라운 단계를 목격하게 될 것입니다.

처음에는 세상이라는 '가시나무 가운데 핀 한 송이 백합화'처럼, 그저 신랑의 사랑을 받기만 해도 감격스러웠던 순결한 신부의 모습을 만날 것입니다. 그러나 여정은 거기서 멈추지 않습니다. 신랑의 부재와 영적 시련 속에서 밤거리를 헤매던 신부는, 마침내 기도와 회개, 그리고 신랑에 대한 선포를 통해 원수의 영토에 깃발을 꽂는 '군대같이 당당한' 전사로 거듭납니다. 그리고 마침내, 신랑의 가장 깊은 비밀이 있는 '동산'에 들어가, 이제는 다른 연약한 신부들을 낳고 양육하며 신랑의 마음으로 그의 양 떼를 돌보는 동역자로 성숙해 갑니다.

혹시 여러분의 신앙은 신랑의 사랑에 그저 만족하는 '백합화'의 단계에 머물러 있지는 않습니까? 혹독한 영적 전투 앞에서 길을 잃고, 신랑의 임재를 놓쳐버린 채 밤거리를 헤매던 신부의 모습에서 여러분의 그림자를 발견하지는 않으십니까?

이 책은 여러분의 영적 현주소를 비추는 거울이자, 다음 단계로 나아갈 길을 알려주는 지도가 될 것입니다. 이 책을 통해 우리는 '성안의 순찰자들'과 '성벽의 파수꾼들'이 상징하는 영적 실체를 분별하고, '몰약 산'과 '유향의 작은 산'을 넘어, 마침내 신랑이 일하고 있는 '비밀의 동산'으로 들어가는 길을 발견하게 될 것입니다.

이것은 단순히 한 권의 책을 읽는 여정이 아닙니다. 여러분의 이름이 하늘에서 어떻게 불리게 될지를 결정하는 장엄한 순례입니다. 부디 이 책을 통해, 여러분을 향한 신랑의 죽음같이 강한 사랑이 얼마나 위대한지 깨닫고, 그 사랑에 응답하여 여러분 또한 잠들어 있던 사랑의 유전자를 깨워 가장 영광스러운 신부로 단장되기를 소망합니다.

그리하여 마침내 주님께서 여러분을 보시고 "너, 동산에 거주하는 자여!"라고 부르시는, 그 가장 깊고 은밀한 사랑의 교제 속으로 들어가는 축복을 누리시기를 간절히 기도합니다.

왕의 귀환을 기다리는
신부의 마음으로
정보배 목사

바른아가서(雅歌書)강해

제1장

1. 아가서(노래들 중의 노래) 대체 어떤 책인가?(아 1:14, 2:2)
2. 왜 예수님은 보잘 것 없는 시골처녀를 그렇게 사랑하셔야 했는가?(아 2:1~3)
3. 솔로몬은 왜 술람미 여인의 첫 사랑이 되었을까?(아 1:2~4)
4. 그녀가 솔로몬에 대해 알고 있었던 5가지 사실은 무엇인가? (아 1:2~4)
5. 그분의 신분과 그분의 처소는 무엇을 가리키는가?(아 1:2~4)
6. 신랑의 관심과 그분이 신부를 위해 준비한 것은?(아 1:2~4)

제1과
아가서(노래들 중의 노래) 대체 어떤 책인가?
(아 1:14, 2:2)

> 아1:14
> 14 [여자] 나의 사랑하는 자(내 임)는 내게 엔게디 포도원[들]의 고벨화(코페르 꽃) 송이로구나
>
> 아2:2
> 2 [남자] 여자들(딸들) 중에 내 사랑은 가시나무 가운데 백합화(아네모네) 같도다

1. 들어가며

천국 곧 새 예루살렘 성에 들어가려면 사실 세 가지 유형의 사람으로 준비되어야 한다. 하나는 회개하는 자가 되는 것이요 또 하나는 영적 전투에서 승리하는 전사가 되는 것이며, 마지막으로 하나는 오직 주님만을 사랑하는 자 그래서 정결하고도 정절을 지키며 단장하는 신부가 되어야 하는 것이다.

그중에서 아가서는 과연 어떤 사람으로 준비해주는 책인가? 그것은 세 가지를 다 준비시켜 준다. 그중에서도 아가서는 신부에 관한 말

씀을 더 중점적으로 말해주고 있는데, 그 주제는 바로 '사랑'이다. 왜냐하면 신부라는 것은 신랑만을 사랑하는 존재이기 때문이다. 이것은 하나님이 사랑이시며(요일 4:8) 또한 만세 전부터 우리를 사랑하셨기 때문이다(엡 1:4). 그렇다면 주님께서 우리를 만세 전부터 사랑하셨다는 말은 대체 무슨 뜻인가? 그리고 우리는 과연 어떻게 주님을 사랑해야 하는 것인가? 그래서 이러한 말씀을 나누고자 '신부의 단장 교과서'로 알려져 있는 '아가서'를 다시 들여다보려고 한다. 아가서는 그 주제가 일편단심으로 오직 신랑 되신 한 분 하나님이신 예수님을 사랑하는 신부의 이야기를 빼곡히 담고 있는 책이기 때문이다. 그렇다면 아가서는 대체 어떻게 신부의 사랑을 담고 있는 책이 되었는가?

2. 아가서가 성도들에게 잘 읽히지 않았던 이유는 무엇인가?

오래된 복음성가 가운데 잘 알려진 노래가 있다. '사람을 보며 세상을 볼 땐'이라는 찬양이 바로 그것이다. 그런데 이 찬양의 가사에 보면 '가시밭의 백합화'라는 말이 나오고, '동남풍아 불어라 서북풍아 불어라'라는 가사도 나온다. 왜 이 찬양 작사자는 이러한 단어를 이 찬양에 넣은 것일까? 그것은 구약성경 중에서 '아가서'에 그 단서가 있다. 왜냐하면 이 찬양 가사들은 아가서의 말씀 가운데서 따온 것이기 때문이다(아 2:2, 4:16).

아 2:2 [남자] 여자들(딸들) 중에 내 사랑은 가시나무 가운데 백합화(아네모네) 같도다

아 4:16 [남자] 북풍아 일어나라(깨어나라) 남풍아 [나]오[너]라 나의 동산에 불어서 향기를 날리라 나의 사랑하는 자가 그[의] 동산에 들어가서(와서) 그[것의] 아름다운 열매(과일) 먹기를 원하노라

그런데 노래로는 이처럼 잘 알려진 아가서가 실은 성도들에게는 잘 알려지지도 않은 책일 뿐만 아니라 또한 성도들이 잘 읽지도 않는 책이 되었다는 사실이다. 왜 그렇게 되었을까? 그 이유는 이 책에서는 신앙을 담고 있을 법한 문구가 거의 등장하고 있지 않기 때문이다. 이 책 어디에도 '하나님'이라는 말이 나오지 않기 때문이다(오직 단 한 번 '여호와'라는 단어가 나올 뿐이다, 아 8:6). 아니 거기에다가 신앙적인 표현마저도 전혀 등장하지 않고 있다. 오직 나오는 것은 연애 감정이 물씬 풍기는 세속적인 표현 같은 것들이다.

그러므로 대부분의 사람들은 이 책을 성경에서 조금 제쳐 놓으려고 한다. 읽어보면 꼭 연애편지와 같기 때문이다. 더욱이 우리는 이 책을 솔로몬이 쓴 책이라고 말하는 것을 들으면, 더욱더 이 책을 가까이 하고자 하지 않는다. 왜냐하면 솔로몬이 처음에는 참으로 신앙적으로 그리고 인격적으로 훌륭한 인물이었으나 후반에 가서 많이 타락해 버린 사람이었기 때문이다. 그러므로 수많은 여자들을 거느렸던 솔로몬이 어느 한 여인, 즉 술람미 여인만을 좋아했다는 이야기는 그리 기분이 좋게 들리지 않는다. 비(妃)와 빈(嬪)을 1,000명이나 거느렸던 솔로몬에게 여자는 한낱 노리개나 장식품과도 같이 취급될 수 있기 때문이다. 그러므로 솔로몬 왕이 어느 시골 처녀인 술람미 여인을 사랑해서 그녀와 결혼했다는 이야기는 그리 좋게 받아들여지지 않는 것이

다. 그래서인지 더욱더 아가서 읽기가 꺼려진다.

그런데 우리가 알아야 할 것은 성경만을 체계적으로 그리고 깊이 있게 연구하는 유대인 랍비들 중에 어느 누구도 이 책을 정경의 목록에서 제외시킨 적이 없다는 사실이다. 이 말씀에 담겨 있는 진정한 핵심을 그들은 어느 정도 알고 있었던 것이다. 그들은 이 책을 겉으로 표출된 두 연인들 간의 이야기로만 보지 않았던 것이다. 그러므로 우리는 다시 이 책 안으로 들어가야 한다. 그래서 하나님께서 이 책을 성령의 영감으로 솔로몬으로 하여금 기록하게 하셨던 이유와 주님께서는 과연 우리에게 무엇을 가르쳐 주려고 이 책을 쓰게 하셨는지를 살펴야 한다. 그래서 이제 이 책에 담겨 있는 놀라운 영적인 은혜가 여러분의 것이 되기를 간절히 바란다.

3. 아가서(雅歌書)는 대체 어떤 책인가?

아가서는 구약 39권의 성경책들 가운데 시가서(詩歌書)에 해당하는 '욥기, 시편, 잠언, 전도서, 아가서' 가운데 맨 마지막에 위치하고 있는 책이다. 유대인들은 이 책을 유월절(踰越節)에 읽는다고 한다. 왜 그럴까?

우선 우리가 알 것은 이 책은 단순한 책이 아니라는 사실이다. 먼저 이 책을 쓴 저자의 표현 방식부터가 다르다. 왜냐하면 이 책은 처음부터 아예 노래(가곡)를 부르기 위해 특별히 기록되었기 때문이다. 솔로몬과 어느 시골 처녀와의 러브 스토리를 노래로 표현하고 있기 때문이다. 그래서인지 이 책은 제목부터가 다르다. 히브리어로 '쉬르 하쉬림'이기 때문이다. 이는 한글로 번역하면 '노래들 중의 노래(song of songs)'라는 뜻이다. 그런데 사실 솔로몬은 잠언을 무려 3,000가지나 말했으며, 노래도 1,005개를 작사하였으니 이 노래도 아마 1,005개의 노래들 가운데 하나일 것이다(왕상 4:32). 그런데 솔로몬은 이 책을 '노래들 중의 노래'라고 칭하였다. 지금까지 현존하는 솔로몬의 노래가 얼마나 남아있는지는 아직 알아내지는 못했으나, 오직 아가서는 솔로몬이 지은 노래 중에 지금까지 우리에게 남겨져 있는 유일한 책이자 가장 중요한 책인 것이다.

그리고 이 책의 구조와 내용을 살펴보면, 크게 두 부분으로 나뉜다. 앞부분인 1장에서 5장 1절에는 솔로몬이 결혼하기까지의 과정이 담겨 있고, 결혼 이후의 삶은 5장 2절부터 8장에 이르는 후반부에 담겨 있다.

4. 아가서에만 발견할 수 있는 놀라운 특징들은 무엇인가?

그런데 아가서를 읽어보면 다 아시겠지만 이 책은 좀 특이하다고 느끼게 될 것이다. 특히 다음과 같은 측면에서 더욱 그렇게 느껴질 것이다.

첫째, 이 책은 에스더서와 같이 '하나님'이라는 표현이 단 한 번도 나오지 않는다는 것이다. 그런데 에스더서에는 신앙에 관한 단어들이 조금이나마 나온다. 하지만 아가서에는 신앙에 관한 용어들이 거의 등장하지 않는다. 그럼에도 불구하고 이 책이 처음부터 정경 목록에 들어갔다는 것은 구속사적으로 보았을 때 놀라운 일이다. 이는 이 책이 구속사적으로 매우 중요한 내용을 담고 있다는 것을 미리 알려주는 것이다.

둘째, 이 책은 상황 설명조차 전혀 없다는 것이다. 처음부터 아가서는 연극 대본처럼 등장인물들의 노래만 나오기 때문이다. 그러므로 이 책의 제목을 소개하고 있는 아가서 1:1을 제외하고는, 전부가 다 가곡의 대본으로만 구성되어 있는 것을 볼 수 있다. 그러다 보니 이 책을 이해하기가 여간 쉽지 않다. 그러므로 누군가 공연장에서 이 책대로 공연하고 있는 것을 본다면 누가 말을 하고 있는지를 알 수 있어서 이해하기가 그나마 낫겠지만, 이 책을 읽는 것만으로는 누가 노래를 하고 있는지 알기가 정말 어렵다. 그래서 지금까지도 이 부분을 누가 노래하고 있는지에 대해 논란이 많다.

셋째, 이 책이 시가서(詩歌書)인 만큼 상당히 함축적인 표현들로 가득 차 있다는 사실이다. 그러므로 이 책에 등장하는 모든 소재들 안에는 하나님께서 말씀하시고자 하는 진정한 영적인 진리가 가득 숨겨져 있다. 한 예를 들어 살펴보자. 아가서 6:8~9에는 솔로몬에게 당시 왕비가 60명이 있고, 후궁이 80명이 있으며, 시녀가 무수하다는 말이 나온다. 그리고 아가서 3:7~8에 보면, 솔로몬 왕에게는 칼을 잡고 있는 이스라엘 용사 60명이 붙어 있다고 나온다. 그런데 실제로 영안이 열려서 천국에 올라가 확인해 보면, 왕권 신부에게는 왕후 신부격의 용사들 60명이 호위하고 있고, 왕후 신부에게는 비빈(후궁) 신부격의 용사들 80명이 호위하고 있음을 보게 된다. 고로 여기에 등장하는 식물의 이름이나 색깔들 그리고 숫자 하나하나에도 다 의미가 있다는 것을 알아야 한다. 또 나중에 살펴보겠지만, '고벨화'와 '백합화'와 같은 꽃에도 그 색깔과 모양을 따라 어떤 영적인 의미가 담겨 있으며, 주요 등장인물인 '솔로몬'과 '술람미' 여인에게서도 어떤 영적 의미가 담겨 있으며, '바알하몬 포도원'이나 '호도 동산(호두 동산)'이라는 말 속에도 어떤 영적인 의미가 들어 있는 것을 알게 될 것이다.

5. 아가서의 핵심 주제는 무엇인가?

그렇다면, 아가서의 핵심 주제는 무엇인가? '솔로몬과 술람미 여인 간의 사랑 이야기'인가? 물론 이것도 틀린 것은 아닐 것이다. 하지만 이 책은 두 연인 간의 사랑을 노래하기 위한 책으로 쓰인 것은 맞지만 실은 구속사적으로 매우 영적인 의미를 내포하고 있는 책이라고 할 수 있다. 왜 그러한가? 그것은 이 책에 나오는 사람들과 식물까지도 다 영적인 의미를 담고 있기 때문이다.

첫째로, 이 책의 주인공인 솔로몬 왕과 술람미 여인에게 어떤 영적인 의미가 있는지부터 살펴보자. 솔로몬 왕은 왕관을 쓰고 있는 예루살렘의 왕이다(아 3:11). 그런데 이것은 영적으로 볼 때 하늘의 새 예루살렘 성의 왕이신 예수 그리스도를 그대로 표현해 주고 있다고 하겠다. 그리고 솔로몬이 사랑했던 유일한 여자 곧 술람미 여인의 진짜 이름은 단 한 번도 나오지 않는다. 단지 술람미의 여인이라고 단 한 번 나올 뿐이다(아 6:13). 왜 그런가? 그것은 솔로몬의 짝은 오직 술람미 여인뿐이라는 것을 말해주기 위함이다. 왜냐하면 '술람미'라는 단어는 '솔로몬'(평화)이라는 이름의 여성 명사형이기 때문이다. 왜냐하면 이 책은 처음부터 솔로몬과 원래 하나였던 자기의 신부를 찾아내는 과정을 소개하고 있는 책이기 때문이다. 이는 마치 창세기 2장에서 '이쉬'(남자)에게서 '이솨'(여자)가 나왔던 것처럼, 솔로몬(남성 명사)에게서 술람미(여성 명사)라는 여인이 나온다는 것을 그대로 말해주고 있는 것이다. 그러므로 솔로몬에게는 140명이나 되는 왕비와 비빈(후궁)이 있었어도(아 6:8) 그들은 다 솔로몬 왕의 진정한 짝이 아니었던 것이다(아 6:8). 그의 짝은 오직 하나 '술람미 여인'이었기 때문이다. 그러므로 보잘것없는 시골 처녀를 신부로 맞이하기 위해 어떻게 솔로몬 왕이 자신의 모든 것을 다 바치게 되었는지가 설명이 되는 것이다. 잃어버린 자신의 짝을 찾을 때에 비로소 솔로몬도 온전한 존재가 될 수 있기 때문이다. 고로 솔로몬에게 술람미 여인은 자신의 뼈 중의 뼈요 살 중의 살이었다고 할 수 있다(창 2:23). 그러므로 두 사람은 첫눈에 다 그것을 알아본 것이다. 이제야 비로소 자기의 짝을 발견했다고 둘은 직감했기 때문이다.

둘째로, 여기에서 술람미 여인이 소개하고 있는 솔로몬의 뛰어남과 그리고 솔로몬이 사랑하고 있는 여인의 아름다움은 참으로 만세 전에 하나님께서 계획하신 바로 그 모습을 소개해 주고 있다는 것이다. 솔로몬이 아무리 지식이 뛰어난 사람이라고 할지라도 그는 남자이기에 여자만이 느낄 수 있는 섬세함은 사실 따라갈 수가 없다. 하지만 이 시(詩)에 그러한 여인의 섬세함이 빼곡히 표현되어 있다는 것은 바로 하나님만이 이 책의 진정한 저자라는 사실을 말해준다. 그래서 이 책은 높으신 하나님께서 이 땅에 오셔서 어떻게 가시밭에서 고생하고 있는 인간을 아내로 취하시는 것인지를 그대로 표현해 주고 있다고 하겠다. 그러므로 솔로몬과 술람미 여인은 서로가 서로를 알아보고서 최고의 언어로 서로를 축복하고 있는 것이다.

셋째로, 이 책에 나오는 모든 등장인물과 식물과 동물들 그리고 숫자까지도 실은 다 영적인 의미를 내포하고 있다는 것이다. 그러므로 솔로몬 왕과 술람미 여인 둘이 처음부터 첫눈에 반하게 되고 또한 연애를 할 수밖에 없었던 이유를 알게 해 준다. 만약 우리가 현장에서 공연되고 있는 이 가곡을 보고 있다면, 많은 부분을 더 쉽게 이해할 수 있을 것이다. 왜냐하면 등장하는 이들의 옷과 소품과 색깔 그리고 표현하는 노랫말 하나하나에도 다 영적인 의미가 들어있기 때문이다. 그러므로 이 가곡에 등장하는 등장인물들이 서로를 위하여 노래하는 노랫말에서도 우리가 어떤 영적인 의미들을 발견할 수 있다면 우리는 이 책을 잘 읽고 있는 사람이 될 것이다.

6. 고벨화와 백합화 속에 담겨 있는 영적인 의미는 무엇인가?

솔로몬 왕에게는 바알하몬에 포도원이 하나 있었다(아 8:11). 그런데 그가 그 밭을 은 일천 개로 세(貰)를 내어놓았는데 묘하게도 그 밭을 술람미 여인의 오빠들이 세(貰)로 얻는다. 그런데 오빠들은 야속하게도 성경의 표현에 따르면, 아직 젖가슴이 나오지도 않은 어린 여동생에게 그 밭을 맡겨 돌보게 한다(아 1:6, 8:8). 그러자 그 아가씨가 그 포도밭에 가서 일하게 되는데, 그만 가시에 찔리고 억새 풀에 상처를 입지만 그 밭에서 열심히 일을 한다. 그러다 보니 얼굴은 검게 그을리게 된다(아 1:6). 그렇지만 아직 어린지라 포도밭에 몰래 들어와서 포도원을 망치고 있는 여우는 잡지를 못한다(아 2:15).

그러던 중에 솔로몬이 가마를 타고 자신의 왕비 60명과 비빈 80명과 무수한 시녀들 그리고 호위하는 군사 60명을 데리고 그 밭을 시찰하러 오게 된다. 그리고 둥그런 식탁을 베풀었는데, 거기에는 포도원지기인 술람미 여인도 앉게 되었고, 그 동네의 여자들도 구경꾼으로 참여하게 된다. 하지만 그때 둘은 처음부터 서로가 누군지를 알아본다. 자신의 유일한 짝이 바로 상대방이라는 것을 알아본 것이다. 그래서 처음부터 둘은 서로를 향하여 사랑하는 마음을 갖게 된다. 그때 여자가 남자를 향하여 부른 노랫말 가사가 바로 아가서 1:14이고, 남자가 여자를 향하여 부른 가사가 아가서 2:2의 말씀이다.

아 1:14 [여자] 나의 사랑하는 자(내 임)는 내게 엔게디 포도원[들]의 고벨화(코페르꽃) 송이로구나

아 2:2 [남자] 여자들(딸들) 중에 내 사랑은 가시나무 가운데 백합화(아네모네) 같도다

그때 술람미 여인은 솔로몬 왕에게 이렇게 말했다. "나의 사랑하는 자(내 임)는 내게 엔게디 포도원[들]의 고벨화(코페르꽃) 송이로구나"(아 1:14). 그러자 솔로몬 왕도 그녀를 보고서 말하기를 "여자들(딸들) 가운데 있는 내 사랑(술람미 여인)은 가시나무 가운데 백합화(아네모네) 같도다"(아 2:2)라고 하면서 노래로 화답한다. 그런데 앞에서도 말했지만 이 책은 가곡시로서 함축적인 표현들로 가득 차 있다. 그러므로 이 책에 나오는 21가지 꽃들 가운데, 왜 여자가 남자를 가리켜 '엔게디 포도밭의 고벨화 송이'라고 했는지를 알아야 한다. 그 이유는 그 꽃의 색깔을 보면 금방 알아볼 수 있기 때문이다. 왜냐하면 그 꽃은 적갈색을 띠고 있기 때문이다. 즉 이 고벨화 꽃은 꽃잎의 바깥쪽 부분은 피로 얼룩져 있는 모습이지만 이 꽃송이 안쪽에는 흰색의 깨끗한 옷을 입고 있는 예수님의 모습을 그대로 담고 있기 때문이다. 그러므로 범죄로 인하여 하나님으로부터 떨어져 나가서 가시밭에 있는 여인을 왕이 찾아온 것이다. 그래서 다시 자신의 신부로서 삼기 위해 자신이 어떻게 행할 것인지를 적갈색의 고벨화 송이가 알려주고 있는 것이다. 이는 장차 피 흘려 죽으실 예수님을 말씀하는 것이다. 그러므로 그녀도 둥그런 식탁에 자신이 초대받았을 때에 벌써 나도(나드) 기름으로 향기를 발하고 있었으며, 자신의 가슴에는 몰약 향주머니를 차고 있었던 것이다. 이는 마치 마가복음 14장에서 죽기 위해서 오셨으나 아무도 주님의 죽음을 알아차리지 못하고 있었던 제자들과는 달리, 주님의 죽음을 미리 슬퍼하면서 순전한 나드 옥합을 깨뜨린 여인처럼, 술람미 여인도 역시 순전한 나드 향유를 깨뜨린 채 그 자리에 참석하

고 있었던 것이다(막 14:3, 8~9). 그리고 주께서 죽으신 후 그 시체에 발라 드릴 몰약을 이미 그녀도 자신의 가슴에 차고 있었던 것이다(눅 24:1).

막 14:3 예수께서 베다니 나병환자 시몬의 집에서 식사하실 때에 한 여자가 매우 값진 향유 곧 순전한 나드 한 옥합을 가지고 와서 그 옥합을 깨뜨려 예수의 머리에 부으니
막 14:8~9 그[녀]는 힘을 다하여 내 몸에 향유를 부어 내 장례를 미리 준비하였느니라 9 내가 진실로 너희에게 이르노니 온 천하에 어디서든지 복음이 전파되는 곳에는 이 여자가 행한 일도 말하여 그[녀]를 기억하리라 하시니라
눅 24:1 안식 후 첫날 새벽에 이 여자들이 그 준비한 향품을 가지고 무덤에 가서

우리는 여기서 시골에 사는 보잘것없는 처녀, 가시나무에 긁히어 상처로 가득한 그 처녀를 왜 솔로몬이 사랑할 수밖에 없었는지를 알게 된다. 왜냐하면 그녀는 잃어버린 원래의 자기의 짝이었기 때문이다. 그러므로 솔로몬은 그녀를 두고 말한다. "내 주변에는 참으로 여자들이 많이 있었소. 왕비도 60명, 비빈도 80명, 시녀들도 무수하다오. 하지만 다 정략적인 결혼으로 맺어진 것뿐이오. 그러니 내 사랑은 이들 중에서 오직 한 사람, 비록 시골 처녀이지만 당신뿐이라오. 그대는 내게 가시나무 가운데 백합화이기 때문이다." 그럼, 여기서 '가시나무'와 '백합화'는 무슨 뜻인가? 우선 '가시나무'는 죄를 짓고 에덴동산에서 쫓겨나 세상에서 고생하고 있는 아담의 신부 하와를 가리키고 있는 것이다. 왜냐하면 그때 하와가 떠나간 땅에는 가시덤불과 엉겅퀴가 자라고 있었기 때문이다(창 3:18).

그럼, '백합화'는 무슨 뜻인가? 그것은 우리가 보통 알고 있는 흰색의 릴리(백합화)가 아니다. 이는 번역을 잘못한 것이다. 왜냐하면 이 백합화는 빨간색의 아네모네를 가리키기 때문이다. 왜냐하면 유대인들은 이 꽃을 결코 흰색의 '릴리' 꽃으로 보지 않기 때문이다. 가서 유대인들에게 물어보라. 그들은 이 꽃을 가리켜, 빨간색의 꽃잎으로 둘러싸여 있는 '아네모네'라고 말한다. 그런데 이 꽃을 찬찬히 살펴보면 이 꽃 모양이 거의 적갈색의 고벨화를 쏙 빼닮았다는 것을 알 수 있다. 왜냐하면 이 꽃 역시 바깥쪽은 빨간색이지만 안쪽에는 흰색이 들어 있기 때문이다. 더욱이 이 꽃의 한가운데에는 보라색(자주색)의 수술들이 달려있다. 이때 보라색은 왕이나 왕비가 입는 옷을 상징한다. 그리고 이 꽃의 보라색 수술은 꽃망울을 터뜨릴 때까지 숨겨져 있다.

그렇다면 이 백합화는 무엇을 상징하는가? 사실 이 백합화(아네모네)는 장차 천국에서 왕비로 등극할 하늘 왕의 신부를 가리킨다. 이 여인은 비록 이 세상에서 힘겹게 살고 있는 시골 처녀에 불과한 존재이지만 사실은 장차 하늘나라에서 왕비가 될 존귀한 여인으로 예정된 자인 것이다. 그러니 주님께서도 이 여인을 다시 자신의 아내로 맞아들이기 위해 기꺼이 고벨화처럼 피 흘려 죽는 것을 자청하고 그녀에게 찾아온 것이다. 신부를 위해 자신의 목숨을 내놓고 핏빛으로 물들인 옷을 입기를 자청하였던 그분이 바로 우리 주 예수님이시기 때문이다.

7. 나오며

시골 처녀에게 있어서 솔로몬 왕은 언감생심(焉敢生心)의 대상일 뿐이었다. 솔로몬은 호화로운 왕궁에 거하면서 수많은 예쁜 왕비들과 비빈들과 궁녀들 속에 살고 있었기 때문이다. 그러므로 시골 처녀가 그분의 왕비가 된다는 것은 꿈에도 생각해보지 못할 일이었다. 하지만 두 사람은 서로를 보자마자 서로가 누군지를 알아보았다. 원래 솔로몬의 유일한 짝으로 예정된 그녀를 솔로몬도 금방 알아보았고, 그녀도 비록 자신은 가시밭에 있는 들꽃에 불과하지만 그녀의 짝은 오직 그분이라는 것을 알아본 것이다. 이것을 노래로 부르고 있는 것이 바로 아가서 1장과 2장의 내용인 것이다.

그리고 이제 3장에 가면 이제 솔로몬이 그녀에게 청혼을 하게 된다. 그러자 그녀가 말한다. "포도원에 작은 여우들이 있는데 그것을 잡아주면 결혼을 하겠습니다"(아 2:15). 그래야 그녀가 포도원지기로서 하지 못했던 마지막 과업을 끝낼 수 있기 때문이다. 그러자 왕은 여우 곧 영적으로 볼 때에 사탄 마귀와 귀신들을 잡아주겠노라고 약속한다. 그러자 결혼식이 치러진다. 그리고 왕은 그녀를 왕권 신부로 맞이하고, 그녀에게 60명의 비빈 신부격의 사람들을 붙여 준다. 그녀가 이제 진짜 하늘의 진정한 왕비가 된 것이다. 그렇다. 아가서는 그냥 단순한 연애 편지의 책이 아니었던 것이다. 이 책은 만세 전에 하나님이 품으신 뜻을 계시하고 있는 심오한 책인 것이다. 처음에 짝으로 주어졌던 잃어버린 신부를 찾아 나선 하늘 왕의 이야기가 바로 이 책인 것이다. 그리고 포도밭(교회)에서 힘들게 여우를 잡느라 고생하는 신부의 과업이 성취되도록 기꺼이 여우를 잡아주면서 신부를 위해 호위병을 배치해 주고 있는 것이 신랑인 것이다. 참으로 가슴 벅찬 이야기다. 우리 믿는 이들이 만세 전부터 하나님의 계획 속에 주님의 거룩한 신부였다는 것도 놀라운 이야기이겠지만, 이 잃어버린 신부를 아내로 얻기 위해 신랑은 죄가 전혀 없지만, 핏빛으로 물들인 옷을 입고 장차 신부를 위해 목숨을 내놓기 위해서, 그것도 신부가 일하는 포도밭에서 한 송이 꽃으로 자라고 있었던 것이다. 우리를 위해 기꺼이 한 송이의 고벨화가 되어 주신 우리 주님께 오직 감사와 영광과 찬양과 존귀를 올려 드릴 뿐이다.

제2과
왜 예수님은 보잘것없는 시골 처녀를 그렇게 사랑하셔야 했는가?
(아 2:1~3)

> 아 2:1~3
> 1 [여자] 나는 사론의 수선화(무궁화)요 골짜기의 백합화(은방울꽃)로다
> 2 [남자] 여자들(딸들) 중에 내 사랑은 가시나무 가운데 백합화(아네모네) 같도다
> 3 [여자] 남자들(아들들) 중에 나의 사랑하는 자는 수풀(숲의 나무들) 가운데 사과나무 같구나 내가 그[것의] 그늘에 앉아서 심히 기뻐하였고 그[것의] 열매는 내 입에 달았도다

1. 아가서는 어떤 책인가?

아가서(雅歌書)는 처음부터 오페라 가곡시처럼 쓰인 책으로서, 솔로몬과 술람미 여인과의 사랑을 노래한 책이다. 그런데 이 책의 실제 주인공은 우리의 영원한 신랑이신 그리스도와 그리스도의 신부인 성도들이다. 그러므로 이 책을 두 연인 간의 연애편지로만 보아서는 아니 된다. 이 책에 등장하고 있는 모든 표현들 특히 꽃이나 나무나 숫자와 같은 모든 소재들은 영락없이 어떤 영적인 것을 함축하고 있는 표현

들이기 때문이다. 예를 들어 여기에 나오는 '포도원'은 구약 시대로 치자면 이스라엘 백성 공동체를 가리키는 것이요, 신약으로 치자면 '교회'를 가리킨다고 하겠다. 그리고 엔게디 포도원의 적갈색의 고벨화 송이는 신랑 되신 예수님을 가리키고, 가시나무 가운데의 백합화(아네모네)는 신부인 성도들을 지칭하는 표현이라고 할 수 있기 때문이다.

2. 솔로몬과 술람미 여인이 서로 사랑하게 되었을 때에 둘은 서로를 어떻게 표현했나?

솔로몬이 처음으로 술람미 여인을 만나 그녀의 비둘기 같은 눈을 쳐다보았을 때, 솔로몬은 그녀야말로 자신의 유일한 신부라는 것을 즉각적으로 알아보게 된다. 또한 술람미 여인도 솔로몬을 처음 만난 이후 오직 솔로몬만을 자신의 영원한 신랑으로 맞이하고자 하는 마음을 갖는다. 그때 술람미 여인은 솔로몬을 '엔게디 포도원의 고벨화 송이'라고 노래했으며(아 1:14), 솔로몬은 술람미 여인을 '가시나무 가운데 백합화와 같다'고 하였다(아 2:2). 그런데 전편에서도 살펴보았지만, 포도원에 있는 적갈색의 고벨화는 그 모양이 영락없이 예수님을 닮고 있음을 알게 되었다. 왜냐하면 그 꽃의 색깔이 그렇다. 이 꽃의 안쪽 색깔이 흰색인 것을 보면 그분 자체는 순결하신 분이셨음을 알려준다. 그리고 바깥쪽이 붉은색인 것은 그분이 인류의 죄를 대신 담당하시기 위해 피 흘리실 것을 말해주고 있기 때문이다. 그래서 그분의 옷은 온통 핏빛으로 물들어 있는 모양을 하고 있었다. 그리고 가시나무 가운데 백합화는 빨간색의 아네모네를 가리키는 것으로서, 열정으로 오직 일편단심 주님만을 사랑하는 신부의 마음을 표현하는 것임을 알 수 있었다.

3. 여자는 왜 스스로를 샤론의 수선화와 골짜기의 백합화라고 했을까?

이때 여자 술람미 여인은 자기 스스로에 대해서 두 가지로 표현한다. 그것의 하나는 '샤론의 수선화'요, 또 하나는 '골짜기의 백합화'라는 것이다.

아 2:1 [여자] 나는 샤론의 수선화(무궁화)요 골짜기의 백합화(은방울꽃)로다
아 2:1 [NIV] I am a rose of Sharon, a lily of the valleys.

그런데 이 꽃들은 우리가 일반적으로 알고 있는 흰색의 수선화나 흰색의 백합화를 가리키는 것이 아니다.

먼저, '샤론의 수선화(하밧첼레트)'는 흰색의 수선화(릴리)가 아니라 빨간 장미꽃을 가리키기 때문이다. '샤론의 수선화'를 영어로 찾아보면 '샤론의 장미꽃(Rose of the Sharon)'이라고 나와 있다. 그런데 실제로 이 샤론의 장미는 다름이 아니라 우리나라의 국화인 '무궁화'를 가리킨다. 무궁화가 샤론의 장미이기 때문이다. 사실 이 꽃 모양을 찬찬히

살펴보면, 가시나무 가운데 피어 있는 아네모네의 꽃 색깔과 반대 방향의 색깔을 지닌 꽃이라고 할 수 있다.

그렇다면 이 무궁화가 언제부터 우리나라의 국화가 되었을까? 그것은 아주 오래되었다. 그래서 역사를 거슬러 올라가 보면, 최소 신라시대에도 이미 우리나라인 신라를 '무궁화의 나라'라고 구당서에 기록된 것을 찾아볼 수 있으며, 더 고대에 쓰인 문서에는 단군이 동방으로 올 때부터 무궁화를 가지고 왔다고 알려져 있기도 하다. 사실 대한민국은 그 꽃을 5천 년 이상 품고 온 것이다. 그런데 이러한 무궁화는 예쁘고 화려한 꽃잎을 가진 것은 아니다. 다만 이 꽃은 사라지지 않고 계속해서 피는 놀라운 끈질김을 가지고 있다는 것이 이 꽃의 특징이다. 아침에 피었다가 저녁에 지더라도 한 번 꽃망울을 터뜨리기 시작하면 약 3~4개월간 쉬지 않고 피고 지는 꽃, 이 꽃이 바로 무궁화인 것이다. 그러므로 여자가 자신을 '샤론의 장미' 곧 '무궁화'라고 표현한 것은 비록 겉으로 보기에는 자신이 예쁘고 화려하지는 않아도 그 생명력만큼은 끈질긴 사람이라고 말하고 있는 것이다.

그리고 이 여자는 또 자신을 '골짜기의 백합화(슈샨)'라고도 말한다. 여기서 '골짜기의 백합화'는 골짜기에 피어 있는 아네모네인 백합화를 가리키는 것이 아니다. 이 꽃은 백합화의 다른 일종으로서, 흰색의 백합화와는 그 모양과 색깔이 확연히 다른 꽃이다. 왜냐하면 '골짜기의 백합화'는 영어로 'Lily of the valley (골짜기의 백합화)'로서, 실제로는 '은방울꽃'을 가리키기 때문이다. 영어로 '골짜기의 백합화'를 한번 검색해 보라. 그러면 이 꽃이 '은방울꽃'이라고 바로 나온다. 이 꽃은 한 개의 꽃대에 약 10개 정도의 작고 귀여운 흰색의 은방울 모양의 꽃들이 오손도손 혹은 기다랗게 붙어 있다. 그런데 이 꽃의 특징은 모두가 다 고개를 숙이고 있어 수줍은 아낙네의 모양을 하고 있으며, 그리고 꽃이 지고 나면 열매를 맺게 되는데 이 열매가 놀랍게도 빨간색의 동그란 열매를 맺는다는 것이다.

고로 '골짜기의 백합화'라는 꽃은 '골짜기의 백합화'라는 이름을 가진 백합화의 한 종류로서 은방울꽃인 것이다. 그리고 어떤 이는 이 꽃을 일컬어 '아가씨의 눈물'이라고 말하기도 하고, '마리아의 눈물'이라고 말하기도 한다. 그래서인지 이 꽃의 꽃말은 '순결, 순수'라는 의미를 가졌다. 그리고 거기에서 좀 더 나아가서는 '눈물'이라는 의미까지 들어 있다. 그러므로 이 꽃을 통해 술람미 여인이 자신에 대해 하고 싶은 말이 있었던 것이다. 그것은 "나는 순결을 지키며 오직 나를 사랑해줄 당신만을 기다리고 있어요. 어서 오셔서 나를 데려가 주세요"라는 의미라고 할 수 있다. 결국 이 여자가 자신을 '샤론의 수선화'요, '골짜기의 백합화'라고 말한 것은 겉으로 그렇게 보잘것없는 꽃에 해당하지만, 그 어떤 원수의 공격에도 죽지 않고 버티면서 끈질기게 생명력을 이어오고 있는 존재이자, 동시에 순결을 지키며 오직 신랑 되신 예수님을 기다리고 있는 꽃이라는 것을 말해주고 있는 것이다.

4. 술람미 여인은 어떻게 되어서 솔로몬을 '수풀 가운데 사과나무 같구나'라고 말했던 것일까?

솔로몬이 술람미 여인에게 "내 사랑은 가시나무 가운데 백합화(아네모네) 같도다"(아 2:2)라고 말했을 때, 술람미 여인은 솔로몬을 두고 "나의 사랑하는 자는 아들들 중에 숲의 나무들 가운데 있는 사과나무 같도다"라고 화답한다(아 2:3). 그런데 여기에 나오는 '수풀'은 사실 '풀잎'을 가리키는 것이 아니다. 원문에 보면 '숲의 나무들'이라고 나와 있기 때문이다. 그런데 이러한 나무들 중에 그 여인은 솔로몬을 '사과나무 같아 보인다'고 말했다.

그렇다면 왜 술람미 여인은 솔로몬을 가리켜, '사과나무 같아 보인다'고 말했을까? 아가서에서 '사과나무'는 에덴동산을 연상시키기에 매우 충분하다. 왜냐하면 아가서 2:3의 말씀을 보면, 그녀가 그 사과나무 아래에서 쉬면서 기뻐했다고 말하고 있으며, 또한 그녀가 그 열매를 한입에 먹고 기뻐했다고 말하고 있기 때문이다. 이는 술람미 여인이 지금 자신을 하와에 빗대어 말하고 있는 것임을 알려 준다. 그리고 사과나무는 생명나무를 가리키고 있는 것이다. 왜냐하면 '사과나무'를 히브리어로 보면 '탑부아흐'인데, 이 단어는 동사 '나파흐'에서 온 것이요, 이 동사의 뜻은 '숨 쉬다, 숨을 불어넣다'라는 뜻이기 때문이다. 곧 사과나무는 영적으로 '생명나무'를 뜻하고 있었던 것이다. 사실 천국에 올라가 보면 생명나무의 모습이 거의 사과나무에 가깝다고도 할 수 있다. 그러니까, 이 여인이 솔로몬을 두고 '사과나무'라고 노래한 것은 "당신은 나의 생명의 원천입니다. 나는 당신으로부터 나온 존재입니다. 내가 당신의 그늘 아래에 있을 때가 제일 행복합니다"라는 뜻을 전달하고 있는 것이다. 그리고 이어서 그녀는 "솔로몬, 내가 당신과 함께 있을 때에 당신이 준 생명의 열매는 매우 달콤했어요"라고 말하고 있는 것이다.

5. 왜 솔로몬 같은 위대한 하늘 왕께서 왜 햇빛에 그을려 거무스름한 포도원지기 시골 처녀를 사랑하여 그녀를 위해 자신의 목숨까지 내놓게 되는가?

솔로몬 왕은 왜 햇빛에 그을려 거무스름하게 변해 있는 그 시골 처녀만을 사랑하려고 했던 것일까? 그래서 자신의 목숨까지도 아깝지 않게 내놓음으로써 십자가에서 피 흘려 죽으시기를 자청하신 것일까? 그것은 솔로몬에게 그녀는 처음부터 원래 자신의 짝이었기 때문이다. 자기에게서 나온 유일한 짝 곧 아담에게 있어서 하와와 같은 존재였기에 그녀를 즉시 알아본 것이다. 그러므로 비록 인간이 타락함으로 인하여 에덴동산으로부터 쫓겨나 이 세상의 험난한 가시나무들 사이에서 살고 있지만, 예수께서는 오직 그녀만이 자신의 짝이자 배필인 것을 알고 있기에, 그녀를 세상으로부터 구출하여 천국 동산으로 데려가고자, 기꺼이 자신의 목숨을 내놓으려고 하신 것이다.

그러므로 솔로몬이 이 아가서를 쓸 당시는 아마도 솔로몬 왕의 통치 초기였을 것이다. 그러나 그때에도 이미 솔로몬에게 왕비가 60명,

후궁은 80명, 시녀들이 무수히 있었음을 알 수 있다. 하지만 자신의 짝은 오직 한 사람 곧 술람미 여인이었기에 그녀만을 자신의 유일한 '사랑'이라고 말하고 있으며, 그녀를 위해 자신의 목숨을 고벨화 송이처럼 내어놓을 수 있었던 것이다. 이것이야말로 하나님이 인간을 사랑하게 되신 본래적인 이유인 것이다.

제3과
솔로몬은 왜 술람미 여인의 첫 사랑이 되었을까?
(아 1:2~4)

> 아 1:2~4
>
> **2** [여자] [그가] 내게 입맞추기를 원하니 [참으로] 네(당신의) 사랑이 포도주보다 나음이로구나(좋도다) **3** 네(당신의) 기름[들]이 향기로워 아름답고 네(당신의) 이름이 쏟은 향기름 같으므로 처녀들이 너(당신)를 사랑하는구나 **4** 왕이 나를 그의 방(밀실, 가장 깊숙한 곳)으로 이끌어 들이시니(데려가셨으니) 너(당신)는 나를 인도하라 우리가 너(당신)를 따라 달려가리라 우리가 너(당신)로 말미암아 기뻐하며 즐거워하니 네(당신의) 사랑이 포도주보다 더 진함이라 처녀들이 너(당신)를 사랑함이 마땅하니라

1. 술람미 여인이 솔로몬과 결혼하기 전에도 그녀는 다른 여인들 앞에서 당당했었다. 그 이유는 대체 무엇이었는가?

술람미 여인은 예루살렘의 딸들이 자기를 거무스름하다고 놀려대도 그녀는 항상 당당하였다(아 1:5~6). 그녀는 남이 자기를 보기에는 햇볕에 그을려 시커멓게 변색해 버린 '게달의 장막' 같이 보일지라도 자신은 '솔로몬의 휘장'처럼 멋지다고 생각하고 있었다. 그녀가 자신

을 그렇게 생각한 이유는 오빠들의 성화에 못 이겨 포도원을 돌보느라고 햇볕에 그을린 것이니, 겉으로 보이는 것으로 자신을 평가하지 말라고 말한 것이다.

그런데 어떻게 시골 처녀였던 술람미 여인은 예루살렘에 살고 있는 대도시 여인들 곧 흰색 피부를 가진 여자들에게 꿇리지 않고 당당하게 말할 수 있었는가? 그 정확한 이유는 그녀가 결혼하기 전에 이미 솔로몬으로부터 지대한 사랑을 받고 있다는 것을 알고 있었기 때문이다. 그녀는 이미 솔로몬이 어떤 사람이었는지를 들어서 그리고 보아서 잘 알고 있었고, 일찍이 솔로몬과의 그 어떤 만남을 가진 이후 솔로몬이 자기를 사랑하고 있고 또한 그가 자기에게 온전히 빠져 있다는 것을 잘 알고 있었기 때문이다(아 4:9). 그랬다. 그녀는 그분이 오직 자기만을 유일한 짝으로 생각하고 있다는 것을 익히 알고 있었기에 당당했던 것이다(아 6:9).

아 4:9 [남자] 내 누이, 내 신부야 네가 내 마음을 빼앗았구나 네 눈으로 한 번 보는 것과 네 목의 구슬 한 꿰미로 내 마음을 빼앗았구나

아 6:9 [남자] 내 비둘기, 내 완전한 자는 [그녀] 하나뿐이로구나 그[녀]는 그의 어머니의 외딸(하나)이요 그 낳은 자가 귀중하게(깨끗하게, 순결하여, 흠없게) 여기는 자로구나 여자들(딸들)이 그[녀]를 보고 복된 자라 하고 왕비와 후궁들도 그[녀]를 칭찬하는구나

2. 결혼하기 전 솔로몬과 술람미 여인은 어떤 사이였는가?

사실 솔로몬과 술람미 여인은 원래 바알하몬에 있는 포도원의 임대인과 고용인의 관계였을 뿐이다. 왜냐하면 솔로몬이 가지고 있던 많은 포도원들 가운데 술람미 여인이 살던 지역에도 역시 포도원이 있어서 그가 그것을 세로 놓은 상태였을 때에, 그녀의 오빠들(배다른 오빠들로 보임)이 그것을 세로 얻어서 어린 동생이었던 그녀에게 그 포도원을 맡겼기 때문이다(아 8:11~12, 1:6).

과거에 솔로몬은 자기의 포도원을 보려고 가끔씩 예루살렘 궁궐을 떠나 그 시골로 내려간 적이 있었던 것 같다. 그러다가 어느 날 솔로몬과 그녀가 서로 눈이 그만 마주치고 말았던 것이다. 그런데 솔로몬의 눈 속에 그녀는 자기가 바로 찾던 그 대상 바로 그 짝이었다. 그러한 사실은 훗날 솔로몬이 그녀와 결혼한 후에 고백을 통해서도 밝혀지게 된다. "내 누이, 내 신부야 네가 내 마음을 빼앗았구나. 네 눈으로 한 번 보는 것과 네 목의 구슬 한 꿰미로 내 마음을 빼앗았구나"(아 4:9).

3. 그녀가 솔로몬에 대해서 알고 있던 5가지 사실은 무엇인가?

우리는 이 가곡시의 첫 문장이 어떻게 출발하는지를 주의 깊게 볼 필요가 있다. 왜냐하면 모든 연극은 모든 일들의 사건을 처음부터 나레이션처럼 소개해주지 않고 어떤 대사가 나오고, 어떤 사건을 보여줌으로써 그전에 있었던 일들을 짐작하게 해주거나 장래에 일어날 일들을 제시해주기 때문이다. 그러므로 아가서의 첫 문장도 제목을 제외하고는 그녀가 이전에 솔로몬과 어떻게 가까워졌는지에 대해서 말해주지 않는다. 하지만 그녀가 지금 알고 있는 사실이 어떤 것인지에 대해서 몇 줄에 걸쳐서 말하고 있다. 그것이 바로 아가서 1장 2~4절에 나오는 첫 대사인 것이다.

아 1:2~4 [여자] [그가] 내게 입맞추기를 원하니 [참으로] 네(당신의) 사랑이 포도주보다 나음이로구나(좋도다) 3 네(당신의) 기름[들]이 향기로워 아름답고 네(당신의) 이름이 쏟은 향기름 같으므로 처녀들이 너(당신)를 사랑하는구나 4 왕이 나를 그의 방(밀실, 가장 깊숙한 곳)으로 이끌어 들이시니(데려가셨으니) 너(당신)는 나를 인도하라 우리가 너(당신)를 따라 달려가리라 우리가 너(당신)로 말미암아 기뻐하며 즐거워하니 네(당신의) 사랑이 포도주보다 더 진함이라 처녀들이 너(당신)를 사랑함이 마땅하니라

여기에는 그녀가 솔로몬에 관하여 알고 있는 다섯 가지 사실이 나온다. 첫째 그녀는 그분의 놀라운 사랑을 알고 있었다. 둘째, 그분의 기름 부음과 셋째, 그분의 놀라운 이름. 그리고 넷째, 그분의 위대한 신분과 다섯째, 그분이 준비해 놓은 최고의 처소에 대해 알고 있었다.

4. 그분의 사랑은 어떠한 사랑이며, 그분의 기름부음은 어떠한 기름부음인가?

먼저, 술람미 여인이 알고 있었던 솔로몬의 사랑과 그분의 기름 부음에 대해 살펴보자.

첫째, 그분의 사랑은 자기를 사랑하는 이를 위해 목숨을 내놓을 준비가 되어 있는 사랑이었다(아 1:2, 4, 14). 그것은 포도주를 마시는 것보다 더 뛰어나고 진하다고 했기 때문이다(아 1:2, 4). 사실 왕의 곁에는 수많은 그의 여인들이 있었다. 적어도 당시 왕후는 60명이 있었고, 비빈도 80명이나 있었으며 시녀들은 무수히 많이 있었다. 하지만 솔로몬은 아직 자신이 진정 사랑하는 연인을 만나지 못한 상태에 있었다(그래서 그는 사실 외로웠다). 그래서 솔로몬은 지고한 사랑의 대상을 찾고 있던 중이었다. 만약 그가 그러한 대상을 만나기라도 한다면 자신의 목숨이라도 내놓을 준비가 되어 있었던 상태였다. 그런데 바알하몬에 있는 포도원에서 그만 그녀를 만나게 된 것이다. 그러니까 술람미 여인도 그에 대해 표현하기를 "내 임은 엔게디 포도원의 고벨화 송이"라고 말했던 것이다(아 1:14).

둘째, 술람미 여인이 알고 있었던 것은 '그분의 기름 부음'이다. 솔로몬은 이미 왕으로 기름 부음을 받은 상태에 있었다. 순결한 감람유로 기름 부음을 받아 왕이 된 상태였기 때문이다. 그러니 그분에게서 성령의 기름 부음이 계속 흘러넘쳐서 그 향이 주변을 가득 메우고 있었다. 그러므로 그녀는 그분의 기름 부음을 보자 "당신의 감람유들이 향기로워 아름답기가 그지없어요"라고 말했던 것이다(아 1:3). 사실 참 하늘에서 솔로몬 왕과 같으신 예수님도 마찬가지이시다. 예수께서도 성령으로부터 기름 부음을 듬뿍 받았기 때문이다. 즉 예수께서 세례를 받으실 때에 하늘이 열리면서 성령이 그분 위에 비둘기 같이 내려왔기 때문이다(마 3:16). 그리고 하나님으로부터 보내심을 받았던 예수님에게 성령의 기름 부음이 한량없이 부어지고 있었다. 그러므로 그분은 두루 다니며 선한 일을 행할 수 있었고 마귀에게 눌린 모든 자를 고치실 수가 있었던 것이다.

그러므로 술람미 여인도 자기 포도원을 망치고 있는 여우 곧 사탄 마귀와 귀신들을 성령의 기름 부음을 받은 솔로몬 왕에게 잡아 달라고 부탁할 수 있었던 것이다(아 2:15). 왜냐하면 귀신들은 성령의 기름 부음을 받지 않고서는 내보낼 수가 없기 때문이다(마 12:28).

아 2:15 [여자] 우리를 위하여 여우[들] 곧 포도원[들]을 허는(망치고 있는) 작은 여우[들]를 잡으라 우리의 포도원[들]에 꽃이 피었음이라
마 12:28 그러나 내가 하나님의 성령을 힘입어 귀신을 쫓아내는 것이면 하나님의 나라가 이미 너희에게 임하였느니라

5. 그녀가 알고 있었던 그분의 놀라운 이름은 무엇이었는가?

그렇다면 셋째, 그녀가 그분의 이름에 대해서 무엇을 알고 있었는

가? 그녀는 자신을 사랑하고 있는 그분의 이름을 통하여 그분이 누군지를 잘 알고 있었다. 그것은 총 세 가지다.

첫째로, 그분의 이름은 '평화와 안식'이었다(아 3:11). 왜냐하면 '솔로몬'이라는 이름의 뜻이 '평화, 평강'으로서, 자신의 고된 노동에서 참된 평화와 안식을 가져다줄 수 있는 유일한 이름이었기 때문이다. 사실 날마다 포도원에 나가 일해야 할 농부에게 있어서 과연 이 세상 어디에 쉴 곳이 있었겠는가? 그분의 신부가 되는 길 외에는 뚜렷한 길이 없었을 것이다. 그것이 그녀에게 가장 좋은 길이었던 것이다. 그러므로 그녀는 자신의 인생에 평화를 가져다주는 그분의 이름을 그녀는 자신의 가슴에 새겼던 것이다. 그리고 그녀가 결혼한 이후에 사람들은 그녀를 '술람미 여인'이라고 불렀지만, 그것은 사실 그녀가 자신의 이름을 그렇게 표현한 것이라는 사실을 알 수 있다. 왜냐하면 "나는 그분이 보기에 '화평을 얻은 자(원문: 평화를 주는 여인)' 같구나"라고 말했기 때문이다(아 8:10).

또한 둘째로 그녀는 솔로몬이 구원자의 이름이라는 것을 알고 있었다. 왜냐하면 그분은 그녀를 시골 처녀의 신분에서 이제 왕후의 신분으로 바꾸어 줄 수 있는 분이었고, 고된 노동에서 해방시켜 줄 분도 그분이라는 것을 알고 있었기 때문이다. 그래서 그녀는 어느 날 식탁에 초대받았을 때에 그분을 일컬어, "엔게디 포도원의 고벨화 송이"라고 했다. 사실 적갈색의 '고벨화'는 히브리어의 원말이 '고페르'라는 단어로서 그 뜻이 '속전, 대속물, 생명의 값'이라는 뜻을 지녔기 때문이다. 그분이야말로 자신을 속전으로 내주어 그녀를 구출해 줄 수 있는 유일한 분이라고 생각했기 때문이다.

셋째로, 또한 그녀는 그분의 이름이 '사과나무' 곧 '생명나무'인 것을 알고 있었다(아 2:3, 8:5). 왜냐하면 자기와 자기의 남편 둘 다 그 생명나무 아래에서 처음으로 호흡이 시작되었으며, 그래서 생명나무가 자신의 어머니와도 같은 존재였기 때문이다. 그렇다. 오늘날 그리스도인들에게 예수님은 우리에게 생명을 가져다줄 유일한 분이신 것이다.

제4과
그녀가 솔로몬에 대해 알고 있었던 5가지 사실은 무엇인가?
(아 1:2~4)

> 아 1:2~4
>
> 2 [여자] [그가] 내게 입맞추기를 원하니 [참으로] 네(당신의) 사랑이 포도주보다 나음이로구나(좋도다) 3 네(당신의) 기름[들]이 향기로워 아름답고 네(당신의) 이름이 쏟은 향기름 같으므로 처녀들이 너(당신)를 사랑하는구나 4 왕이 나를 그의 방(밀실, 가장 깊숙한 곳)으로 이끌어 들이시니(데려가셨으니) 너(당신)는 나를 인도하라 우리가 너(당신)를 따라 달려가리라 우리가 너(당신)로 말미암아 기뻐하며 즐거워하니 네(당신의) 사랑이 포도주보다 더 진함이라 처녀들이 너(당신)를 사랑함이 마땅하니라

1. 아가서는 일종의 가곡시 곧 오페라다. 아가서의 첫 대사는 무엇인가?

"[그(솔로몬)가] 내게(술람미 여인) 입 맞추기를 원하니 당신의 사랑은 포도주보다 나음이로구나. 당신의 기름이 향기로워 아름답고, 당신의 이름은 쏟은 향기름 같으므로, 처녀들이 당신을 사랑하는구나. 왕이 나를 그의 침실(밀실, 가장 깊숙한 곳)로 데려가신다." 얼핏 보기에는 이

표현이 꼭 남자에게 구애하는 여성의 간절한 마음을 그대로 표현하는 문구가 아닐까 하는 생각이 들 것이다. 하지만 실제로 이것은 남녀 간의 사랑의 마음과 표현을 통하여, 장차 그리스도의 신부가 될 성도들이 신랑 되신 예수님에 대해서 어떠한 마음을 가져야 하는지를 보여주고 있는 것이다.

2. 아가서 1장은 술람미 여인이 어떤 처지에 있을 때의 모습인가?

아가서는 가곡시이다. 그러므로 첫 대사는 그것을 지켜보는 청중들을 압도해야 한다. 그러므로 첫 대사가 매우 중요하다. 그런데 이 가곡시의 첫 대사가 아주 충격적이다. "그이가 나에게 그의 입으로 키스를 해주었으면 좋겠어요"라고 시작하기 때문이다. 그런데 아니나 다를까, 지금으로부터 3천 년 전에 이러한 장면을 공연으로 할 수 있다는 것도 놀랍기만 하다. 그런데 술람미 여인이 지금 이 말을 하는 것은 그가 왕비가 된 후에 한 이야기가 아니다. 그녀는 지금도 여전히 [이복]오빠들의 성화에 못 이겨 포도원에서 일하고 있는 포도원지기 곧 포도 농부일 뿐이다. 그럼에도 불구하고 그녀는 솔로몬에게 그렇게 강력한 주문을 하고 있는 것이다.

어찌 이 여인은 왕에게 이러한 강력한 주문을 하고 있는 것일까? 그것은 그녀가 보기에 그 일이 충분히 가능하다고 여겨졌기에 그렇게 요청하고 있는 것이다. 그런데 그녀는 바알하몬에 있는 포도원, 곧 솔로몬이 은 일천 개를 받고 술람미 여인의 오빠들에게 세로 주었던 그의 포도원에서 일하고 있는 시골 처녀에 불과했다. 하지만 솔로몬은 그녀의 청원을 그대로 들어준다. 그래서 솔로몬은 그녀에게 청혼했고 그녀가 그것을 수락하자 왕은 그녀를 데리고 도시 곧 예루살렘 성으로 들어가게 된다. 그리고 결혼식이 열린다. 그리고 결혼이 끝났을 때 그녀는 왕의 집이 있는 예루살렘 성 안에서 줄곧 살게 된다.

3. 술람미 여인의 첫 대사에 등장하는 솔로몬의 어떠함은 무엇이며 몇 가지나 되는가?

아가서는 가곡시다. 그런데 가곡이 시작되자마자 갑자기 어떤 여인이 등장하더니, 그 여인이 노래를 부르기 시작한다. 그런데 이 노래는 이 가곡의 모든 것을 지배하는 대사들이다.

아 1:2~4 [여자] [그가] 내게 입맞추기를 원하니 [참으로] 네(당신의) 사랑이 포도주보다 나음이로구나(좋도다) 3 네(당신의) 기름[들]이 향기로워 아름답고 네(당신의) 이름이 쏟은 향기름 같으므로 처녀들이 너(당신)를 사랑하는구나 4 왕이 나를 그의 방(밀실, 가장 깊숙한 곳)으로 이끌어 들이시니(데려가셨으니) 네(당신)는 나를 인도하라 우리가 너(당신)를 따라 달려가리라 우리가 너(당신)로 말미암아 기뻐하며 즐거워하니 네(당신의) 사랑이 포도주보다 더 진함이라 처녀들이 너(당신)를 사랑함이 마땅하니라 이때 술람미 여인의 노래를 보면, 그녀는 자기가 구애하는 대상에 대해서 최소 다섯 가지 이상의 정보를 알고 있음을 알 수 있다.

첫째, 그녀는 그이의 사랑이 어떠한지를 잘 알고 있었다. 둘째, 그분의 기름 부음이 얼마나 향기로운지도 말하고 있다. 셋째, 그분의 이름이 얼마나 향기름 같은지를 말한다. 넷째, 그분의 신분이 누군지를 말한다. 그리고 다섯째, 그분의 방(침실, 밀실, 가장 깊은 장소)에 대해서도 말한다.

그렇다. 술람미 여인은 이미 솔로몬에 대해 많은 것을 알고 있었던 것이다. 그러니까 이미 그녀와 솔로몬 간에는 무엇인가 일이 있었던 것이다. 그러므로 그때 술람미 여인은 그이로부터 진한 사랑을 받고 있었던 것이다. 그러므로 그이로 하여금 자기에게 입 맞춰 주기를 요청할 수 있었으며, 그이의 침실로 자기를 데려가 달라고 요청할 수 있었던 것이다.

4. 술람미 여인은 왜 그이의 사랑을 진한 포도주보다 더 낫다고 했는가?

술람미 여인은 왕의 사랑에 대해 말하기를 "그이의 사랑은 포도주보다 나으며(아 1:2), 아니 포도주보다 더 진하다(아 1:4)"고 말했다. 그녀는 왜 왕의 사랑이 포도주보다 낫고 아니 포도주보다 더 진하다고 말했던 것일까? 그것은 우선 그녀가 왕이 얼마나 자신을 사랑하는지 그 사랑의 크기와 정도를 알고 있었음을 말해준다.

그렇다면, 왜 그녀는 그이가 자신을 사랑하는 것을 두고 '포도주'를 가져와서 비교하고 있는가? 그것은 사람에게 있어서 포도주야말로 사람에게 가장 기쁨을 주는 것이기 때문이다. 그리고 그녀는 포도원지기를 하고 있었다. 그것은 자신이 포도를 가지고 장차 포도주를 만드는 사람이었다는 것을 말해준다. 그러므로 그녀는 포도원지기로서 포도주가 얼마나 사람을 행복하게 해주는지를 잘 알고 있는 것 같다. 그래서 시편 기자는 이렇게 말했다.

시 104:15 사람의 마음을 기쁘게 하는 포도주와 사람의 얼굴을 윤택하게 하는 기름과 사람의 마음을 힘 있게 하는 양식을 주셨도다

포도주는 사실 사람의 마음을 가장 기쁘게 하는 것이다. 그러므로 예수께서도 이 땅에 오셔서 가장 먼저 일으킨 이적이 포도주가 떨어진 잔칫집에 가셔서 물을 포도주로 만드신 이적이었다. 왜냐하면 잔칫집에 포도주가 떨어졌다는 것은 잔칫집에서 더 이상 즐거움과 기쁨이 사라지게 되었다는 것과 같기 때문이다. 또한 예수께서도 당신의 공생애의 마지막을 제자들과 함께 마가 다락방에서 포도주를 마시는 것으로 마치셨다. 이름하여 유월절 만찬을 행하신 것인데, 그때 예수께서는 제자들에게 포도주를 따라 주면서, 그 일은 주님께서 당신의 피로 제자들과 함께 세우는 새 언약이라고 하셨다(눅 22:20). 그리고 더불어 이렇게 말씀하셨다(마 26:29).

마 26:29 그러나 너희에게 이르노니 내가 포도나무에서 난 것을 이제부터 내 아버지의 나라에서 새 것으로 너희와 함께 마시는 날까지 마시지 아니하리라 하시니라

그렇다. 성경 상 사람이 이 땅에서 누릴 수 있는 최고의 기쁨은 역시 포도주를 마시는 것에 있는 것이다. 그러므로 왕의 사랑은 이 땅에서 맛볼 수 있는 최고의 기쁨이라는 것을 그녀가 비유로 노래하고 있는 것이다.

그런데 왕은 그녀에게 그러한 기쁨을 주고자 어떻게 행하셨는가? 그것은 자신을 희생하여 그녀를 구출해 내시는 것이다. 그것이 바로 그리스도의 십자가의 구속의 사건이다. 고로 그녀는 그이가 어떠한 사랑을 자신에게 베풀고 있는지를 영으로 알았기에 그이를 가리켜 "그이는 내게 있어서 엔게디 포도원의 고벨화(코페르꽃) 송이로구나"라고 말했던 것이다. 여기서 '고벨화'란 히브리어로 '코페르'라는 단어로서, '속전, 생명의 몸값, 대속물'이라는 뜻을 가졌다. 실로 왕은 왕의 신부를 위하여 자신을 대속물로 기꺼이 내놓으셨던 것이다. 그런데 고벨화를 다시 보라. 그 꽃은 적갈색의 꽃으로서, 꽃 안쪽은 하얗지만 그 바깥쪽은 붉은색으로 덮여 있는 꽃이다. 그렇다. 예수께서는 우리 인류를 위해 자신의 목숨을 내놓으셨다. 그것도 모든 피를 이 땅에 쏟으시면서 말이다. 그러므로 그의 흰 세마포는 핏빛으로 물들여질 수밖에 없었던 것이다. 그러므로 다시 오실 예수께서도 피 뿌림을 받아, 바깥쪽이 붉어진 세마포 옷을 입고 오시게 될 것이다(계 19:13).

계 19:11~13 또 내가 하늘이 열린 것을 보니 보라 백마와 그것을 탄 자가 있으니 그 이

름은 충신과 진실이라 그가 공의로 심판하며 싸우더라 12 그 눈은 불꽃 같고 그 머리에는 많은 관들이 있고 또 이름 쓴 것 하나가 있으니 자기밖에 아는 자가 없고 13 또 그가 피 뿌린 옷을 입었는데 그 이름은 하나님의 말씀이라 칭하더라

5. 그이에게 부어진 기름은 향기롭고 아름다웠다는 말은 무슨 뜻인가?

아가서의 주인공인 솔로몬(재위, B.C. 970~930)은 어떤 사람인가? 그는 20세에 기름 부음을 받았다. 그리고 통일왕국의 제3대 왕으로 등극했던 인물이다. 그런데 그때 그에게 기름을 부어 왕으로 세운 자는 누구인가? 그는 '사독'이라는 제사장이었다(왕상 1:39).

그럼, 왜 사독 대제사장은 그에게 기름을 부었을까? 그것은 솔로몬에게 기름을 부어 그로 하여금 어떤 직무를 수행하게 하려고 그렇게 행한 것이다. 그런데 구약 시대에는 기름을 부어서 세 가지 직무를 하게 했으니 그 직무 맡은 자를 가리켜 왕과 선지자와 제사장이라고 부른다. 그러니까 솔로몬 왕이 기름 부음을 받아 향기롭게 되고 아름답게 되었다는 뜻은 장차 오실 만왕의 왕이신 예수께서 성령의 기름 부음을 받아서 어떤 직무를 수행할 것인지를 고스란히 보여주는 것이라고 하겠다. 그러므로 당시 솔로몬은 사독 대제사장에게 기름 부음을 받아야 했고 그래서 왕이 될 수가 있었던 것이다.

그렇다면 시골 처녀인 술람미 여인은 어떻게 되어서 신분이 상승할 수 있었는가? 그것은 왕과 같은 훌륭한 인물을 만나서 그 사람과 결혼함으로 가능했던 것이다. 그렇게 되면 시골 농부라 할지라도 하루 아침에 왕비가 될 수 있는 것이다. 이것이 바로 오늘날 우리 그리스도인들에게 똑같이 적용된다. 우리가 비록 흙덩이에 불과한 존재이지만 우리가 구원받아 그리스도의 신부가 된다면 우리는 그리스도의 신부가 되는 것이요 그의 왕비가 되는 것이다. 하루아침에 신분이 수직으로 상승할 수가 있는 것이다.

제5과
그분의 신분과 그분의 처소는 무엇을 가리키는가?
(아 1:2~4)

아 1:2~4

2 [여자] [그가] 내게 입맞추기를 원하니 [참으로] 네(당신의) 사랑이 포도주보다 나음이로구나(좋도다) **3** 네(당신의) 기름[들]이 향기로워 아름답고 네(당신의) 이름이 쏟은 향기름 같으므로 처녀들이 너(당신)를 사랑하는구나 **4** 왕이 나를 그의 방(밀실, 가장 깊숙한 곳)으로 이끌어 들이시니(데려가셨으니) 너(당신)는 나를 인도하라 우리가 너(당신)를 따라 달려가리라 우리가 너(당신)로 말미암아 기뻐하며 즐거워하니 네(당신의) 사랑이 포도주보다 더 진함이라 처녀들이 너(당신)를 사랑함이 마땅하니라

1. 술람미 여인이 "[그가] 내게 입맞추기를 원하니(아 1:2)"라고 했던 말의 영적인 의미는 무엇인가?

술람미 여인은 솔로몬에게, "그가 내게 입 맞춰 주기를 원합니다"라고 요청한다. 그런데 이 말은 어떤 의미인가? 정말 남녀간이 진한 키스를 해 달라는 부탁인가? 하지만 이 책을 영적으로 보면 이는 그녀가 그분과 깊은 영적인 교제를 나누기를 원한다는 뜻으로 말했다는 것을 알 수가 있다.

그렇다면 그녀가 왕과 친밀한 교제를 펼치는 장소는 대체 어디일까? 그곳은 왕의 침실인가? 아니다. 히브리어 원문을 보면, 왕이 그녀를 인도할 방은 단순히 침실을 뜻하는 말이 아니다. 그것은 '헤데르'라는 말로서, 더 숨겨진 친밀한 장소를 뜻한다. 그것은 하나님의 은밀한 처소를 가리킨다. 그곳을 성막으로 비유하자면 그곳은 '지성소'에 해당한다.

그러므로 그녀가 자신에게 입 맞춰 주기를 원한다는 말은 그녀가 진정 주님과 영적인 친밀한 교제를 갖기를 원한다는 뜻이다. 그러므로 그것을 오늘날로 표현하면 주님에게 친밀한 '예배'를 드리고 싶다는 말이다. 왜냐하면 모든 성도들은 예배를 통하여 자신의 영으로 주님을 친밀하게 만나고 접촉하고 교제할 수 있기 때문이다.

그러므로 주님과 예배를 드리기 원하는 자는 그분이 누군지를 알아야 한다. 그분이 누군지를 알아야 우리도 영과 진리 안에서 그분과 친밀한 교제를 할 수 있기 때문이다(요 4:24). 그러므로 오늘날 예수님이 누군지를 모르는 자는 하나님과 친밀한 영적인 교제를 할 수가 없다. 자기 머리와 마음속에 생각하고 있는 그분이 실제 그분과 다르다면, 그분과 깊은 영적인 교제를 할 수 없기 때문이다. 그러므로 우리는 술람미 여인이 결혼하기 전에 알고 있었던 솔로몬에 대해서 우리도 알아야 한다. 그래야 왕이신 우리 주님과 깊은 교제를 나눌 수가 있기 때문이다. 그렇다면 술람미 여인은 솔로몬에 대해서 대체 어떤 사실을 알고 있었던 것일까?

2. 술람미 여인이 솔로몬에 대해서 알고 있었던 5가지 방면은 무엇인가?

술람미 여인은 솔로몬에 대해 어떤 것을 알고 있었을까? 어느 날인지 명확하게 나오지 않지만, 술람미 여인이 자기의 포도원을 방문했던 솔로몬을 만났다는 것은 미루어 짐작할 수 있는 사실이다. 그리고 어느 때에 그분의 눈과 자신의 눈이 마주쳤다는 것도 알 수가 있다(아 1:15, 4:9, 5:12).

그때였다. 술람미 여인이나 솔로몬은 둘 다 서로를 지켜보면서 자기들이 찾던 짝이 바로 상대방이라는 것을 즉시 알아 버린다. 그때부터 술람미 여인과 솔로몬과의 사랑이 시작된다. 그러자 그때부터 술람미 여인도 솔로몬에 관하여 더 깊이 알기를 원한다. 그녀가 솔로몬에 대해 알았던 사실들은 아마도 누군가로부터 들은 것도 있었을 것이다. 그리고 직접 만나서 대화를 해서 알게 된 것도 있었을 것이다.

그리하여 그녀가 알게 된 것은 총 다섯 가지였다. 그것이 바로 아가서 1:2~4에 나오는 그 여인이 말했던 첫 대사이다. 그것은 첫째로, 그분의 사랑이요, 둘째로, 그분의 기름 부음이다. 그리고 셋째로, 그분의 이름이자, 넷째로, 그분의 신분이며, 마지막으로 다섯째는 그분의 처소에 관한 것이다.

3. 술람미 여인과 솔로몬이 처음에 만나게 되었을 때 어떻게 서로를 사랑하게 되었는가?

솔로몬은 어느 날인가 술람미 여인에게 이렇게 자신의 속마음을 고백한다. "내 사랑아, 너는 어여쁘고 어여쁘다. 네 눈이 비둘기 같구나"(아 1:15). 그렇다면 솔로몬이 처음으로 그녀를 만났을 때에 솔로몬은 어떤 마음이 들었던 것일까? 그것은 4장에 나온다. "내 누이 내 신부야, 네가 내 마음을 빼앗았구나. 네 눈으로 한 번 보는 것과 네 목의 구슬 한 꿰미로 [네가] 내 마음을 빼앗았구나"(아 4:9). 그렇다. 솔로몬은 눈으로 서로를 보았다. 그때 솔로몬의 눈에 그녀는 자신의 유일한 짝이라는 것이 쏙 들어왔다. 그러나 당시 솔로몬에게는 왕비(왕후)가 60명이나 있었고, 후궁(비빈)도 80명이나 있었으며, 마지막으로 시녀(처녀)들도 무수히 있었다. 하지만 어느 누구도 솔로몬의 마음을 완전히 사로잡은 자는 없었다. 그런데 어느 날 포도원을 방문했다가 바알하몬의 포도원지기였던 '술람미 여인'을 만나게 된 것이다.

그렇다면, 왜 솔로몬은 무수한 여인들 가운데 그 여인을 사랑하게 되었던 것일까? 그것은 바로 그녀의 눈망울 때문이었다. 그녀의 눈을 바라보는 순간, 그 여인이야말로 자기의 몸으로부터 나왔던 바, 또 다른 자기 자신 곧 자신의 유일한 짝이라는 것을 알아보았기 때문이다. 이는 하와가 아담에게서 나왔으나 둘이 원래 하나였던 것처럼 솔로몬에게 유일한 짝은 그녀였던 것이다.

그런데 이러한 사실은 술람미 여인에게도 역시 마찬가지였다. 그녀도 솔로몬을 바라보는 순간 그것을 알아차렸기 때문이다. 그런데 그녀도 그가 자신의 유일한 짝이라는 것을 알아보았던 이유도 그의 눈 때문이었다. 그러므로 술람미 여인도 그와 결혼(약혼)을 한 이후에 솔로몬에 대해서 이렇게 말했던 것이다. "내 사랑하는 자(내 임)는 희고도 붉어 많은 사람 가운데에 뛰어나구나. [그의] 눈은 시냇가의 비둘기 같은데…"(아 5:10, 12). 그렇다. 둘은 원래의 짝이었기에 서로가 서로의 눈을 바라보면서 금방 서로를 알아볼 수 있었던 것이다.

그럼, 왜 그들이 서로를 쳐다볼 때 그들의 눈이 비둘기의 눈이었다고 말했던 것일까? 그것은 비둘기가 갖고 있는 특성이 그들을 서로가 누군지를 알게 해주기 때문이다. 성경에서 비둘기는 첫째로, 순결하다. 더럽지 않고 깨끗한 것을 상징하는 것이다. 둘째로, 일부종사한다. 한 번 둘이 만나서 짝이 되면 영원한 짝이 된다. 그러므로 비둘기는 짝이 죽어도 다시 다른 짝을 만나지 아니한다. 결국 이 둘은 비둘기의 눈으로서 서로를 쳐다보았던 것이다.

4. 술람미 여인에게 그분의 신분은 어떠한 사람이었는가?

술람미 여인에게 그분의 신분은 대체 어떤 것이었을까? 아가서에 보면 그분의 신분은 총 세 가지에서 다섯 가지로 나온다. 크게는 그분이 첫째로, 모든 백성의 '왕'이며(아 1:4), 둘째로, 양 떼를 치는 '목자'이고(아 1:7, 6:2~3), 그리고 셋째는 '포도원의 주인'(아 2:15)이다. 그런데 이것을 좀 더 주밀하게 찾아보면, 그분은 넷째로, '동산의 주인'(아 5:1, 6:2, 11)이자, 다섯째로, '다시 오실 그이(재림주)'(아 8:14)이시다.

그렇다. 술람미 여인에게 그분은 첫째로, 왕이었다(아 1:4). 그렇다면 솔로몬은 이 시에서 진정 누구를 가리키는가? 그는 만왕의 왕이자 만주의 주이신 예수님을 예표하는 이시다(계 17:14, 19:16). 그러므로 아가서는 솔로몬이 왕이라는 사실을 계속해서 이 시를 읽는 독자에게 들려준다. 왜냐하면 '왕의 가마'(아 3:7)가 나오고, 왕에게 칼을 찬 개인 용사들이 60명이나 된다고 말하며(아 3:7), 백향목과 잣나무로 지은 집(왕궁)도 있다(아 1:17)고도 말하기 때문이다. 그리고 왕이 자신의 머리에 왕관(면류관)을 쓰고 있다고도 하며(아 3:11), 그의 주변에 왕의 여인들 곧 왕비 60명과 후궁(비빈) 80명과 무수한 시녀들이 있다는 말도 나온다(아 6:8). 이는 솔로몬, 그가 왕이라는 것이다. 결국에 솔로몬으로 예표된 우리 주 예수께서는 그리스도인의 유일한 신랑이자 만왕의 왕이며 만주의 주이시다. 그분과 우주적인 교회와 결혼식을 올리는 것이 바로 이 아가서 책인 것이다.

5. 솔로몬은 왕이었지만 그는 늘 무엇에 관심을 가지고 있었는가?

솔로몬은 사실 왕이니까 왕으로서 나라 살림에 신경 써야 할 존재이다. 하지만 아가서에 등장하고 있는 왕은 나라 살림이나 신하들을 다스리는 데 관심이 있지 않은 듯하다. 왜냐하면 이 왕은 다른 것에 관심을 가지고 있었기 때문이다. 그것은 총 세 가지다.

첫째로, 목자로서 양 떼를 치는 일이요 둘째는 포도원의 주인으로서, 포도원을 관리하는 것이며, 셋째는 동산의 주인으로서 동산에 관심을 갖고 있다. 그러므로 성도들 중에 자신이 그리스도의 완전한 신부가 되기를 원한다면, 왕이 주목하는 것을 나도 주목해야 한다. 즉 왕이 원하는 것을 나도 원하며, 왕이 바라는 것을 나도 바라고 추구해야 하는 것이다. 그래서 그분이 걸어갔던 그 길을 나도 걸어가야 그분의 짝이 되는 것이다.

요한계시록 21:27에 의하면, 새 예루살렘 성 안으로 들어가지 못하는 신부들이 과연 누구인지가 나온다. 그들은 세 종류의 사람들이다. 그들은 '속된 자들'이자, '가증한 자들'이며, 또한 '거짓말을 만들어 내는 자들'이다.

여기서 '속되다'는 말의 뜻은 매일 여전히 똑같은 일만을 계속해서 반복하는 것을 가리킨다. 즉 노아의 때처럼 먹고 마시고 시집가고 장가가는 일만을 계속해서 반복하는 사람들이 속된 자들인 것이다. 이들은 정말 하나님께서 무엇에 관심이 있는지 그리고 자신의 영이 자라기 위해서는 어떻게 해야 하는지에 대해서 전혀 관심이 없다. 그 이유는 그 사람들의 영이 잠들어 있거나 죽어 있기 때문이다.

그리고 '가증하다'는 말의 뜻은 하나님이 정말 내게 원하시는 바를 적극적으로 구하거나 찾지 않고 그러한 일에 도전하지 않는 것을 가리킨다. 즉 이러한 자들은 하나님이 바라시는 바를 스스로 꺾어 버린 후에 자기 스스로 그 기준을 낮추고 살아가는 자들을 가리킨다. 그래서 그들은 세상적인 것을 얻는 데에는 열심을 내지만, 영적인 것을 얻는 데에는 등한히 한다. 즉 이 세상에서 돈을 버는 일이나 사람들로부터 인기를 얻는 일, 그리고 높은 자리를 차지하는 일에는 아주 관심이 많다. 하지만 하나님이 그를 통하여 행하시고자 하는 것에는 관심이 없다. 겉으로는 거룩한 척하면서 훌륭한 믿음을 가지고 있다고 생각하고 있지만, 실제로 그들 속에는 탐욕과 방탕이 가득 들어 있다.

그리고 새 예루살렘 성 안에 들어가지 못하는 자들은 그 입에 거짓말이 가득하다. 거짓말이 시도 때도 없이 늘 그들의 입에서 나오는 것이다. 고로 신부가 되기를 원하는 자는 자신의 입을 정말 조심해야 한다. 그 어떤 말도 과장해서도 아니 되며, 보태서도 아니 되는 것이다. 왜냐하면 그러한 자들은 결국 새 예루살렘 성 안으로 들어갈 수 없다고 하셨기 때문이다(계 21:8, 21:27, 22:15).

주님의 관심은 어디에 있을까? 그분은 지금도 세 가지에만 관심을 갖고 계신다. 첫째는 양 떼를 치는 일이요, 둘째는 포도원을 잘 관리하는 일이며, 마지막으로 셋째는 과연 누구를 잠근 동산에 데려가서 그에게 봉해진 샘물을 먹게 할까 하는 일에 관심이 있다. 고로 우리도 그분의 관심이 나의 관심이 되어야 한다. 그렇게 될 때 우리도 그의 신부가 되는 것이다.

제6과
신랑의 관심과 그분이 신부를 위해 준비한 것은?
(아 1:2~4)

> 아 1:2~4
>
> ² [여자] [그가] 내게 입맞추기를 원하니 [참으로] 네(당신의) 사랑이 포도주보다 나음이로구나(좋도다) ³ 네(당신의) 기름[들]이 향기로워 아름답고 네(당신의) 이름이 쏟은 향기름 같으므로 처녀들이 너(당신)를 사랑하는구나 ⁴ 왕이 나를 그의 방(밀실, 가장 깊숙한 곳)으로 이끌어 들이시니(데려가셨으니) 너(당신)는 나를 인도하라 우리가 너(당신)를 따라 달려가리라 우리가 너(당신)로 말미암아 기뻐하며 즐거워하니 네(당신의) 사랑이 포도주보다 더 진함이라 처녀들이 너(당신)를 사랑함이 마땅하니라

1. 들어가며

아가서는 솔로몬이 지은 노래들 중의 최고의 노래일 것이다. 솔로몬이 일평생에 걸쳐 1,005개의 노래를 지었다고 하는데, 그가 지은 노래들 중에 가장 아름다운 노래가 바로 이 아가서라고 할 수 있기 때문이다(왕상 4:32). 왜냐하면 그렇게 많은 노래를 지었지만 남아 있는 유일한 노래가 바로 아가서이기 때문이다.

그렇다면 솔로몬은 왜 아가서를 지었을까? 아가서를 다시 들여다보라. 아가서는 일종의 가곡시다. 즉 공연용 오페라였던 것이다. 고로 대사만 나오는 이 아가서를 제대로 이해하기 위해서는 이 공연에 노래하는 등장인물의 옷과 소품들을 살펴보아야 한다. 또한 누가 어떤 그 대사를 하고 있는지를 볼 수 있어야 아가서를 제대로 이해할 수 있다. 하지만 아쉽게도 우리가 가진 아가서에서는 누가 그 대사를 하고 있는지 알 수 없는 부분이 상당히 많다. 그러니 누가 그 대사를 하고 있는지를 알아야 비로소 그 의미를 깨달을 수 있고, 아가서 전체에 두루 흩어져 있는 소품들을 찾아서 풀어야만 그 해석이 가능한 것들도 많다. 그러니 해석도 다양하다고 아니 말할 수 없다. 하지만 우리는 아가서를 우리의 영원한 신랑이신 그리스도와 그분의 신부가 될 성도들의 친밀한 사랑이라는 관점에서 아가서를 들여다보려고 한다. 그중에서도 오늘은 술람미 여인이 결혼 전 연애할 때 그녀가 알고 있었던 다섯 가지 사실에 대해 중점적으로 살펴볼 것이다. 특히 그녀가 알고 있었던 솔로몬의 신분과 그녀가 알고 있었던 솔로몬의 처소가 무엇인지를 살펴봄으로써, 솔로몬 왕이 진정 관심을 갖고 있었던 세 가지 영역과 그가 술람미 여인을 위해 마련한 자신과 그녀의 집이 대체 무엇인지를 중점적으로 살펴보려고 한다. 하늘의 지혜와 계시의 영이 여러분에게 함께하기를 빈다.

2. 술람미 여인이 연애할 때 솔로몬에 대해 알고 있었던 5가지 사항 중에 3가지 사실은 무엇인가?

바알하몬에 있는 솔로몬 왕의 포도원지기였던 술람미 여인은 대체 솔로몬에 대해서 무엇을 알고 있었던 것일까? 그런데 아가서는 술람미 여인이 어떻게 되어서 솔로몬에 대해 알게 되었는지를 말해주지는 않는다. 그리고 아가서는 처음부터 끝까지 어떤 설명이 없다. 전부 노래하는 등장인물의 대사만을 기록하고 있기 때문이다. 굳이 설명의 역할을 하고 있는 것이 있다면 그것은 간간이 등장하는 합창단의 목소리뿐이다. 그렇다면 처음으로 이 오페라에 등장하는 술람미 여인이 솔로몬에 대해 소개해주고 있는 사실은 무엇인가? 그것은 솔로몬에 대한 다섯 가지 귀한 정보들이다. 이러한 정보들은 아가서 내내 바탕으로 등장하고 있는데, 그것의 온전한 실체는 지금으로부터 2천 년 전에 유대 땅 베들레헴으로 오신 주 예수님이시다.

첫째, 그녀는 그분의 포도주보다 더 큰 사랑을 잘 알고 있었다. 그분의 사랑은 포도주보다 낫고 더 진하다는 것이다(아 1:2, 4). 왜냐하면 그분은 자신의 사랑의 짝을 얻기 위해 자신의 목숨을 내놓을 준비를 하고 있었기 때문이다. 그것은 한마디로 아가서 1:14에서 엔게디 포도원의 고벨화 송이로 피어나고 있었다(아가서 강해 01번을 참고). 사실 솔로몬에게는 많은 여인들이 있었으나 그에게 완전한 짝은 단 한 명으로, 솔로몬은 그 사람을 얻을 수 있다면 자신의 목숨까지도 바칠 준비를 하고 있었던 것이다.

둘째, 그녀는 그분의 흘러넘치는 기름 부음을 잘 알고 있었다. 그녀는 그분의 감람유는 향기롭고 아름다운 것이었음을 노래했다(아 1:3). 여기에 나오는 '기름 부음'이란 솔로몬이 성령으로 적셔져 있었고 성령이 그에게서 흘러넘치고 있었다는 것이다. 마찬가지로 우리의 영원한 신랑이신 예수님은 잉태 때부터 성령이 부어지셨으며, 그분의 공생애의 시작은 성령이 비둘기 같이 임함으로 시작되었다. 그리고 그분의 공생애 내내 성령이 기름 붓듯 부어지셨다(행 10:38, 요 3:34, 마 3:16). 그러므로 그가 두루 나가서 선한 일을 행하실 수 있었으며, 마귀에게 눌린 자를 자유롭게 할 수 있었다. 그분에게는 포도원을 해치는 여우를 잡을 수 있는 능력이 있었던 것이다.

셋째, 그녀는 그분의 놀랍고도 위대한 이름을 잘 알고 있었다. 그분의 이름은 쏟아 부은 향유 같아서 그분의 이름은 온 천지에 퍼져 나가고 있었다. 그럼, 그분의 이름은 대체 무엇인가? 그분의 이름은 '솔로몬'이다. 즉 '샬롬'인 것이다. 그분의 이름은 '평화'요 '안식'이라는 것이다. 그녀가 사실 이 세상에서 진정 쉴 곳은 아무 데도 없었다. 왜냐하면 그의 의붓오빠들이 바알하몬에 있는 솔로몬 왕의 커다란 포도원을 그녀에게 관리하라고 했기 때문이다. 그러므로 쉴 새 없이 그녀는 포도원을 돌보아야 했다. 하지만 포도밭에 있는 여우를 잡아내지는 못했다. 사실 이 시가 실제적인 남녀의 사랑 이야기가 아닐 수 있는 가장 중요한 근거의 하나는 그녀의 이름이 등장하지 않고 단지 '술람미 여자'라고 나오기 때문이다. 이는 남성 명사 형태인 '솔로몬'을 여성 명사 형태로 바꾼 것이 '술람미'이기 때문이다. 그러므로 아가서 8:10에 가면, 그녀가 이렇게 말한다. "그가 보기에 나는 '평화를 찾는

(이루는)' 여인이에요". 그러므로 그녀의 명칭이 '술람미 여인'이 된 것은 그녀의 이 말 때문이기도 하다.

그렇다면, 실제적으로 그리스도에 대한 이름은 무엇인가? 그것은 '예수'이다. 수고하고 무거운 짐을 지고 가고 있는 사람을 구원할 자가 그분인 것이다(마 11:28~30). 그러므로 아가서를 두고 어떤 학자는 출애굽의 역사와 똑같다고 했다. 애굽의 고된 노역에서 건지시는 여호와 하나님의 이야기가 포도원에서 고된 노동을 하고 있는 술람미 여인을 구출하는 이야기라는 것이다. 그럴 수 있다고 본다. 그렇지만 정확히는 장차 새 예루살렘 성으로 우리를 초대하고 있는 신랑 되신 예수님과 그분의 사랑의 대상인 거룩한 신부에 관한 이야기라고 할 수 있다. 그러므로 엔게디 포도원에 피어 있는 적갈색의 고벨화는 인류를 구원하러 오신 메시야의 모습을 그대로 표현해 주고 있다고 하겠다. 죄 없으신 그분이 인류의 죄를 위해 피 흘려 죽으실 것을 고벨화의 색깔로 그대로 표현하고 있기 때문이다.

3. 술람미 여인이 연애할 때 솔로몬에 대해 알고 있었던 나머지 2가지 사실은 무엇인가?

그렇다면 술람미 여인은 솔로몬에 대해 또 어떤 사실을 알고 있었는가? 그것은 두 가지로, 첫째는, 그분의 신분에 관한 것이요 둘째는 그분의 처소에 관한 것이다(아 1:4).

첫째로, 술람미 여인은 그분이 어떤 신분의 소유자인지를 잘 알고 있었다. 그녀에게 그분은 처음부터 왕이었기 때문이다(아 1:4). 그렇다면 아가서에 등장하는 솔로몬의 신분은 어떻게 나올까? 그것은 크게 두세 가지 정도이다. 첫째로, 아가서에서 그분은 '왕'으로 등장한다. 그분은 통일 이스라엘 왕국의 제3대 왕으로서 제사장 사독으로부터 기름 부음을 받아 합법적으로 통일 이스라엘 왕국의 왕으로 세워진 분이다(왕상 1:39). 그런데 아가서에 그분의 신분은 이처럼 '왕'으로만 소개되지 않고 세 가지 신분으로 더 소개되고 있는데, 하나는 양 떼를 치는(먹이는) 목자요, 또 하나는 포도원의 주인이며, 마지막으로 동산의 주인이다.

그분이 왕인 것을 알 수 있게 하는 것은 아가서 전반에 걸쳐서 나온다. 먼저 1장에는 '왕의 방(침실)'이 나온다(아 1:4). 그리고 이어서 '왕의 집'이 나오고(아 1:17), 결혼식 날 타고 입장하는 '왕의 가마'로도 나온다(아 3:7). 그리고 왕을 지키는 칼을 찬 60명의 개인 용사들도 더불어 등장하고(아 3:7), 왕의 주변의 여인들도 등장한다. 솔로몬에게는 왕비가 60명, 후궁이 80명 그리고 시녀들이 많이 있었다고 말하고 있기 때문이다(아 6:8).

4. 솔로몬이 비록 왕이었지만 그가 진정 관심을 두고 있었던 것은 무엇이었는가?

솔로몬은 처음부터 왕으로 등장한다. 그러나 그가 진정 관심을 두고 있었던 것은 나라의 살림이나 신하들을 다루는 일이 아니었다. 그것도 그분의 일이었겠지만 아가서에서는 그것을 말하지 않는다. 하지만 아가서의 저자는 솔로몬에 여러 여자들이 있었다는 것을 기록하고 있으나 솔로몬의 마음에 합한 여자는 딱 한 명이었다고 말하듯, 그가 하는 일이 참으로 많았겠지만 그가 관심을 두고 있는 것이 무엇인지를 알려주는데 그분은 첫째로 자기의 양 떼에 관심이 있었고, 둘째는 자기의 포도원에 관심이 있었으며, 셋째로 자기의 동산에 관심이 있었다. 이것을 신분으로 표현하면 그분은 목자이며, 포도원의 주인이자, 동산의 주인이다. 먼저 아가서에서 솔로몬에게 있어서 제일 큰 관심은 항상 양 떼에 있었다는 사실을 알 수 있다. 아가서 1장부터 소개되고 있는 솔로몬은 양 떼를 먹이는 자였기 때문이다. 그때 술람미 여인은 솔로몬을 향하여 "당신이 양 떼를 치고 있는 곳과 당신이 한낮에 쉬는 곳을 나에게 말해주세요"라고 부탁하였던 것이다(아 1:7). 왜 그러한가? 솔로몬은 그때에도 양 떼를 먹이고 있었기 때문이다(아 2:16). 그리고 그녀가 결혼 후 잠시 남편에게 집중하지 못하다가 그만 남편을 놓쳐 버리고 마는 장면이 나오는데, 그때에도 나중에 찾아낸 남편은 자기 동산에서 양 떼를 먹이고 있었다(아 6:2~3). 그리고 장소가 바로 자기 동산이었다. 솔로몬은 자기의 동산에 있는 양 떼에 지극한 관심을 가지고 있었던 것이다. 그리고 솔로몬은 동시에 포도원에도 관심이 많다. 왜냐하면 거기에서 사랑하는 사람을 만나게 되고 그러한 사람을 자기 동산으로 데리고 들어가려고 하기 때문이다. 그런데 그 동산의 이름은 '호두(넛츠) 동산'이다(아 6:11). 다시 말해, 술람미 여인 같은 자신의 사랑하는 짝(신부)을 찾아내는 장소가 바로 포도원이며, 포도원에서 만난 자신의 짝(신부)을 데리고 들어가는 장소가 그 동산인 것이다. 그 동산은 솔로몬은 잠근 동산이라고 말한다(아 4:12). 참고로, 나중에 더 자세히 살펴보겠지만 포도원은 구약 시대는 이스라엘 백성들을 의미하고 신약에는 교회를 의미한다.

5. 솔로몬이 신부를 위해 준비한 것은 무엇인가?

마지막으로 술람미 여인이 알고 있었던 그분의 처소에 대해서 살펴보자. 술람미 여인은 그분이 자신을 그의 방(침실) 곧 그의 내밀한 장소에 데려가기를 간구하였다(아 1:4). 이는 그의 사랑받는 여인이 되기를 간구했다는 뜻이다. 그렇다면 그녀가 말하고 있던 솔로몬의 처소는 대체 어떤 장소인가? 솔로몬은 그녀가 자신을 사랑한다는 것도 알고 있었고, 그도 그녀를 사랑하고 있었기에 장차 그녀와 결혼하여 살게 될 자신의 처소에 대해서 이렇게 말했다. "우리의 집은 백향목 들보, 잣나무 서까래로구나"(아 1:17). 그렇다. 솔로몬은 예루살렘에 자신의 집을 가지고 있었는데 그의 집은 아름드리 레바논 백향목과 잣나무로 만들었다고 말했다. 아주 큰 백향목으로는 들보를 만들었고, 백향목보다 작은 잣나무로는 서까래를 만들었던 것이다. 그런데 자세히 들여다보면, 솔로몬은 그 집을 자기의 집이라고 말하지 않는다. 사랑하는 여인에게 그는 그 집을 "우리의 집"이라고 말한다. 왜 그런가? 솔로몬은 그 집에서 자기 혼자 사는 것을 원하지 않는다. 그는 자기를 사랑하는 자들을 위해 자기의 집을 기꺼이 주고 싶어 하는 것이다. 마찬가지로 우리의 영원한 신랑 되신 예수님께서도 하늘에 집을 가지고 있는데, 그 집은 아주 큰 새 예루살렘 성이다(계 21:2, 9~10). 집이 한 개의 집이 아니라 수천, 수만, 수억 개의 집을 건축할 수 있는 하나의 거대한 도시였던 것이다. 그런데 예수께서는 그 도시에 신부들이 와서 집을 짓고 살기를 원한다. 그러므로 요한복음 14장에 보면, 그분이 이 세상을 잠시나마 떠나가 있는 것은 하늘에 신부들을 위한 처소를 예비하러 가기 위함이라고 하였다(요 14:1~3). 다 준비되면 다시 와서 신부들을 데려간다는 뜻이다. 그러므로 솔로몬이 술람미 여인과 함께 살기 위하여 백향목 들보와 잣나무 서까래로 만들어 놓은 집은 곧 하나님의 집인 성전을 의미한다고 할 수 있다(왕상 5:10). 우리가 들어가야 할 처소는 하늘의 성전인 새 예루살렘 성인 것이다.

6. 나오며

아가서 1:2~4의 말씀은 아가서 전체를 아우르는 말씀이다. 왜냐하면 이 연극의 첫 대사가 장차 아가서가 어떻게 전개될 것인지를 암시해주고 있기 때문이다. 그것은 왕의 사랑으로 시작하여 왕의 처소로 끝난다는 것이다. 고로 우리도 왕의 사랑을 알고 왕의 사랑을 받아들여 왕의 신부가 되어야 한다. 그리하여 왕이 사는 처소에 우리도 들어가야 하는 것이다. 왕의 처소는 예루살렘에 있다. 그리고 왕의 처소는 이 세상에서 가장 멋진 재료로 만들어진 곳이다. 고로 결혼식 날 왕이 타고 오는 가마를 두고서 예루살렘의 여인들은 이렇게 소리쳤다. "그 기둥들은 은이요, 그 바닥은 금이요, 그 자리는 자[주]색 깔개라. 그 안에는 예루살렘의 딸들의 사랑으로 장식되어 있도다"(아 3:10). 그렇다. 금과 은 그리고 자주색의 왕의 보석들이 있는 장소가 바로 그곳 천국인 것이다. 그리고 그곳은 그분을 사랑하는 자들이 이 땅에서 보석으로 단장한 것으로 수놓아진 공간으로 바로 천국이다. 그럼, 누가 과연 그곳에 들어갈 수 있는가? 그것은 오직 왕의 사랑을 받는 자, 곧 신부다. 그리스도인이 이 땅에 살아야 할 이유는 바로 여기에 있다. 즉 우리가 그곳에 들어가기에 합당한 자로 자신을 준비하기 위함이요, 그곳에 들어갈 때에 수놓아질 보석들을 여기서부터 잘 준비하는 데에 있다. 오, 그날이 오기 전에 우리 자신부터 먼저 잘 준비하자. 그리고 우리가 주님을 사랑하는 마음으로 인하여 저 새 예루살렘 성에 지어지고 있는 나의 집에 왕의 보석들이 아름답게 장식되도록 노력해 보자. 천국은 침노하는 자의 것이니까…

바른 아가서(雅歌書) 강해

제 2~3 장

1. 백합화에서 원수의 영토에 깃발을 꽂는 신부로(아 2:4,6:4~7)
2. 솔로몬과 술람미 여인, 누가 먼저 청혼했을까?(아 2:8~17)
3. 술람미 여자는 왜 솔로몬을 자기의 어머니의 집으로 데려갔을까?(아 3:1~4)
4. 솔로몬 왕이 탄 가마인가 아니면 왕비를 태운 가마인가?(아 3:6~11)

제1과
백합화에서 원수의 영토에 깃발을 꽂는 신부로
(아 2:4, 6:4~7)

> 아 2:4
>
> ⁴[여자] 그가 나를 인도하여 잔칫집(포도주의 집)에 들어갔으니 그 사랑은 내 위에 깃발이로구나
>
> 아 6:4~7
>
> ⁴[남자] 내 사랑아 너는 디르사 같이 어여쁘고, 예루살렘 같이 곱고, 깃발을 세운 군대 같이 당당하구나 ⁵ 네 눈이 나를 놀라게 하니 돌이켜 나를 보지 말라 네 머리털은 길르앗 산 기슭에 누운 염소 떼 같고 ⁶ 네 이는 목욕하고 나오는 암양 떼 같으니 쌍태를 가졌으며 새끼 없는 것은 하나도 없구나 ⁷ 너울 속의 네 뺨(관자놀이)은 석류 한 쪽 같구나

1. 들어가며

주님께서 사랑하는 성도들은 어떤 성도가 되어야 하는가? 아가서는 주님께서 원하시는 성도를 신부라고 정의하고 신부의 분량도 3단계로 발전해야 한다고 알려준다. 첫 번째 단계는 순결한 비둘기와 백합화 같은 신부가 되라고 한다. 이것은 이전 장에서 다루었다. 그리고 두 번째 단계는 원수의 영토에 깃발을 꽂는 전투하는 신부의 단계가

되어야 한다고 말한다. 이것은 이번 장에서 말씀드릴 부분이다. 그리고 마지막으로 다른 신부들을 돕고 그들을 온전한 신부로 세워 주는 신부의 단계가 되라고도 말한다. 이것은 다음 장에서 함께 나눌 말씀이다. 그렇다면 신부의 단계로서 백합화 신부의 단계와 전투하는 신부의 단계는 과연 어떤 차이가 있는가? 그리고 주님께서 바라시는 두 번째 단계의 신부란 대체 어떤 것을 두고 말함인가? 그리고 두 번째 단계의 신부가 되기 위해서는 우리가 어떻게 해야 하는 것인가? 그래서 이번 장에서는 우리가 영적 전쟁에서 승리하는 신부가 되기 위해서는 어떻게 해야 하는지를 정확히 알아, 그 신부의 단계에 도달하는 모든 성도들이 되기를 바란다.

2. 아가서가 말해 주는 첫 번째 단계의 신부는 어떠한 신부인가?

우리는 지난 장(아가서 강해 제1~2강)에서 아가서에서 말해주고 있는 첫 번째 단계의 신부에 대해 살펴보았다. 그러한 신부를 꽃으로 비유한다면 백합화 같은 신부이고, 동물로 비유하면 비둘기 같은 신부라고 들었다. 그렇다면 왜 하나님께서는 이러한 신부의 단계를 식물이나 동물을 가지고 비유한 것일까? 그것은 아마도 하나님 나라의 관점에서 볼 때 그것을 설명하기에 딱 들어맞는 것이 없었기 때문이었을 것이다. 사실 아가서의 저자였던 솔로몬은 식물과 동물에 관하여 많은 실력을 갖춘 사람이었다. 왜냐하면 그는 공부를 많이 함으로 애굽의 모든 학문까지 다 익힌 자였다. 그러니 잠언을 무려 3,000개를 말할 수 있었고, 시(詩)도 1,005개나 지을 수 있었다. 더욱이 그는 식물과 동물에도 조예가 아주 깊었으니, 초목에 관하여는 레바논의 백향목에서부터 담장 아래서 자라고 있는 우슬초까지 논할 수 있었으며, 짐승과 새와 기어다니는 것과 물고기에 대해서도 논할 수 있을 정도였다. 그러니 솔로몬은 하나님께서 말씀하시려는 것을 어떤 식물이나 동물에 빗대어 정확히 이야기할 수 있었던 것이다. 그러므로 아가서에 등장하는 모든 동식물은 그냥 등장하고 있지 아니하며, 그 특징과 성격이 고스란히 투사되어 있다고 보는 것이 옳다.

그렇다면, 아가서에서는 어떤 신부를 처음으로 말씀하고 있는가? 그것은 동물로 치자면, '비둘기와 같은 신부'라고 하였다. 여기서 비둘기 같은 신부라는 것은 비둘기가 '순결'을 상징하고, 일부종사하는 새인 만큼 절개와 지조를 상징하고 있기 때문이다. 그러니까 주님께서 원하시는 비둘기 같은 신부란 순결하고 절개를 지키며 일편단심 주님만을 사랑하는 신부를 가리키는 것이다. 그리고 꽃으로 치자면, "가시나무 가운데 백합화 같은 신부"가 되어야 한다고 말한다(아 2:2). 그런데 여기서 나오는 '가시나무 가운데 백합화'란 흰색의 백합화를 가리키는 것이 아니라 들판에 피어 있는 빨간 아네모네를 가리킨다. 특히 아가서에 나오는 아네모네는 여러 색깔들 중에도 오직 빨간색의 아네모네를 말한다. 가시나무 사이에서 자라지만 결코 주눅 들지 아니하고 빨간 꽃을 피우는 아네모네, 그 꽃의 자태는 열정적인 사랑을 고스란히 반영하고 있는데, 바로 오늘날 주님의 정결한 신부들은 오직 우리의 영원한 신랑 되신 주 예수님만을 열정적으로 사랑하는 신부들이 되어야 하는 것이다.

3. 아가서에서 말해 주는 두 번째 신부는 어떤 신부를 말하는가?

아가서의 앞쪽 부분은 주로 '순결'과 '절개'를 지키며 주님만을 사랑하는 한 여인에게 초점이 맞춰져 있다. 그 여인은 바로 바알하몬에 있는 거대한 포도밭에서 포도원을 맡아 관리하고 있는 한 여자를 가리킨다. 그런데 그 여인에게는 이름이 없다. 다만 솔로몬의 여성 명사 형태로서 '술람미'라고만 나온다. '솔로몬'이 '샬롬'의 남성 명사형이라면, '술람미'는 '샬롬'의 여성 명사형이기 때문이다. 그런데 이 여인이 아가서의 중반에 이르게 되면 솔로몬과 결혼을 하게 된다. 그러므로 비둘기 같은 신부나 백합화 같은 신부에서 전사 같은 신부로 발돋움하게 된다. 그러므로 비둘기 같고 백합화 같은 신부는 그녀가 결혼하기 전에 붙여진 별칭이라고 하겠다(아 1:2~5:1). 그러나 결혼하고 난 후 그녀는 다른 경험을 하게 되는데 그것은 결국 원수의 영토에 깃발을 꽂는 전사 같은 신부로 그녀가 발돋움하고 있음을 보여준다(아 5:2~6:13). 그 말은 신부는 모름지기 영적 싸움에서도 승리하는 신부가 되어야 한다는 뜻이다. 이것은 신부가 비둘기나 백합화와 같은 여성적인 이미지에서 한 걸음 더 앞으로 나아가, 영적 싸움에서도 승리하는 전사 같은 신부가 되어야 한다는 것을 말해준다.

4. 전사 같은 신부가 되기 위한 첫 번째의 과정은 어떤 것인가?

그렇다면 이제 결혼한 신부가 전사 같은 신부가 되기 위해서는 어떻게 해야 하는가? 그것은 신부가 언제라도 영적 싸움에 나가서 승리할 수 있도록 발판을 마련해 주는 일이 급선무다. 왜냐하면 이제 갓 결혼하여 솔로몬의 아내가 된 술람미 여인일지라도 솔로몬이 없는 시공간에서 혼자서도 승리할 수 있는 조건을 갖추어 주어야 하기 때문이다. 그러므로 솔로몬은 먼저 결혼하기 전에 그녀를 어떠한 한 장소로 데려갔다. 그곳은 '잔칫집'이라고 표현되어 있다(아 2:4). 하지만 히브리어 원문을 보면 그 잔칫집은 연회장을 뜻하는 것이 아니라 '베트 하야인' 곧 '포도주(야인)의 집(베트)'이다. 그럼 왜 솔로몬은 결혼 전에 그녀를 '포도주의 집'으로 데려간 것인가? 어떤 학자는 해석하기를 연애할 때 그녀에게 포도주를 먹여서 그녀가 인사불성이었을 때에 그녀를 안아 볼 목적으로 그곳에 데려간 것이 아닌가 말하기도 한다. 왜냐하면 포도주의 집에 데려간 후 솔로몬이 자신의 왼팔로는 그녀의 머리를 바치고 오른팔로는 그녀를 감싸 안는 장면이 곧바로 나오기 때문이다(아 2:6). 그러나 결혼하기 전까지 순결을 지켜야 하는 유대인 관습에 따르면, 그녀가 쉽게 포도주를 마셨으리라고 생각할 수는 없다. 왜냐하면 그녀가 '포도주의 집'에 들어가서 무엇을 먹었는지가 나와 있기 때문이다. 그때 그녀가 먹은 것은 '건포도로 만든 떡'과 '사과'였기 때문이다(아 2:5). 왜냐하면 결혼하기 전 그녀는 많이 지쳐 있었고 그녀의 마음도 많이 힘들어하고 있었기 때문이다.

5. 솔로몬은 왜 그 연회장에 그녀를 데려가야 했는가?

그러므로 솔로몬이 그녀를 데려간 '포도주의 집'은 잔치집이나 연회장이 아니었다. 어떤 영적인 의미가 담겨 있는 장소였던 것이 분명하다. 이는 술람미 여인이 솔로몬의 여성형 명사인 것처럼, 솔로몬도 허투루 그 장소를 '포도주의 집'이라고 쓰지는 않았을 것이기 때문이다. 그러므로 이것을 영적으로 설명해 본다면 이렇다. 솔로몬은 만왕의 왕이신 성도들의 영원한 신랑이 되신 예수님을 가리킨다. 그리고 술람미 여인은 그분의 짝으로서 정결하고 지조 있는 신부이자 영적 전쟁에서 승리하는 전투하는 신부를 상징한다. 그러므로 솔로몬은 어떻게 그녀를 영적 전쟁에서 승리케 하는 전사가 되게 할 것인지를 고민하고 있었다. 그러므로 그녀가 영적 전쟁에서 승리할 수 있는 근거를 자신이 마련하고 있음을 보여주고 싶었다. 그래서 그녀를 '포도주의 집'으로 데려간 것이다. 왜냐하면 거기서 그녀가 먹은 음식이 바로 그러한 사실을 말해주기 때문이다. 그때 그녀는 거기서 '건포도의 떡'을 먹었고, '사과'를 먹었다. 요한복음 6:53에 의하면, 그때 예수께서는 당신의 사랑하시는 제자들에게 이렇게 말씀하셨다. "너희가 내 살을 먹지 아니하고 내 피를 마시지 아니하면 너희에게는 생명이 없다". 그리고 그분이 그의 사랑하시는 제자들을 마지막으로 데려가신 곳이 '마가 다락방'이었다. 그곳은 겉으로 보기에는 유월절 식사를 할 연회장처럼 보이는 장소이지만, 실제는 성만찬을 제정하기 위함이었다. 그리고 성만찬의 핵심은 포도주에 있었으니, 그것은 모든 사람을 위하여 흘리는 바 언약의 피를 곧 흘리실 주님을 알려주는 장소였다. 왜냐하면 오직 흠 없는 예수님의 피만이 모든 죄들을 사할 수 있고 그러한 자들에게 영생이 주어질 수 있었기 때문이다. 우리는 2장에서 '사과나무'가 무슨 나무인지 살펴보았다. 그 나무는 예수님을 지칭하는 나무라고 하였다. 왜냐하면 그 나무의 뜻이 '호흡, 생명, 숨 쉼'일 뿐만 아니라 그 나무의 모양이 생명나무와 아주 닮아 있으며, 특히 그 열매는 사과와 거의 비슷하기 때문이다. 그러므로 그녀가 그곳에서 건포도의 빵과 사과를 먹게 된 것은 그녀가 장차 예수 그리스도의 속죄의 피를 통하여 죄 용서를 받게 되고 생명을 얻게 됨으로 전사로서 준비된다는 것을 미리 알려 주기 위함이었던 것이다. 그런데 솔로몬이 그녀를 그 집으로 데려갔을 때에 그녀의 머리 위에는 '사랑'이라는 깃발이 펄럭이고 있었다(아 2:4). 이것이야말로 그리스도인의 영원한 신랑 되신 예수께서 당신의 핏값으로 우리를 사신 증표이기 때문이다. 그러므로 솔로몬이 그녀를 포도주의 집으로 데려간 것은 그녀가 장차 영적 전쟁에서 승리할 수 있도록 그분이 장차 무슨 일을 수행할 것인지를 미리 보여주고 싶으셨던 것임을 알 수 있다.

6. 결혼 후 그녀에게 무슨 일이 일어났는가?

결혼 전에 그녀를 '포도주의 집'에 데려간 솔로몬은 드디어 그녀와 결혼하게 된다. 그리고 신방을 예루살렘의 성 안에 둔다. 그런데 어느 날 솔로몬이 밤늦게 그녀의 집으로 온다. 사실 당시 왕의 부인들은 아주 많았고 적어도 140명 정도가 있었으니, 솔로몬 왕이 그녀 곁으로 올 것인지는 그녀도 모르는 일이었다. 그런데 새벽녘이었던 것 같다.

솔로몬이 밤이슬을 잔뜩 맞고 그녀를 찾아온 것이다. 그리고 문을 두드리면서 말했다. "나의 누이, 나의 사랑, 나의 비둘기, 나의 완전한 자야, 내게 문을 열어 다오"(아 5:2). 그런데 그녀는 이미 잠든 상태에 있다가 갑자기 깨어났기에 조금 미적거렸다. 그러자 솔로몬의 손이 문틈으로 보였다. 그러자 그녀의 마음이 움직여 옷을 주워 입고 문을 열어주러 나갔다. 하지만 이내 솔로몬이 보이지 않았다. 또 어디론가가 버린 것이다. 그러자 그녀는 겉옷(솔)만을 걸친 채 남편을 찾으러 밖으로 나간다. 하지만 찾아도 찾을 수 없었고 불러도 응답이 없었다. 그때였다. 성 안을 순찰하고 있던 자들과 마주쳤는데, 그들이 어찌 된 영문인지 그녀를 쳐서 상하게 하였다. 그러자 물어물어 성문까지 나갔는데 이번에는 성벽을 파수하는 자들이 그녀의 겉옷(솔)까지 빼앗아 버린다. 원하던 신랑은 찾지 못한 채 그녀가 능욕만 당한 것이다. 그러자 그때서야 그녀는 깨닫는다. 자신의 힘만으로는 솔로몬을 찾을 수 없다는 것을 말이다.

7. 그녀가 그날 성 안에서 능욕을 당한 이유는 무엇이었는가?

그렇다면 그날 신랑을 찾으러 나간 술람미 여인은 왜 성 안에서 신랑을 찾지도 못한 채 능욕을 당해야 했는가? 그것은 세 가지 이유에서였다. 첫째, 어둔 밤중에 신랑을 찾으러 밖으로 나갔기 때문이다. 그때는 '밤'이었다. 그런데 성 안은 왕도 함부로 다니던 장소가 아니었다. 솔로몬이 외출할 때에 어떻게 했는지 아는가? 그는 칼을 찬 이스라엘의 용사 60명을 늘 데리고 다니고 있었다. 왜냐하면 밤의 두려움 (위험)이 있었기 때문이었다(아 3:8). 솔로몬을 해치려는 자들이 주변에 있었기 때문이다. 그런데 감히 여자가 경호원도 하나 없이 밤거리에 나갔던 것이다. 그런데 영적으로 보면 악한 영들은 다 밤중에 활동한다. 둘째, 여자의 몸으로 아무런 무장도 하지 않은 채 여자들이 쓰는 숄만 걸치고 밖에 나갔기 때문이다. 그런데 밖에는 당시 감시자들 곧 순찰자들과 파수꾼들이 있었다. 다니엘서를 읽어보면 이러한 감시자들(순찰자들)을 '천사'라고 부른다. 그러니 영적으로 본다면, 인간의 약점이 노출될 때에 벌 떼처럼 달려드는 영들이 그들이다. 그런데 이러한 악한 영들이 활동하는 시간에 그녀가 겁도 없이 무장하지도 않은 채 신랑을 찾으러 밖으로 나간 것이다. 사도 바울은 말한다. 우리의 싸움은 혈과 육을 상대하는 것이 아니라 악한 영들과의 싸움이라고 말이다. 그러니 반드시 사람이 밤에 밖에 외출할 때에는 하나님의 전신 갑주로 무장해야 하는 것이다(엡 6:11~12). 신자는 누구든지 방어용 장비와 공격용 장비를 무장하고 밖으로 나가야 하는 것이다. 그런데 이 여인은 남편을 찾아야겠다는 일념 하에 그냥 밖으로 나간 것이다. 그러다가 악한 영들의 공격을 받은 것이다. 셋째, 경호원도 없이 혼자서 신랑을 찾으러 나갔기 때문이다. 아니, 그 밤중에 대체 혼자 어디로 가서 신랑을 찾아낼 수 있다는 말인가? 그녀 혼자 신랑을 찾는다는 것은 애당초 불가능한 일이었다. 그럴 때는 도울 자와 함께 해야 한다. 그런데 그녀는 혼자 밖으로 나간 것이다. 사실 포도원에 들어온 여우를 잡으려고 할 때도 혼자서 잡기는 매우 어렵지만 같이 잡으면 잘 잡을 수가 있다. 그러니 술람미 여인은 신랑을 찾아내지도 못한 채 그날 밤 능욕만을 당한 것이다.

8. 신랑을 찾기에 실패했던 그녀가 다시 신랑을 찾아낼 수 있었던 이유는 무엇인가?

신랑을 찾으러 나갔지만 신랑을 찾지 못한 채 오히려 악한 영들에게 공격만 당했던 술람미 여인에게 그래도 반전의 기회가 찾아오게 된다. 그녀가 찾았던 것은 다름 아닌 만왕의 왕이자 만주의 주였기 때문이다. 그것은 성령이 깨닫게 하시는 것이다. 그것은 세 가지였다. 그녀는 이것을 깨달은 후에 다른 사람들의 도움을 받아서 결국 신랑을 찾게 된다. 그것은 그때 그녀가 첫째, 기도를 시작했다는 것이다 (아 5:8a). 아가서는 신앙에 관한 단어나 내용이 등장하지 않는 독특한 책이다. 그러므로 무엇이 신앙적인 측면을 말하고 있는지를 우리가 찾아내야 하는데, 그때 그녀가 한 일은 기도라고 할 수 있다. 왜냐하면 예루살렘의 여자들에게 간청하였다고 말하고 있기 때문이다. 자기 혼자 힘으로 아무것도 할 수 없을 때 우리가 할 수 있는 일은 대체 무엇인가? 그것은 전능하신 주님께 도움을 요청하는 것이다. 그러자 그녀는 예루살렘의 여자들에게 도움을 청한다. 둘째, 그녀가 회개했다는 것이다(아 5:8b). 예루살렘의 여인들에게 신랑을 찾아줄 것을 부탁할 때 그녀는 비록 자신의 잘못으로 신랑을 잃어버리긴 하였지만 신랑을 사랑하고 있음을 전해 달라고 하였다. 그녀는 자신의 잘못을 정확히 인지하고 있었던 것이다. 그녀가 신랑이 왔을 때에 늦게 반응했던 것을 후회하고 있었다는 뜻이다. 셋째, 그녀가 신랑을 높이고 자랑하고 선포했다는 것이다(아 5:10~16). 그녀가 예루살렘의 여자들에게 신랑을 찾아 달라고 부탁했을 때에 예루살렘의 여자들이 그녀에게 도로 물었다. "네 남편은 대체 다른 남편보다 무엇이 낫길래 네 남편을 그리도 찾으려고 하느냐?" 그러자 비로소 그녀는 자신의 남편이 누군지를 그들에게 소상하게 말하기 시작한다. 내 남편의 머리는 순금 같고 머리털은 고불고불하고, 손은 황옥을 물린 황금 노리개 같고… 그때 그녀가 말한 남편의 위대함은 무려 10가지나 되었다. 그렇다. 그녀는 처음부터 자신의 신랑이 솔로몬 왕이라는 것을 말했어야 했다. 그랬다면 순찰자들이나 파수꾼들이 왕비인 그녀 앞에 엎드렸을 것이다. 그러나 남편이 누군지를 말하지 않았기 때문에 그녀는 악한 영들에게 공격을 당했던 것이다. 그렇다. 우리도 악한 영들 앞에서 우리의 남편이 누군지를 말하도록 하자. 그러자 그녀도 드디어 남편을 다시 찾게 된다.

9. 다시 찾은 남편은 그녀를 어떻게 바라보았는가?

이쯤에서 오페라의 무대는 밝은 빛이 비쳐오기 시작했을 것이다. 왜냐하면 그녀가 기도를 시작했고 회개를 시작했으며, 남편 된 신랑이 누군지를 선포하기 시작했기 때문이다. 그렇다. 오늘날 그리스도의 신부들인 성도들이 이 세상에 살 때, 악한 영들을 이기는 방법은 다른 것이 아니다. 먼저는 기도하는 것이다. 예수께서도 기도와 금식 외에는 귀신이 떠나가지 않는다고 말씀하셨다. 그리고 실제로 회개하지 않으면 귀신이 더 악한 것을 데리고 다시 들어온다는 것도 알게 되었다. 그러니 회개가 동반되어야 한다. 그리고 마지막으로 예수님이 누군지를 선포하는 일이야말로 귀신을 쫓아내는 강력한 무기라는 것을 알아야 한다. 그랬더니 어둡던 무대에 빛이 들어오기 시작한다. 아침이 밝아 오고 있는 것이다. 그러자 예루살렘의 딸들과 술람미 여인들이 함께 밝은 태양 아래에서 솔로몬을 찾는다. 그러자 자기의 동산에서 양 떼를 먹이고 있는 솔로몬을 발견하게 된다. 그때 자기의 남편을 찾게 된 술람미 여인은 당당하게 신랑을 향하여 걸어간다. 그런데 그 모습이 어떠했는지 아는가? 그때 남편은 이렇게 말했다. "내 사랑아, 너는 어여쁘고 곱구나. 그리고 너는 깃발을 세운 군대같이 당당하구나." 그 모습은 전날 밤 패배자의 모습이 아니었던 것이다. 그녀가 이제는 영적 전쟁에서 승리하는 법을 터득했기 때문이다. 그러니 그녀의 눈은 무섭게 반짝이고 있었다. 그러자 신랑은 무서운 눈으로 자신을 보지 말라고 부탁한다. 그리고 그녀가 동산으로 내려오는 모습도 달랐다. 그녀의 모습은 길르앗 산기슭에서 내려오는 염소 떼처럼 힘이 있었기 때문이다. 그리고 그녀의 이는 암양 떼와 같아서 자신의 새끼를 하나도 잃어버리지 않을 것 같다고 말했다. 그리고 그녀의 뺨은 수많은 어린 새끼들을 품고 있는 석류나무 같다고 말했다(아 6:5~7). 이제 비로소 그녀도 영적 싸움에서 승리하는 자가 되기 시작했기 때문이다.

10. 나오며

주님께서는 오늘도 모든 성도들이 주님의 신부가 되어 새 예루살렘 성 안에 들어오기를 간절히 바라신다. 하지만 모든 성도들이 새 예루살렘 성 안으로 들어가는 것은 아니다. 자기의 죄를 회개하지 못한 자, 자기를 더럽히고도 회개하지 않은 자는 성 밖으로 쫓겨나기 때문이다(계 22:14~15). 그리고 원수 마귀와 귀신들에게 얻어터져 영적인 싸움에서 이기지 못한 자들도 성 안으로 들어갈 수 없다. 그래서 어떤 이는 성 밖으로, 어떤 이는 바깥 어두운 데로, 또한 어떤 이는 불과 유황이 타는 못에 던져지게 될 것이다(계 21:7~8). 그러므로 결혼 전에 정절을 잘 유지하고 있던 처녀라고 할지라도 결혼 후 성도들은 원수의 영토인 밤의 영역에 들어가서 승리의 깃발을 꽂을 수 있는 이기는 신부가 되어야 한다. 그러므로 아가서의 중간 부분은 이기는 신부, 전투하는 신부, 당당한 신부에 대해서 증거하고 있는 것이다. 그렇다면 지금 나는 어떠한 상태인가? 혹시 아직도 회개도 하지 않은 채 더럽혀진 상태의 신부라고 한다면 지금이라도 자기의 두루마기를 빠는 성도들이 되기를 바란다. 그러한 이기는 신부들이 될 수 있도록 기도를 시작하기 바란다. 그리고 실제 영적인 전투에서 승리하도록 예수님의 어떠하심을 배우고 그분이 누군지를 선포하는 성도들이 되기를 바란다. 그러한 자들 중에 이기는 신부가 나올 것이다. 그리고 그렇게 전투하는 신부가 되어서 이기는 자라야 새 예루살렘 성 안에 들어가는 신부가 될 것이다.

제2과
솔로몬과 술람미 여인, 누가 먼저 청혼했을까?
(아 2:8~17)

아 2:8~17

8 [여자] 내 사랑하는 자의 목소리로구나 보라 그가 산[들]에서 달리고 작은 산[들]을 빨리 넘어오는구나 9 내 사랑하는 자는 노루와도 같고 어린 사슴과도 같구나 [보라] [그가] 우리 벽 뒤에 서서 창으로 들여다보며 창살 틈으로 엿보는구나 10 나의 사랑하는 자가 내게 말하여 이르기를 나의 사랑, 내 어여쁜 자야 일어나서 함께 가자 11 [보라] 겨울도 지나고 비도 그쳤고 12 지면에는 꽃이 피고 새가 노래할 때가 이르렀는데 비둘기의 소리가 우리 땅에 들리는구나 13 무화과나무에는 푸른 열매가 익었고 포도나무는 꽃을 피워 향기를 토하는구나 나의 사랑, 나의 어여쁜 자야 일어나서 함께 가자

14 [남자] 바위 틈 낭떠러지 은밀한 곳에 있는 나의 비둘기야 내가 네 얼굴을 보게 하라 네 소리를 듣게 하라 네 소리는 부드럽고 네 얼굴은 아름답구나

15 [여자] 우리를 위하여 여우[들] 곧 포도원[들]을 허는(망치고 있는) 작은 여우[들]를 잡으라 우리의 포도원[들]에 꽃이 피었음이라 16 내 사랑하는 자는 내게 속하였고 나는 그에게 속하였도다 그가 백합화 가운데에서 양 떼를 먹이는구나 17 내 사랑하는 자야 날이 저물고 그림자가 사라지기 전에 돌아와서 베데르 산의 노루와 어린 사슴 같을지라

1. 들어가며

솔로몬과 술람미 여인은 신분으로만 본다면 둘은 서로 맺어질 수 없는 한 쌍이다. 그들의 신분이 하늘과 땅 차이이기 때문이다. 그때 솔로몬은 통일 이스라엘 왕국의 제3대 왕이었다. 하지만 술람미 여인은 시골에서 농사하는 처녀에 불과했다. 그런데 왕과 포도 농부가 서로 만나 결혼하게 되었다는 것이 바로 아가서의 이야기다. 그렇다면 이 둘 중에 누가 먼저 사랑을 시작한 것일까? 그리고 누가 먼저 혼인하자고 청혼을 했을까? 청혼자가 상대방에게 청혼하려고 준비했던 것은 대체 무엇이었을까? 그리고 이 청혼의 이야기에서 현대를 살아가는 우리들은 무엇을 배울 수 있을까? 이 이야기에 담긴 놀라운 영적인 비밀은 대체 무엇인가? 더불어 솔로몬의 청혼 사실을 바탕으로 사람에게 있어서 가장 중요한 사랑의 놀라운 능력이 어떤 것인지에 대해 살펴볼 수 있는 기회를 갖기를 바란다.

2. 솔로몬과 술람미 여인, 과연 누가 먼저 사랑을 시작했는가?

솔로몬 왕과 술람미 시골 처녀, 과연 누가 먼저 사랑을 시작했던 것일까? 안타깝게도 아가서는 누가 먼저 사랑을 시작했는지를 정확히 이야기하지 않은 채 본문이 시작된다. 아마도 아가서가 공연 작품이다 보니 그것을 관람하는 자나 독자의 상상에 맡겨두는 듯 보인다. 하지만 아가서는 솔로몬에 대한 술람미 여인의 요청에서부터 시작된다. 그것은 이렇다. 술람미 여인이 말한다. "그가 내게 그의 입으로 입 맞추기를 원한다. 참으로 네 사랑은 포도주보다 낫기 때문이다"(아 1:2). 그녀는 이미 그가 자신을 사랑하고 있다는 사실을 알았기에, 그가 와서 자신에게 입 맞추기를 원한다고 말했다(아 1:2). 이는 솔로몬이 자신의 유일한 짝이 술람미 여인이라는 것을 먼저 알아보았기 때문이다(아 6:8~9). 그리하여 솔로몬으로부터 사랑을 받았던 이 여인은 솔로몬과 같은 사랑을 하게 된다. 이로써 우리는 둘 사이의 사랑의 시작이 솔로몬으로부터 시작되었다는 것을 알게 된다(아 4:10). 뿐만 아니라 사과나무 아래에서 잠을 자고 있던 그녀를 깨운 것은 솔로몬이었다는 것을 확인할 수 있다(아 8:5). 고로 우리는 두 연인 간의 사랑은 솔로몬에게부터 시작되었다는 것을 확인할 수가 있다. 사실 아가서는 차치하더라도 하나님과 사람 사이에 누가 먼저 사랑을 시작했는지를 성경에서 살펴볼 수 있는데, 그것은 요한일서에 나온다. 거기에서 요한 사도는 먼저 하나님이 우리 인간을 사랑하셨으며, 그 사랑의 증표로 그의 아들을 이 세상에 보내셨다고 말한다(요일 4:10).

요일 4:10 사랑은 여기 있으니 우리가 하나님을 사랑한 것이 아니요 하나님이 우리를 사랑하사 우리 죄를 속하기 위하여 화목 제물로 그 아들을 보내셨음이라

3. 사람에 있어서 전염성이 가장 강한 것은 무엇인가?

사람에게 있어서 전염성이 가장 강한 것은 무엇일까? 그것은 아마

도 '사랑'이라고 할 수 있을 것이다. 왜냐하면 효자 집안에 효자가 난다는 말처럼, 사랑을 받아본 사람이 있기에 그가 또 다른 사람을 사랑하는 것이기 때문이다. 그렇다. 하나님의 제일 속성은 '사랑'이다(요일 4:8). 그러므로 하나님의 사랑이 무엇인지를 알아 버린 사람은 반드시 또 다른 누군가를 사랑하게 되어 있다. 그때 그분이 조건 없이 우리를 사랑해주셨던 것처럼 우리도 조건 없이 다른 이들을 사랑하게 되는 것이다. 아가서를 읽는 독자는 솔로몬이 왜 시골 처녀를 사랑하게 되었을까를 궁금해할 것이다. 왜냐하면 솔로몬의 주변에는 이미 왕비들이 60명이나 있었고, 비빈(후궁)들도 80명이나 있었기 때문이다. 그런데 아가서를 읽어보면, 왜 솔로몬이 그녀를 사랑할 수밖에 없었는지가 나온다. 그것은 그때까지 솔로몬이 여러 명의 아내들을 두었지만 그 사람들 중에 진정한 짝은 발견하지 못했다는 것이다. 그런데 솔로몬이 그녀를 본 순간, 솔로몬은 그녀가 자신의 유일한 짝이라는 것을 알아 버린다. 이것은 마치 잠을 자던 아담이 자신에게 다가오는 한 처녀를 보고는 "이는 내 뼈 중의 뼈요 살 중의 살"이라고 말했던 감탄사와 같은 것이다. 그러므로 생명나무를 상징하는 사과나무 아래에 잠들어 있던 그 여인을 깨운 것은 바로 솔로몬이었음을 확인할 수가 있다(아 8:5).

4. 솔로몬이 청혼하기 위해 치러야 했던 대가는 무엇이었는가?

그렇다면, 원래는 자신의 짝이었으나 범죄로 인하여 잃어버린 자신의 짝을 얻기 위해 솔로몬이 취했던 행동은 무엇이었는가? 그것은 자신의 '생명을 내어주는 것'이었다. 그가 그녀를 처음 본 순간, 그는 그녀가 자신의 유일한 짝이라는 것을 알게 된다. 그러자 솔로몬은 포도원지기로서 고된 노동 가운데 힘들어하고 있는 그녀를 놓아주고 싶어 한다. 그래서 자신의 왕궁으로 데려가기를 원한다. 하지만 그냥 낚아채 가지는 않는다. 거기에 합당한 대가를 치르고 데려간다. 그것을 우리는 어떻게 알 수 있는가? 그것은 두 가지다. 그것은 솔로몬이 그녀와 결혼하기 전에 노래했던 대사에 나온다. 하나는 엔게디 포도원의 고벨화 송이(아 1:14)라는 노랫말에 나타나 있고, 또 하나는 연애 시절 솔로몬이 그녀를 처음으로 데려간 장소에서 확인된다.

첫째, 솔로몬이 그녀를 자신의 아내로 취할 때에 그냥 그녀를 데려가지 않고 자신의 생명을 주고 되사는 것을 통하여 그가 치른 대가를 확인할 수 있다. 그래서 솔로몬은 그녀에게 고벨화 송이로서 포도밭에 피어난다(아 1:14). 그것도 적갈색의 고벨화 송이로서 말이다. 이것은 이전 장에서 배웠듯이 흰색의 바탕에 바깥쪽으로는 핏빛으로 물든 그러한 꽃으로서, 죄 없으신 예수께서 인류를 위해 대신 피 흘려 죽으실 것을 예표하는 꽃임을 알게 되었다. 왜냐하면 '고벨화'를 히브리어로 보면 '속전, 몸값, 생명의 값'이라는 '코페르'라는 단어에서 왔기 때문이다. 그러므로 이제 조금 있으면 다시 오실 그분의 옷은 피 뿌린 옷이 될 것임을 미루어 짐작할 수 있다(계 19:13).

둘째, 솔로몬은 그녀를 자신의 아내로 취하기 전에 잔칫집으로 데려가 그녀를 아내로 취하기 위해 자신이 무엇을 할 것인지를 알려주었다. 이것이 바로 아가서 2:4에 등장하는 '잔칫집'이라는 은유다. '잔칫집'은 히브리어로 보면, 연회 장소가 아니라 어떤 상징적인 장소임을 금방 알 수 있다. 왜냐하면 그곳은 원문상 '포도주의 집'이었기 때문이다. 또한 솔로몬이 그 집에서 그녀에게 달아준 깃발이 있었는데, 그 깃발에는 '사랑'이라는 글자가 쓰여 있었다. 그리고 그때 그녀가 그 집에서 먹었던 것도 의미심장하다. 왜냐하면 그것은 건포도로 만든 빵이었고 사과였기 때문이다. 여기서 '포도주의 집'은 곧 예수께서 제자들과 마지막 만찬을 했던 마가의 다락방이며, 그것의 완성은 '골고다 언덕'이다. 거기에서 우리의 영원한 신랑 되신 예수께서 우리를 위하여 자신의 모든 피를 다 쏟으셨기 때문이다. 그리고 그녀가 그곳에서 먹었던 "건포도의 빵"은 사실 마가 다락방에서 먹은 성찬을 의미하며, 그분의 살과 피인 것이다(요 6:53). 그것을 통하여 주님께서는 사과의 열매로 예시된 생명을 주셨던 것이다.

5. 솔로몬은 어떻게 그녀에게 청혼했는가?

그렇다면 생명의 속전으로 자신의 생명을 내어주신 예수께서는 어떻게 신부에게 자기의 아내가 되어달라고 청혼을 했을까? 우리는 그 원형을 솔로몬이 술람미 여인에게 청혼하는 장면을 통하여 확인할 수 있다. 솔로몬의 청혼이 곧 주 예수 그리스도의 청혼의 예표이기 때문이다. 이때, 솔로몬은 두 가지로 그녀에게 청혼을 한다. 하나는 그녀가 들어가서 살 집과 성을 마련했기 때문에 그리로 가자고 말함으로 청혼을 한다(아 1:17, 2:10~13, 3:2~3). 그리고 또 하나는 이제 자신이 그녀의 영원한 안식처와 보호자가 되어주시겠다고 말함으로 청혼했다는 것이다(아 2:14).

첫째, 솔로몬은 그녀에게 "일어나 함께 가자"고 말함으로 청혼을 하는데 그 장소는 예루살렘 성 안에 마련된 집이었다. 그녀에게 힘든 시기였던 겨울도 지나갔고 차가운 비바람도 그쳤기에 나랑 함께 가자는 것이다. 그녀는 그동안 의붓오빠들(악한 영들을 상징)이 시킨 포도밭에서 너무나 힘들게 생활하고 있었다. 그때였다. 어떤 낭군이 나타나더니, 이제 그 고된 노역의 현장을 벗어나 예루살렘 성 안에 준비된 집으로 가자고 청혼을 한 것이다(아 2:10~13). 결국 우리 주 예수의 청혼은 장소를 옮기자는 제안인 것이다.

둘째, 솔로몬은 이제 독수리와 같은 맹금류를 피하여 바위틈 낭떠러지 은밀한 곳에 숨어 있는 비둘기에게 나와 자기에게 오라고 청혼한다. 그래서 속히 그곳으로부터 나와서 그녀의 목소리를 들려달라고 부탁한다. 왜냐하면 앞으로는 솔로몬이 그녀의 영원한 보호자와 피난처가 되어줄 것이기 때문이라고 말한다. 그렇다. 주님만이 우리 인생들의 완전한 보호자가 될 수 있으며 환난 중에 피난처가 될 수 있다.

그렇다. 우리 죄인들을 위하여 당신의 목숨을 버린 것만 해도 우리는 이미 과분한 은혜를 받은 것인데, 하늘의 왕께서는 우리를 위하여 하늘의 새 예루살렘 성에 우리의 집을 마련하고 계신다. 그리고 또한 그분 자신이 장차 우리의 영원한 보호자와 안식처가 되어주시겠다고 말씀하신다. 이것이 바로 우리를 향하신 우리 주 예수님의 청혼 방식이다.

6. 나오며

　주님은 마귀에게 잃어버린 당신의 짝을 데려가기 위해 친히 속전의 꽃 곧 고벨화 송이가 되어주셨다. 그리고 어느 날에는 우리를 데려가서 당신이 흘리신 골고다의 그 보혈의 피가 우리를 향한 당신의 '사랑'이라고 말씀하셨다(아 2:4). 그리고 사실 알고 보니 그분은 우리의 시작이었고 우리의 호흡이었다(아 2:3, 8:5). 그분으로 인하여 우리가 태어났지만 우리는 마귀의 말을 듣고 그만 그분의 곁을 떠나야 했다. 그런데 어느 날 그분은 가시나무 가운데서 힘들게 일하고 있는 우리들을 발견하셨다. 그리고 그분은 우리가 원래 그분의 짝이었음을 알려주셨다. 그리고 그 짝을 되찾기 위해 그분은 모든 것을 내어놓으셨다. 기꺼이 자신의 생명까지도 내어주신 것이다. 그리고 그분은 우리를 구원하기 위해 기꺼이 하늘의 높고 높은 보좌에서 내려와 친히 사람으로 이 땅에 오셨다. 그리고 우리 스스로의 힘으로는 도저히 제어할 수 없는 포도밭의 여우를 잡아주셨다. 십자가에서 여우의 머리를 박살 내신 것이다. 그러므로 이제 마귀는 더 이상 포도밭의 주인이 아니다. 우리 주 예수님만이 포도밭의 주인인 것이다(아니 처음부터 그랬다)(아 8:11). 그분 때문에 우리가 고된 노역으로부터 벗어날 수 있었으며, 바위틈 낭떠러지 은밀한 곳에서 빠져나올 수가 있었다. 이제 우리는 그분이 하늘에 마련해 둔 집 곧 백향목으로 지어진 집으로 이사 갈 수 있게 되었다. 그곳은 새 예루살렘 성 안에 마련된 집이다. 모두가 다 그분 때문이다. 오직 그분으로 인하여 우리의 인생이 달라진 것이다. 그분 때문에 우리 모두는 하늘 왕의 신부 곧 왕후가 될 수 있게 된 것이다. 고로 우리가 그분께 감사하는 방법이 있다면, 그것은 그분에 대하여 영원히 지조를 지켜 드리는 일일 것이다. 그래서 그분의 정결한 신부가 되어 드리는 것이다. 그리고 더 나아가서는 원수의 영토에 들어가서, 그곳에서 고통받고 있는 자들을 되찾아오는 것이다. 그것은 오직 우리의 '기도'와 '회개'와 '선포'를 통하여서만 가능하다. 그러므로 우리는 날마다 기도하고 회개하며, 주님이 어떤 분인지를 선포하고 자랑하는 성도가 되어야겠다. 그것만이 갚을 길 없는 과분한 사랑을 받은 것에 대한 감사가 될 테니 말이다.

제3과
술람미 여자는 왜 솔로몬을 자기의 어머니의 집으로 데려갔을까? (아 3:1~4)

> 아 3:1~4
>
> 1 [여자] 내가 밤에 침상에서 마음으로 사랑하는 자를 찾았노라 찾아도 찾아내지 못하였노라 2 이에 내가 일어나서 성 안을 돌아다니며 마음에 사랑하는 자를 거리에서나 큰 길에서나 찾으리라 하고 찾으나 만나지 못하였노라 3 성 안을 순찰하는 자들을 만나서 묻기를 내 마음으로 사랑하는 자를 너희가 보았느냐 하고 4 그들을 지나치자마자 마음에 사랑하는 자를 만나서 그를 붙잡고 내 어머니 집으로, 나를 잉태한 이의 방으로 가기까지 놓지 아니하였노라

1. 성경을 해석할 때는 어떤 원칙을 적용하는 것이 좋은가?

성경을 읽다 보면 그것을 이해하기에 난해한 본문들을 만나게 된다. 대부분의 성경은 그것을 읽을 때에 대부분 깨달을 수 있게 되어 있지만, 어떤 것들은 본문을 깊이 묵상하고 성령의 특별한 조명하심을 받아야 하는 것들도 있다. 특히 하나님이나 신앙에 관련된 내용이 전혀 나오지 않은 아가서의 말씀을 읽을 때에는 이 본문이 마치 오페라 대본처럼 함축적으로 표현되어 있기에 더더욱 그렇다. 그러므로 우리는 아가서에 등장하는 식물과 동물들 그리고 사람들이나 장소를

대할 때에 성령께 지혜와 조명하심을 간구해야 한다. 그렇다면 성경을 해석할 때에는 어떤 원칙이 있을까? 그것은 최소 두 가지다. 첫째는 성경에 나오는 문자를 문자 그대로 보는 것이다. 이때 성경에 쓰인 문자의 내용을 이해하기 위해서는 본문의 배경 즉 시대적인 상황이나 풍습 등을 이해하는 것이 필요하다. 그리고 문맥이나 그 본문의 전체적인 맥락도 살펴볼 수 있어야 한다. 특히 문학 작품처럼 쓰인 아가서는 더욱더 그렇다. 그리고 본문을 문자 그대로 보기 위해서는 히브리어 원문도 같이 볼 수 있으면 더욱 좋다(아니 그래야 한다). 둘째는, 어떤 것은 문자적으로만 풀 수 없는 것들이 있는데 그때에는 예표론적(모형론적)으로 성경을 해석해야 한다는 것이다. 즉 모든 성경 말씀은 다 그리스도에 관하여 쓰인 것이라는 대원칙을 가지고 들여다보는 것이다 (요 5:39). 그렇지 않으면 아가서의 말씀도 그냥 연애편지나 청춘 남녀의 사랑 이야기 정도로 취급하기 쉽다. 하지만 아가서는 예표론적(모형론적)으로 보아야 하는 특수 본문이다. 그러므로 우리의 눈을 떠서 각 장을 보면, 각 본문마다 거기에는 그리스도가 아주 풍성하다는 것을 발견하게 될 것이다.

2. 솔로몬이 술람미 여인과 연애할 때에 그녀를 데려간 곳은 어디였는가?

솔로몬이 술람미 여인과 연애할 때에 그가 그녀를 데려간 곳은 어디였는가? 성경에 보니, '잔칫집'이었다(아 2:4). 그런데 '잔칫집'을 히브리어 원문으로 보면, 그곳은 연회장이 아니라 '포도주의 집'이다. 그리고 그녀 위에 나부끼는 깃발은 '사랑'이었다. 그런데 그날 그녀는 매우 지쳐 있었다. 그러자 술람미 여인은 그곳에서 건포도 떡을 먹어 힘을 얻을 수 있게 해 달라고 하였으며, 사과를 먹게 하여 정신이 돌아오게 해 달라고 부탁한다(아 2:5). 이 말씀을 문자 그대로 보면, 솔로몬이 술람미 여인에게 포도주를 먹여서 안아 보려고 하는 속셈을 갖지 않았나 하는 생각이 들 수도 있다. 왜냐하면 그들이 그 집에 갔을 때에 솔로몬이 자신의 왼팔로는 그녀의 머리를 고인 채 있었고, 그의 오른팔로는 그녀를 안고 있었기 때문이다(아 2:6). 하지만 본문은 그러한 연애담을 기록한 것이 결코 아니다. 왜냐하면 이스라엘 풍습에 있어서 결혼 전에 여자가 지켜야 할 가장 중요한 것으로서 정조(정절)를 말하기 때문이다. 고로 아가서 1:4에 나오는 말씀 곧 "왕이 나를 그의 방(침실)으로 이끌어 들이시니"라는 대사도 역시 왕이 결혼 전에 그녀를 침실로 데려갔다는 뜻이 아니다. 이제 자기도 왕의 사랑을 받는 여인이 되었으니 왕의 처소(예표론적으로 보면, 하늘의 새 예루살렘 성 안의 집)로 자신을 데려가 달라고 부탁하는 것이다. 그러므로 본문도 예표론적으로 보면 다음과 같다. 주 예수께서 사랑하는 제자들을 데려간 포도주의 집은 일차적으로는 마가 다락방이다. 거기에서 주님께서는 성만찬을 제정하시면서 포도주가 자신의 피를 의미한다고 말씀하셨기 때문이다. 그리고 그곳의 실천 장소는 골고다 언덕이었다. 그곳에서 우리 주님은 모든 피를 남김없이 다 흘리셨기 때문이다. 그리고 그때 그 여인이 먹은 건포도 빵은 성찬식용 빵과 같은 것이었지만 실제로는 그분의 살과 피였다(요 6:53). 그리고 그녀가 먹어서 정신 나게 했던 '사과'는 생명나무의 과실로 '생명과'를 의미한다. 왜냐하면 사과나무의 히브리어 원문을 보면, '호흡, 숨 쉼'의 나무라고 쓰여 있어서, 사과나무가 곧 생명나무임을 말해주고 있기 때문이다.

3. 술람미 여인이 청혼을 수락한 후, 성 안의 예비 신혼집에 머물러 있던 술람미 여인에게 어떤 일이 생겼는가?

그리하여 서로의 사랑을 확인한 솔로몬은 이어서 그 여인에게 정식으로 청혼을 한다. 자신이 예루살렘 성 안에 마련한 집으로 가자고 한다. 그리고 그녀에게 자신이 피난처요 보호처가 되어 주겠다고 말한다. 그러자 여자는 포도원에 있는 여우를 잡아 주는 조건으로 결혼을 수락한다. 그러자 솔로몬은 그녀를 예루살렘에 준비된 예비 신혼집으로 데리고 간다. 그리고 결혼식을 올릴 날을 기다리고 있었다. 그러던 어느 날, 그녀가 침상에서 꿈을 꾼다. 신랑을 찾고 찾았지만 신랑을 찾아내지 못하는 꿈이었다. 왜 그런 꿈을 꾸게 되었을까? 그 이유는 당시에 예루살렘 성 안에 많은 처녀들이 들어와 있었기 때문이다. 그들은 솔로몬을 사랑해서 솔로몬과 결혼하기 위해 들어와 있는 처녀들이었다(아 1:3~4). 아가서는 그들을 일컬어 "예루살렘 딸들"이라고도 말한다(아 1:5, 3:5, 10, 11). 모두가 다 솔로몬과 결혼하기로 한 상태에서 예루살렘 성 안에 들어와 있지만, 첫날밤을 치르지 못한 채 있는 예비 신부들이 그곳에 많이 있었던 것이다. 그러니까 술람미 여인도 혹시 자기도 그러한 신세가 되지 않을까 염려하고 있었던 것이다. 그러자 악몽을 꾼다. 그런데 어느 날 밤에는 잠에서 깨어나 일어난다. 그리고 성 안을 두루 돌아다니며 자신의 사랑하는 이를 찾으러 나간다. 그래서 거리들과 광장들에도 나가 보았지만 그이를 만나지 못한다. 그러자 성 안을 순찰하는 자들에게 물어본다. "내 혼으로 사랑하는 자를 당신들은 보았나요?" 그렇지만 그들도 잘 모른다고 한다. 그런데 그들이 지나가자마자 놀라지 말라. 그이가 나타난다. 그러자 그녀는 그이를 붙잡고 자기 어머니의 집 곧 자신을 잉태한 어머니의 방으로 그를 데려가기까지 그를 놓아주지 않는다.

4. 그녀는 왜 솔로몬을 그날 밤 자기 어머니 집의 방으로 데려갔을까?

어떤 신학자는 그때 그녀가 데리고 간 '그녀의 어머니의 집'을 '교회'(믿음의 공동체)라고 해석하기도 하고, 그녀가 신랑감을 데리고 자기의 어머니에게 가서 결혼 승낙을 받은 것이라고도 해석한다. 하지만 우리는 성경을 성경으로 풀어야 하고, 예표론적으로 풀어야 한다. 아가서에는 "그녀의 어머니의 집이요 그녀를 잉태한 어머니의 방"이자 그녀를 낳기 위해 산고를 겪었던 방에 대하여 그곳이 "사과나무 아래"라고 말해준다(아 8:5). 그렇다. 그녀가 그날 밤 솔로몬을 데리고 간 곳은 레바논에 있는 바알하몬이 아니었다. 그녀가 그날 밤 그이를 데려간 장소는 예루살렘 근처로 추정되는 솔로몬의 동산(에덴동산)에 있는 사과나무(생명나무) 아래였던 것이다. 왜냐하면 그녀(하와)가 거기에서 탄생했을 뿐만 아니라 거기에서 범죄하여 신랑 곁을 떠날 수밖에 없었기 때문이다. 하지만 이제 그 자리로 되돌아가 자신이 범죄했던 것을 시인하고 두 번 다시 다른 남자의 말을 듣지 아니한 채 뱀의 말을 듣지 않겠노라고 손가락을 걸고 약속하기 위해 그녀는 그이를 그곳으로 데려간 것이다. 그런데 그것을 반대편에서 보면, 이런 것이다. "당신은 이제 나의 영원한 짝이요, 나도 당신을 영원히 떠나지 아니할 테니, 앞으로 나를 외면하지 말아주세요. 저와 영원히 함께 해요"라고 말하고 있는 것이다.

5. 이번 장 이야기가 우리에게 알려 주는 교훈은 무엇인가?

오늘날에도 주님의 신부로서 택함을 받았으나 합방을 하지 못하는 신부들이 있다. 그들 모두는 예루살렘으로 상징되는 교회 안에 자기의 집을 마련한 상태다. 하지만 주님과 친밀한 교제를 나누지 못한 채 예루살렘 성 안에만 머물러 있는 신부들이 많이 있다. 그 이유는 무엇인가? 그것은 신랑만이 영원한 자신의 짝이라는 것을 보여 주지 못했기 때문이다. 고로 장차 하늘에 준비된 새 예루살렘 성 즉 진짜 신혼집에서 살기를 원하는 자는 어떻게 해야 하는가? 첫째, 이 여인처럼 신랑만을 항상 찾고 구하는 자가 되어야 한다. 그래서 신랑과 항상 함께 있어야 한다. 조금이라도 신랑이 보이지 않으면 금방 신랑을 찾아 나서는 자가 되어야 하는 것이다. 언젠가는 나를 찾아오겠지 하는 태도로 살아서는 아니 되는 것이다. 둘째, 그분과의 관계가 소원해지지 않기 위해서 자신의 죄인 된 과거를 돌아보고 회개하면서 신랑과 함께 할 것을 다짐해야 한다. 즉 "나는 당신으로부터 나온 유일한 짝입니다.", "나는 두 번 다시 다른 남자의 말을 듣지 않을 것이며 오로지 당신의 말만 듣고 순종하겠습니다." "그러니 저와 함께해주세요"라고 고백해야 한다. 그러면 우리는 영원히 그분 곁에 더 가까이 가서 머무는 신부가 될 것이다.

제4과
솔로몬 왕이 탄 가마인가 아니면 왕비를 태운 가마인가?
(아 3:6~11)

> 아 3:6~11
>
> 6 [예루살렘의 딸들] 몰약과 유향과 상인의 여러 가지 향품으로 향내 풍기며 연기 기둥처럼 거친 들(광야)에서 오는 자가 누구인가
> 7 [솔로몬의 행차를 묘사하는 목소리] 볼지어다 솔로몬의 가 마(침상)라 이스라엘 용사 중 육십 명이 둘러쌌는데 8 다 칼을 잡고 싸움에 익 숙한 사람들이라 밤의 두려움으로 말미암아 각기 허리에 칼을 찼느니라 9 솔로몬 왕이 레바논 나무로 자기의 가마를 만들었는데 10 그 기둥[들]은 은이요 바닥은 금이요 자리는 자색 깔개라 그 안에는 예루살렘 딸들의 사랑이 엮어져 있구나
> 11 [예루살렘의 딸들을 향한 목소리] 시온의 딸들아 나와서 솔로몬 왕을 보라 혼인날 마음이 기쁠 때에 그의 어머니가 씌운 왕관이 그 머리에 있구나

1. 아가서 3:6~11의 말씀은 어떤 장면인가?

아가서 3:6~5:1의 장면은 솔로몬과 술람미 여인의 결혼식 및 피로연의 장면을 말해주고 있다. 먼저, 아가서 3:6~11의 말씀은 결혼식장에 입장하는 술람미 여인과 솔로몬의 모습을 구경꾼의 입장에서 본 것이라고 할 수 있다(그러므로 일종의 '합창'과 같다). 그리고 4:1~7의 말씀

은 결혼식을 올리는 날에 신랑이 신부의 아름다움을 노래한 것(찬가)이요, 4:8~5:1의 말씀은 신혼 첫날밤을 맞이하는 신랑 신부가 서로에게 사랑의 세레나데를 노래한 것이다.

2. 혼인 예식을 거행하기 위해 오는 신부의 모습은 어떻게 그려져 있는가?

아가서 3:6~11의 말씀은 혼인 예식을 구경하는 자들(아마도 '예루살렘의 딸들'이었을 것으로 추정됨)이 두 연인이 입장하는 정경을 묘사한 것이다. 그렇다면, 이때 신부는 어떤 모습으로 입장하고 있었는가? 그때 신부는 '거친 들'로 표현되고 있는 그녀의 고향 즉 레바논의 바알하몬에 있는 포도원에서부터 결혼식장인 예루살렘 성으로 오고 있었다. 그러자 예루살렘의 여자들은 그녀가 예루살렘으로 올라오는 모습을 이렇게 노래했다. "몰약과 유향과 상인의 모든 향가루로 향기를 풍기며, 연기 기둥들같이 광야에서 올라오는 여인은 누구인가?"(아 3:6). 그렇다. 술람미 여인은 신부 단장을 한 채 올라오고 있었던 것이다. 몰약과 유향과 각종 향기로 자신의 몸을 단장한 채 말이다. 이는 마치 아하수에로 왕의 신붓감이 되기 위해, 에스더가 무려 열두 달을 준비하되, 여섯 달은 몰약 기름을 쓰고 여섯 달은 향품과 여자가 쓰는 물품을 써서 정결하게 했듯이, 그렇게 단장하고 결혼식장으로 향하고 있는 것이다(에 2:12). 그런데 그때 연기 기둥이 치솟았다고 한다. 이는 왕의 행차가 사람들의 눈에 잘 띄도록 즉 왕의 가마가 어디쯤 오고 있는지를 모두가 알게 하고 또한 축하할 수 있도록 가마 앞에서 온갖 향품을 태워 연기 기둥을 만들고 있었던 것이다.

3. 당시 솔로몬의 가마에는 누가 타고 있었는가?

그럼 당시 솔로몬의 가마에는 누가 타고 있었는가? 그런데 예루살렘의 여인들은 그 가마를 누가 만들었는지를 노래한다. 그 가마는 솔로몬이 직접 지휘하여 만들었다는 것이다. 즉 솔로몬이 레바논의 나무 곧 백향목으로 가마를 만들었는데, 그 가마의 기둥들은 은으로, 바닥은 정금으로 만들었고, 자리는 자주색 깔개를 들여놓았다고 했다. 그리고 그 내부는 예루살렘의 딸들이 만들어 놓은 '사랑'으로 장식되어 있는 것이라고 노래했다. 그럼, 이 가마 안에는 솔로몬이 타고 있었는가? 아니면 술람미 여인이 타고 있었는가? 아니면 둘 다 타고 있었는가? 이것에 관하여는 다양한 해석들이 있다. 하지만 지금까지 나온 환상이나 영적인 시야로 천국(새 예루살렘 성)에 들어가는 신부들의 모습을 정리해 보면, 이때 가마에 누가 타고 있었는지 짐작할 수 있다. 결론부터 말씀드리자면 이 가마에는 술람미 여인이 타고 있었다. 그런데 원래 이 가마는 왕 곧 솔로몬의 가마였다. 그런데 이 가마를 솔로몬이 자신의 신부를 태워 오도록 미리 보낸 것이다. 그런데 그러자 술람미 여인이 살고 있던 장소 곧 바알하몬에서부터 신랑의 신혼집이 있는 예루살렘 성까지의 거리를 그녀가 가마를 타고 이동하게 된 것이다. 그러나 밤의 위험성이 있었기 때문에, 왕은 싸움에 익숙한 이스라엘의 용사들 곧 칼로 무장하고 전쟁에 능한 전사들 60명을 붙여두었다. 또한 이 가마는 백향목과 금과 은으로 만든 것이었으니 상당히 무게가 나갔을 것이다. 그러므로 가마꾼들도 상당히 많은 숫자가 동원되었으리라고 본다.

4. 왜 솔로몬 왕은 자신의 가마를 술람미 여인에게 보냈을까?

그렇다면 왜 솔로몬 왕은 자신의 가마를 신부에게 보낸 것일까? 그것은 한마디로 신부를 높여주고 띄워 주기 위함이다. 비록 시골 처녀였지만 이제는 왕비가 될 자이니, 장차 왕비가 될 자는 이러한 영예를 안게 된다는 것을 모든 사람에게 보여주고 싶었던 것이다. 사실 이 여인이 앉아서 이동하고 있던 이 가마에는 왕만이 앉을 수 있는 자주색의 깔개가 놓여 있었다. 그런데 이 여인이 그 자리에 앉아서 예루살렘으로 가고 있는 것이다. 이것은 마치 부활 승천하신 예수께서 라오디게아 교회에게 보낸 편지 가운데, 장차 이기는 자들이 되어 새 예루살렘 성에 입성하는 자들이 받을 영광이 무엇인지를 말하는 것과 같다고 하겠다. 그때 주님은 이렇게 말씀하셨다. "이기는 그에게는 내가 내 보좌에 함께 앉게 하여 주기를 내가 이기고 아버지 보좌에 함께 앉은 것과 같이 하리라"(계 3:21). 그렇다. 솔로몬의 눈에 그녀는 가장 어여쁘고 어여쁜 여인이었고 자신의 눈에 넣어도 아깝지 않을 만큼 아름다웠다. 왜냐하면 그녀는 잃어버린 원래 자신의 유일한 짝이었기 때문이다(아 6:8~9).

5. 술람미 여인이 그 가마를 타게 된 이유는 무엇인가?

이것은 한마디로 술람미 여인이 솔로몬의 배필이 되었기 때문이다. 그런데 그녀가 솔로몬의 배필이 된 것은 그냥 된 것은 아니었다. 또한 그녀에게 흠이 있었던 것이 사실이다. 예표론적으로 볼 때 이 여인이 하와이기 때문이다. 생명나무와 선악나무 아래에 있을 때에 그녀는 남편인 아담의 말을 듣지 않고 뱀의 말을 들었던 적이 있었기 때문이다. 그래서 그때부터 그녀에게 고달프고 힘겨운 삶이 기다리고 있었다. 그럼에도 불구하고 솔로몬은 그녀를 찾아와서 그녀만이 자신의 유일한 짝이라고 알려 주었다. 그리고 그는 마귀에게 빼앗겨 버린 그녀를 되찾고 그녀를 자신의 아내로 삼기 위해 모든 일을 다 행하려고 계획하고 있었다. 그것은 한마디로 그녀에게 자신이 적갈색의 고벨화 송이가 되어 주겠다고 한 것이다(아 1:14). 이는 그녀를 위해서라면 솔로몬이 기꺼이 피 흘려 죽는 속죄양이 되겠다고 한 것이다. 그리고 연애 시절에 포도주의 집에 데려갔을 때에도 역시 그는 자신의 피를 통해 그녀를 건져낼 것이라고 말했었다(아 2:4). 그때 그녀는 그의 말을 가슴에 품었고, 오직 자신을 위해 자신의 목숨이라도 아낌없이 내어 놓는 그분을 보고는, 오직 그분만을 사랑하겠노라고 결정하게 된다. 그래서 그때 이후부터는 그녀는 다른 것에는 절대 한눈팔지 않고 오직 신랑만을 바라보고 그분만을 기쁘게 하겠다고 단호하게 생각한다. 그것이 바로 자기 어머니 집에서의 서원이며, 사과나무 아래에서의 서원이다(아 3:4, 8:5). 다시 말해, 그녀는 사과나무 아래에서 과거 자신이 에덴동산에 있을 때에 행한 일 즉 뱀의 말을 들어 자기 남편의 지시를 따르지 않았던 사실을 시인하고, 그때 이후부터는 오직 남편의 말만을 순종하겠다고 서원한 것이다. 바로 이것이야말로 성 안에 예비 신혼집에 있을 때에 그녀가 신랑을 찾은 후 그를 자기 어머니의 집 곧 어머니가 자기를 잉태한 방에까지 데려간 이유였던 것이다.

바른아가서(雅歌書)강해

제 4~5 장

1. 술람미 여인, 어여쁜 자에서 흠이 없는 신부가 되다(아 4:1~7)
2. 외적인 아름다움에서 내면의 아름다움으로(아 4:1~11)
3. 신부가 드디어 비원(祕苑) 곧 비밀의 동산으로 들어가다(아 4:6~5:1)
4. 전투하는 신부에서 다른 신부를 산출하고 양육하는 신부로(아 8:8~10)
5. 아가서에 나오는 신부의 7가지 명칭(아 2:10, 5:2, 8:13)
6. 즉각적으로 반응하지 못해 잃어버린 주님, 어떻게 찾을 수 있는가?(아 5:2~16)

제1과
술람미 여인, 어여쁜 자에서 흠이 없는 신부가 되다
(아 4:1~7)

> 아 4:1~7
>
> 1 [남자] [보라] 내 사랑 너는 어여쁘고도 어여쁘다 너울 속에 있는 네 눈이 비둘기 같고 네 머리털은 길르앗 산 기슭에 누운 염소 떼 같구나 2 네 이는 목욕장에서 나오는 털 깎인 암양 곧 새끼 없는 것은 하나도 없이 각각 쌍태를 낳은 양 같구나 3 네 입술은 홍색 실 같고 네 입은 어여쁘고 너울 속의 네 뺨(관자놀이)은 석류 한 쪽 같구나 4 네 목은 무기를 두려고 건축한 다윗의 망대 곧 방패 천 개, 용사의 모든 방패가 달린 망대 같고 5 네 두 유방은 백합화 가운데서 꼴을 먹는 쌍태 어린 사슴 같구나
>
> 6 [여자] 날이 저물고 그림자가 사라지기 전에 내가 몰약 산과 유향의 작은 산으로 가리라
>
> 7 [남자] 나의 사랑 너는 어여쁘고 [네 안에] 아무 흠(결점, 오점, 얼룩)이 없구나

1. 아가서 4:1~7의 말씀은 어떤 현장에 관한 말씀인가?

  아가서 4:1~7의 말씀은 결혼식 장면의 한 부분이다. 이 말씀은 결혼 축하객들이 지켜보는 가운데 신랑이 자기의 신부인 술람미 여인에

대해 칭찬하는 말을 노래한 것이다. 특히 아가서에서 4장은 아가서 3:6~5:1까지의 말씀 곧 혼례식의 전 광경을 노래하는 것 중 일부분인 것이다.

2. 신랑은 신부를 어떻게 칭찬했는가?

이때 신랑은 신부를 칭찬하는데, 신부의 머리에서부터 가슴까지 총 일곱 가지 신부의 모습을 하나씩 하나씩 다른 어떤 사물에 빗대어 칭찬한다. 그것의 순서는 신부의 눈, 신부의 머리털, 신부의 이, 신부의 입술과 입, 신부의 뺨, 신부의 목, 신부의 유방 순이다. 그런데 신랑은 처음에는 그녀를 두고 "내 사랑 너는 어여쁘고 어여쁘다"(아 4:1)라고 칭찬한다. 그런데 눈부터 유방까지 칭찬하고 난 신랑은 신부의 화답을 듣더니, 이내 "내 사랑 너는 어여쁘고 [네 안에] 아무 흠(결점, 오점, 얼룩)이 없구나"라고 더욱 칭찬한다. 그렇다면 당시 신부는 전체적으로 어떤 모습을 하고 있었는가? 그것은 첫째로, 신부는 너울을 쓰고 있었다(1, 3절). 이것은 자신의 머리를 가렸다는 뜻이다. 그렇다. 여자들은 결혼식 날에 면사포를 써서 얼굴을 가린다. 그리고 첫날밤에 신랑이 그 면사포를 넘겨준다. 이는 하와가 남편의 말을 듣지 아니하고 뱀의 말을 들어 죄를 범했던 일이 있었기 때문에, 이제는 두 번 다시 다른 사람의 말을 듣지 않겠다는 의도로 신부가 면사포를 쓰는 것이다. 그러니 술람미 여인도 이제부터는 오직 신랑인 솔로몬을 머리로 하여 그의 말만 듣겠다고 그렇게 하고 있었던 것이다. 둘째, 신부는 목에 많은 보석들이 달린 목걸이를 하고 있었다(4절). 셋째, 그녀는 흰색의 결혼 예복을 입고 있었다(11절). 넷째, 그녀의 몸은 몰약과 유향과 여러 가지 향품으로 단장한 상태였다(10절, 참고 아 3:6).

3. 그날 신랑의 칭찬 이후 신부는 신랑에게 어떻게 화답했는가?

그 결혼식에서 신랑은 신부의 일곱 가지 모습을 칭찬하면서 자신의 부인을 높이 자랑한다. 그러자 그의 신부는 이렇게 화답한다. "날이 저물고 그림자가 사라지기 전에 내가 몰약 산과 유향의 작은 산으로 가리라"(아 4:6). 왜 신부는 신랑에게 뜬금없이, 해가 지기 전에 몰약 산과 유향의 작은 산으로 가겠다고 선포한 것일까? 몰약 산과 유향의 작은 산은 대체 어디에 있기에 그곳으로 가겠다는 것인가? 사실 이스라엘 나라에서는 몰약나무와 유향나무가 없어, 몰약과 유향이 생산되지 않는 나라이다. 그것들은 아라비아 상인을 통하여 인도와 유럽에서 들여온 것들이기 때문이다. 고로 이것들은 다 외국에서 어렵게 구하는 것이다. 그러므로 이러한 향품들은 지금도 고가에 거래되고 있다. 그렇다면, 신부가 결혼식 날 결혼식을 중단한 채 인도로 떠나겠다는 이야기인가? 그것은 아마도 아닐 것이다. 그것은 어떤 비유를 들어서 했던 과거의 어떤 말에서 기인했을 것이다.

4. 몰약 산과 유향의 작은 산은 어디에 있는 산이었는가?

아가서에서 몰약과 유향과 같은 향품들은 이 작품에서 아주 중요한 요소들이다. 왜냐하면 이것들은 처음부터 이 작품에 복선으로 깔려 있었기 때문이다. 그리고 이것의 실체가 비로소 아가서 4장~5장에 나타나고 있는 것이다. 먼저, 몰약과 유향과 같은 비싼 향품들은 술람미 여인에게서부터 출발한다. 왜냐하면 그녀가 포도원의 식탁에서 솔로몬과 처음 만났을 때에, 그녀에게서 풍겨나던 향기들이 그것이었기 때문이다. 그중에서 나도향(나드향)은 그녀가 포도원에 마련된 왕의 식탁에 초대받았을 때에 그녀가 뿌린 향유였다. 그리고 그녀는 자기의 가슴 사이에 몰약 향주머니를 걸고 있었다. 솔로몬이 그녀를 좋아하게 된 이유 가운데 하나가 바로 향품과 몰약이었던 것이다. 그리고 결혼식 당일에도 역시 술람미 여인은 몰약과 유향과 여러 가지 향품으로 단장을 한 채, 왕이 보낸 솔로몬의 가마를 타고 예루살렘 안으로 들어왔었다(아 3:6). 그런데 결혼식 날이 되었다. 그리고 왕의 칭찬이 있었다. 그러자 그 칭찬을 듣고 있던 여인이 말을 했다. "내가 이제는 몰약의 산과 유향의 작은 산에 갈 수 있어요." 그러면 이 말은 무슨 뜻인가? 그동안에는 그곳에 갈 수 없었거나 그녀의 마음이 그곳에 갈 수 없는 상태에 놓여 있었던 것이다. 그러나 이제는 결단이 섰다는 것이다. 이제는 그곳으로 가겠다는 것이다. 그럼, 왜 그녀는 그 중요한 순간에 몰약 산과 유향의 작은 산으로 가겠다고 선포한 것인가? 그것은 자기가 지금 왕의 칭찬을 받을 만한 수준이 되지 못했다는 것을 말하고 있는 것이다. 그러므로 그 여인은 이제라도 몰약과 향품으로 자신의 몸을 다시 완전히 새롭게 단장하겠다는 것을 표명한 것이다. 그렇다면 그 장소는 대체 어디인가? 그런데 놀라지 말라. 그 장소는 비원(비밀의 정원)에 속해 있는 어떠한 장소를 가리키고 있기 때문이다. 그리고 그 장소에는 몰약과 유향 등의 12가지 향품들이 즐비해 있는 곳이다(아 4:14~15).

5. 몰약과 유향의 작은 산의 주인은 누구인가?

그렇다면 몰약과 작은 산의 주인은 누구인가? 그것을 찾기가 쉽지는 않다. 하지만 5장에 나오는 혼례식과 그날 이후에 있었던 어떤 사건을 통하여 그 실마리를 찾아볼 수 있다. 그때 신랑은 어떤 일로 인하여 밤늦게까지 일하다가 술람미 여인에게 가게 된다. 그런데 여인은 이미 옷을 벗은 상태였고 발에 흙이 묻는다면서 금방 문을 열어주지 못한다. 그러자 신랑이 손을 내밀어 문고리를 만지지만 문은 열지 못한다. 그때 그 장면을 보고 있던 신부가 마음이 동한 나머지 얼른 주섬주섬 옷을 입고 나가보는데, 그녀가 만진 문고리로부터 묻은 몰약이 자신의 손에 뚝뚝 떨어진다(아 5:5, 13). 그만큼 신랑은 몰약의 사람이자 유향의 사람이었던 것이다. 그럼, 왜 신랑의 손에서는 몰약이 뚝뚝 떨어지고 있었는가? 그것은 신랑이 자신의 비밀의 정원(산과 작은 산)에 몰약과 향 재료들을 생산하는 나무들을 가지고 있었을 뿐만 아니라, 거기에 가면 그러한 것들을 많이 취할 수 있었기 때문이다(아 5:1). 그렇다면, 신부가 신랑의 비원 곧 몰약의 산과 유향의 작은 정원에 가겠다는 말은 무슨 뜻인가? 그것은 그녀도 신랑과 똑같이 고난과 희생과 죽음을 상징하는 몰약처럼 자신을 기꺼이 신랑을 위해 바치겠다는 것을 뜻하며, 유향처럼 자신을 신랑에게 향기로운 존재가 되게 하겠다는 것을 뜻한다. 이 부분에 대해서는 다음 장에서 더 자세히 살펴보겠다.

제2과
외적인 아름다움에서 내면의 아름다움으로
(아 4:1~11)

아 4:1~11

1 [남자] [보라] 내 사랑 너는 어여쁘고도 어여쁘다 너울 속에 있는 네 눈이 비둘기 같고 네 머리털은 길르앗 산 기슭에 누운 염소 떼 같구나 2 네 이는 목욕장에서 나오는 털 깎인 암양 곧 새끼 없는 것은 하나도 없이 각각 쌍태를 낳은 양 같구나 3 네 입술은 홍색 실 같고 네 입은 어여쁘고 너울 속의 네 뺨(관자놀이)은 석류 한 쪽 같구나 4 네 목은 무기를 두려고 건축한 다윗의 망대 곧 방패 천 개, 용사의 모든 방패가 달린 망대 같고 5 네 두 유방은 백합화 가운데서 꼴을 먹는 쌍태 어린 사슴 같구나

6 [여자] 날이 저물고 그림자가 사라지기 전에 내가 몰약 산과 유향의 작은 산으로 가리라

7 [남자] 나의 사랑 너는 어여쁘고 [네 안에] 아무 흠(결점, 오점, 얼룩)이 없구나 8 내 신부야 너는 레바논에서부터 나와 함께 하고 레바논에서부터 나와 함께 가자 아마나와 스닐과 헤르몬 꼭대기에서 사자[들의] 굴[들]과 표범[들의] 산[들]에서 내려오너라 9 내 누이, 내 신부야 네가 내 마음을 빼앗았구나 네 눈으로 한 번 보는 것과 네 목의 구슬 한 꿰미로 [네가] 내 마음을 빼앗았구나 10 내 누이, 내 신부야 네 사랑이 어찌 그리 아름다운지 네 사랑은 포도주보다 진하고 네 기름의 향기는 각양 향품보다 향기롭구나 11 내 신부야 네 입술에서는 꿀 방울이 떨어지고 네 혀 밑에는 꿀과 젖이 있고 네 의복의 향기는 레바논의 향기 같구나

1. 술람미 여인에 대한 솔로몬의 호칭은 결혼 전후로 어떻게 달라졌는 가?

술람미 여인에 대해 솔로몬이 연애 시절에 그녀를 불렀던 명칭은 그녀와 결혼식을 치르고 난 후에 솔로몬이 그녀를 불렀던 명칭과 차이가 난다. 결혼 전 곧 연애 시절에는 솔로몬은 그녀를 "내 사랑" 혹은 "내 어여쁜 자"라고 칭했다(아 1:9, 2:2, 10, 4:1, 7). 그런데 결혼식을 치르고 난 후 솔로몬은 그녀를 "나의 신부"라고 부르기 시작했으며(아 4:8, 9, 10, 11, 12, 5:1), "내 누이"(아 4:9, 10, 12, 5:1, 2) 그리고 "흠이 없는 자"(아 4:7)요 "완전한 자"(아 5:2)라고 부르기 시작했다.

2. 결혼 전에 솔로몬은 술람미 여인을 어떻게 비유하였는가?

결혼 전 연애할 때에 솔로몬은 술람미 여인을 어떻게 생각하고 있었을까? 그때 솔로몬은 이 여인을 두 가지로 비유를 들어 어여쁘고 사랑스럽다고 했다. 그것의 하나는 '가시나무 가운데 백합화'라고 하였고(2:2), 또 하나는 동물로서 비유하였으니 '비둘기'와 같다고 했다(아 2:14). 솔로몬은 먼저, 그녀를 빨간색의 백합화(아네모네)에 비유했다. 이는 솔로몬이 그녀의 열정과 뜨거운 사랑을 그렇게 비유한 것이고, 두 번째로 비둘기에 비유한 것은 그녀의 순결과 정절(일부종사)을 강조하기 위한 것이다.

3. 결혼 전후로 여자의 모습은 어떻게 달라졌는가?

한편 결혼 전후로 솔로몬은 여자를 칭찬하는 것에 있어서도 횟수와 방면에 있어서 다르다. 더 많아진 것이다. 결혼 전에 솔로몬은 그녀를 세 가지 면에서 칭찬했는데, 결혼 후에는 일곱 가지를 칭찬하였기 때문이다. 결혼 전에 솔로몬은 그녀를 다음과 같이 세 가지 방면에서 어여쁘고 아름답다고 했다. 첫째는 그녀의 두 뺨이 아름답다고 했다(아 1:10a). 그녀의 두 뺨이 많은 머리털로 보일 듯 말 듯 하는 것이 감추어진 옹달샘 같아서 아름답다고 했다. 둘째, 그녀의 목이 아름답다고 했다(아 1:10b). 이는 그녀의 목에 진주와 여러 가지 보석으로 단장된 구슬 꿰미가 있었기 때문이다. 그리고 셋째, 솔로몬은 그녀의 눈이 아름답다고 했는데, 이는 그녀의 눈이 순결하고 정절을 상징하는 비둘기와 같았기 때문이다(아 1:15).

그런데 결혼 후에 솔로몬은 그녀를 세 가지 면에서 뿐만 아니라, 거기에다가 네 가지를 더하여 일곱 가지 방면에 대해 칭찬을 해준다(아 4:1~5). 그것은 머리에서부터 가슴까지 신체의 각 부위를 칭찬한 것이었는데, 첫째, 너울 속에 있는 그녀의 눈은 비둘기 같다고 했다. 이는 그녀가 순결한 여자였고 정절을 지켜왔음을 칭찬하고 있는 것이다. 그리고 둘째, 그녀의 머리털은 길르앗 산기슭에 누운 염소 떼 같다고 했다. 이는 찰랑찰랑 곧게 내려뜨려진 머리가 윤기가 있어 올곧은 삶을 살았다는 것을 말해준다. 그리고 셋째, 그녀의 이(치아)는 목욕장에서 나오는 털 깎인 암양 곧 새끼 없는 것은 하나도 없이 각각 쌍태를 낳은 양 같다고 했다. 이는 그녀의 이(치아)는 새하얗고 하나도 빠진 것이 없어, 무엇이든지 잘 씹어서 소화할 수 있는 상태에 있다는 것이다. 그리고 넷째, 그녀의 입술은 [진]홍색 실 같고 그녀의 입은 어여쁘다고 했다. 왜냐하면 그녀의 입이 그리스도의 피로 인하여 더욱더 은혜로 덮여 있기 때문이다. 그리고 너울 속에 있는 그녀의 뺨은 석류 한 쪽 같다고 했다. 왜냐하면 다섯째, 그녀의 뺨은 루비와 같이 불그스름한데, 그 안에 수많은 석류 알갱이들이 있는 것처럼 수많은 작은 씨들을 거기에 잉태하고 있기 때문이다. 그리고 여섯째, 그녀의 목은 무기를 두려고 건축한 다윗의 망대 곧 방패 천 개, 용사의 모든 방패가 달린 망대 같다고 했다. 그리고 일곱째, 그녀의 두 유방은 백합화 가운데 꼴을 먹는 쌍태 어린 사슴 같다고 했다. 어미로서 누구든지 먹일 수 있는 젖이 풍성한 상태에 있었기 때문이다.

4. 어떻게 하면 어여쁜 자가 흠이 없는 완전한 자로 성장할 수 있는가?

그렇다고 해서 그녀가 흠이 없는 완전한 여자인 것은 아니었다. 단지 신랑이 그녀를 그렇게 좋게 보아주기 때문에 혹은 그녀가 그렇게 되기를 바라는 마음에서 그렇게 축복해 준 것이리라 생각된다. 그러나 이제 갓 결혼식을 올린 신부에 대한 신랑의 바람은 그러한 것들만이 아니었다. 즉 솔로몬은 외적인 아름다움만을 간직한 신부가 되는 것에서 벗어나 내적으로도 아름다운 여인이 되어주기를 바라고 있었기 때문이다. 그런데 그때 그녀가 결단하면서 말했다. "날이 저물고 그림자가 사라지기 전에, 내가 몰약 산과 유향의 작은 산으로 가겠어요"(아 4:6). 이는 결혼식 날 해가 지기 전에 그녀 자신이 하나님께 결단한 것이 있었다는 것을 말해준다. 그것은 그녀가 그동안에 실천하지 못했던 한 가지 일을 실천하겠다고 하는 굳은 의지를 보여준 것이었다. 그것은 몰약의 산과 유향의 작은 산으로 갈 것이라고 생각했다는 것이다.

5. 몰약 산과 유향의 작은 산은 무엇을 의미하는가?

그렇다면, 그녀가 말했던 '몰약 산'과 '유향의 작은 산'이란 대체 어떤 것을 가리키는 것인가? '몰약 산'과 '유향의 작은 산'은 아가서 4장만 읽어서는 잘 알 수가 없다. 4장 이후를 다 읽어 보아야 한다. 그러면 아가서 5장에서 그 해답의 실마리가 나온다는 것을 발견할 것이다. 요약하면, '몰약 산'과 '유향의 작은 산'이란 솔로몬의 비원(숨겨둔 비밀의 정원)을 가리킨다(아 4:12, 16, 5:1). 그런데 이 정원에는 몰약과 유향뿐만 아니라 10가지 나무(향품들)도 있는 곳이다(아 4:13~14). 더불어 이 정원에는 사과나무(생명나무)도 그 안에 자리 잡고 있다(아 8:5). 그러니까 몰약과 유향은 그 정원에서 나는 향품들 중의 대표 향품이라고 할 수 있다. 그러므로 몰약이나 유향은 예수님의 어떠하심을 소개하는 나무이자 향품의 대표였던 것이다. 그러므로 예수께서 태어나실 때를 보면, 동방 박사들이 아기 예수에게 드리려고 가져온 선물들이 황금과 유향과 몰약이었으며(마 2:11), 예수께서 죽으실 무렵을 보면, 베다니 나병환자 시몬의 집에 어떤 여인이 있어서 그녀가 자신의 순전한 나드 한 옥합을 깨뜨려 주님께 부어 드렸음을 알 수 있고, 주님이 돌아가실 때에는 그분을 따르던 여인들이 그분의 죽은 시체에 발라 드리려고 향품을 준비하고 있었던 것을 살펴볼 수 있다. 그러므로 여기서 '몰약'이란 예수 그리스도의 고난과 희생과 죽음을 상징하는 것임을 알 수 있다. 그리고 몰약이 사람의 시체가 썩지 않게 막아 주는 방부제 역할을 하는 것으로 보아서, 신부가 몰약 산으로 가겠다는 것은 앞으로는 자신에게 어떠한 고난과 역경이 찾아온다고 할지라도 변함없이 주님을 따르겠다는 서원을 한 것이며, 주님의 뜻이라고 한다면 자신의 천 개의 목숨이라도 기꺼이 주님을 위해 드리겠다는 결단을 했다는 뜻이다. 그리고 유향은 구약의 제사의 제물과 함께 태워 드릴 때에 사용되는 향료로서, 주님을 위해 기도로 섬기겠다는 뜻을 말하는 것이며, 아울러 자신의 삶을 하나님께 거룩한 산 제사로 드리겠다는 굳은 결단과도 같은 것이다. 그러니 주님께서도 신부의 말을 들으시고 이제야말로 그녀가 흠이 없는 여자가 되었다고 선언해주신 것이다(아 4:7). 그러나 시집을 왔지만 아직도 그녀에게 남아 있는 옛 사람의 요소들과 귀신들의 억압으로부터 그녀가 벗어나야 한다는 것을 덧붙여 말씀하신다(아 4:8). 이것에 대해서는 다음 장에서 더 자세히 다루겠다.

제3과
신부가 드디어 비원(秘園) 곧 비밀의 동산으로 들어가다
(아 4:6~5:1)

6 [여자] 날이 저물고 그림자가 사라지기 전에 내가 몰약 산과 유향의 작은 산으로 가리라

7 [남자] 나의 사랑 너는 어여쁘고 [네 안에] 아무 흠(결점, 오점, 얼룩)이 없구나 8 내 신부야 너는 레바논에서부터 나와 함께 하고 레바논에서 부터 나와 함께 가자 아마나와 스닐과 헤르몬 꼭대기에서 사자[들의] 굴[들]과 표범[들의] 산[들]에서 내려오너라 9 내 누이, 내 신부야 네가 내 마음을 빼앗았 구나 네 눈으로 한 번 보는 것과 네 목의 구슬 한 꿰미로 [네가] 내 마음을 빼 앗았구나 10 내 누이, 내 신부야 네 사랑이 어찌 그리 아름다운지 네 사랑은 포도주보다 진하고 네 기름의 향기는 각양 향품보다 향기롭구나 11 내 신부야 네 입술에서는 꿀 방울이 떨어지고 네 혀 밑에는 꿀과 젖이 있고 네 의복의 향기 는 레바논의 향기 같구나 12 내 누이, 내 신부는 잠근 동산이요 덮은 우물이요 봉한 샘이로구나 13 네게서 나는 것은 석류나무와 각종 아름다운 과수와 고벨 화와 나도풀과 14 나도와 번홍화와 창포와 계수와 각종 유향목과 몰약과 침향 과 모든 귀한 향품이요 15 너는 동산의 샘이요 생수의 우물이요 레바논에서부 터 흐르는 시내로구나

16 [여자] 북풍아 일어나라(깨어나라) 남풍아 [나]오[너]라 나의 동산에 불어서 향기를 날리라 나의 사랑하는 자가 그[의] 동산에 들어가서(와 서) 그[것의] 아름다운 열매(과일) 먹기를 원하노라

5:1 [남자] 내 누이, 내 신부야 내가 내 동산에 들어와서 나의 몰약과 향 재료를 거두고 나의 꿀송이와 꿀을 먹고 내 포도주와 내 우유를 마셨으니 나의 친구들아 먹으라 나의 사랑하는 사람들 아 많이 마시라

1. 들어가며

　그리스도의 온전한 신부가 되는 일은 그리 쉬운 것이 아니다. 아가서는 신부의 서너 가지 단계에 대해서 한 가지만을 이야기하는 것이 아니기 때문이다. 신부도 본인의 신앙의 성숙도에 따라 서로 다르게 불리고 있다. 특히 아가서 1장부터 4장 5절까지에서는 백합화 같은 신부이자 비둘기 같은 신부가 누군지를 소개하고 있다. 그리고 4장 6절부터 6장까지는 원수의 영토에 깃발을 세우는 전사 같은 신부가 소개되고 있다. 그리고 마지막으로 7장에서 8장까지에서는 세 번째 신부 곧 다른 신부를 산출하고 양육하는 신부에 대해서 소개해 주고 있다. 그러므로 지금 우리가 살펴볼 아가서 4:6~5:1의 말씀은 원수의 영토에 깃발을 세우는 전사 같은 신부는 누가 될 수 있는지를 말해준다. 그러므로 우리는 이 말씀을 통하여 적어도 전사 같은 신부가 되기 위해서는 어떤 조건이 충족되어야 하는지를 알 수 있다. 그것은 솔로몬의 비밀의 정원으로서, 그 정원의 주인인 솔로몬의 허락이 떨어질 때라야 들어갈 수 있는 비원에 들어가는 신부가 누구인지와 일치한다. 적어도 이 비원에 들어갈 수 있는 신부라야 비로소 원수의 영토에 깃발을 꽂을 수 있는 전사 같은 신부가 될 수 있기 때문이다. 그러므로 이번 장에서는 솔로몬의 신부가 되었던 술람미 여인이 어떻게 되어서 비원에 출입할 수 있는 신부까지 도달하게 되었는지를 살펴보고자 한다. 그리하여 우리도 비원에 출입할 수 있는 신부로 성장할 수 있기를 바란다.

2. 백합화 같은 신부요 비둘기 같은 신부란 어떤 신부를 말하는가?

처음 솔로몬이 사랑했던 술람미 여인에 대한 표현은 그녀는 여자들 중에 '가시나무 가운데 백합화'였다(아 2:2). 그리고 '바위틈 낭떠러지 은밀한 곳에 있는 비둘기'와 같은 존재였다. 이것은 술람미 여인을 사랑했던 솔로몬의 비유적인 표현으로서, 그녀는 한 사람만 사랑하는 열정을 가진 여인으로서 빨간색의 아네모네였음과, 순결과 정절로 단장한 비둘기였음을 말한 것이다. 그렇지만 솔로몬은 첫눈에 그녀가 바로 자신의 원래 잃어버렸던 짝이라는 것을 발견하게 된다. 그것은 술람미 여인의 경우도 마찬가지였다. 왜냐하면 둘은 원래 하나였으나, 여자가 자신의 짝이 아닌 다른 존재의 말을 좇아가는 바람에 둘은 헤어진 상태로 놓여 있었기 때문이다. 그러다가 둘은 다시 만난 것이다. 그러니 서로에게 온전히 빠져 버린다. 그러자 솔로몬이 그녀에게 데이트를 신청하고 포도주의 집에 가서 자신이 그녀를 위해 무엇을 할 것인지를 보여준다. 그리고 자신의 마음을 전달한 그녀에게 청혼을 한다. 곧이어 포도밭에 있는 여우를 잡아준다는 조건 하에 둘은 결혼을 하기에 이른다. 아가서 3:6~11의 말씀에 보면, 그 둘의 결혼식 날의 풍경이 아름답게 묘사되어 있다. 그리고 결혼식 날 하객들이 지켜보는 가운데 신랑은 그녀가 얼마나 어여쁘고 어여쁜 여자인지를 자랑을 한다. 그것이 바로 아가서 4:1~5절에 나온 말씀이다. 이때 솔로몬은 술람미 여인의 일곱 가지 예쁜 모습을 자랑하게 되는데, 그것은 그녀의 머리로부터 가슴에 있는 그녀의 아름다운 모습이었다. 솔로몬은 그때 그녀의 비둘기 같은 눈으로부터 시작하여, 그녀의 윤기 있고 찰랑거리는 머리털과 그녀의 희고도 한 개도 빠지지 않고 가지런히

나 있는 이[치아], 그녀의 붉은 입술과 입, 그녀의 기다란 목과 목에 걸린 보석들, 그리고 생명을 양육하기에 성숙해 있는 그녀의 두 유방에 대해 차례대로 칭찬을 한다. 이는 그녀가 이제 결혼할 수 있는 나이가 되었고 자신이 사랑하는 여인으로서 합당하다는 것을 말해준다(아 4:1~5).

3. 솔로몬의 정원 곧 비원(秘園)에 들어갈 수 있는 신부가 되기 위한 세 가지 조건은 무엇인가?

솔로몬의 첫눈에 든 술람미 여인은 이제 정식으로 그와 결혼을 하여 그의 신부가 된다. 그런데 신랑이 신부인 그녀를 자랑하던 날, 신랑은 자신만이 알고 있고 자신만이 출입 허가권을 가지고 있는 자신의 동산에 그녀가 들어가게 한다. 대체 결혼식 날에 그녀에게 무슨 일이 있었기에 솔로몬은 자기만 들어가며, 자신의 허락 없이는 출입이 불가능한 자신의 동산에 그녀를 들어가게 해주었을까? 그 이유는 세 가지이다.

첫째, 그녀는 이미 백합화 같은 신부이자 비둘기 같은 신부가 된 상태에 있었기 때문이다(아 2:2, 14). 순결하고 정절을 지키며 오직 한 사람만을 사랑했던 그녀였기 때문이다.

둘째, 그녀에게 신부의 중대한 결단이 있었기 때문이었다(아 4:6).

결혼식 날 신부는 신랑에게 자신은 해가 지기 전에 몰약 산과 유향의 작은 산으로 가겠다는 중대한 선언을 하게 된다. 그녀에게 이미 결단이 있었기 때문이다(아 4:6). 그러자 즉시 신랑은 그녀를 '어여쁜 여자'라는 명칭에서 이제는 한 걸음 더 나아가 아무런 '흠이 없는 여인'이라고 칭찬을 한다. 그리고 그녀를 자기의 동산에 초대한다. 그렇다면, 당시 그녀가 솔로몬에게 말했던 바, 몰약 산과 유향의 작은 산으로 가겠다고 했던 말은 대체 무슨 뜻이었을까? 그것을 이해하려면, 몰약 산과 유향의 작은 산의 소유가 누구이며, 그것이 어디에 있는 것인지를 파악해야 한다. 아가서 5:1의 말씀에 따르면, 그 정원은 솔로몬의 정원이다. 그런데 그 정원은 일반인에게 공개된 정원이 아니라 솔로몬만이 출입이 가능한 감추어진 정원 곧 비원(秘園)이었다(아 4:12). 왜냐하면 그 정원은 잠근 동산이요, 그 안에 덮은 우물이 있으며, 또한 그 안에 봉한 샘이 있었기 때문이다. 그리고 그 산에는 12가지 나무들과 식물들이 자라고 있었고, 향품들이 생산되고 있었기 때문이다. 이 부분은 조금 뒤에 더 자세히 살펴볼 것이다.

셋째, 그녀가 주님의 말씀을 들은 후부터는 죄성에 대해 철저한 회개를 했기 때문이다(아 4:8). 그녀가 솔로몬에게 시집오기 전까지 그녀는 세상에서 살았다. 이 세상 신이 다스리던 공간 안에 있었던 것이다. 특히 귀신들로 해석할 수 있는 의붓오빠들에게 눌려서 살아왔었다. 그러므로 그녀가 솔로몬의 온전한 신부가 되기 위해서는 이전에 자기가 갖고 있던 성품들을 버려야 한다. 그런 후에라야 주님의 것들로 다시 조성될 수 있기 때문이다. 첫째는 레바논을 떠나 이제는 솔로몬과 함께 해야 한다고 말했다. 이것은 이전에 주인 삼고 살았던 것을 버리고 그곳을 떠나 주님과 동행하는 삶을 살아야 한다는 뜻이다. 둘째는, 아마나의 꼭대기로부터, 스닐과 헤르몬의 꼭대기로부터 내려와야 한다고 했다. 여기서 '아마나'와 그리고 '스닐과 헤르몬'은 레바논에 있는 높은 산들과 산맥을 가리킨다. 이것은 한마디로 자신의 높아진 마음 곧 교만을 내려놓아야 한다는 뜻이다. 달리 표현하면 겸손해져야 한다는 것이다. 내 생각이 옳고 나만이 최고라는 생각을 내려놓아야 한다는 말이다. 이제는 하나님이셨지만 기꺼이 피조물인 인간을 위해 자신의 목숨을 내놓으셨던 몰약 산 같은 주님의 마음과 생각으로 바뀌어야 한다는 뜻이다. 셋째는, 사자 굴과 표범들의 산들로부터 내려와야 한다고 했다. 여기서 사자와 표범들은 악한 영들을 가리킨다. 다니엘 7장에 보면, 세상 제국의 왕들로서 바벨론 왕 느부갓네살은 '사자'의 모습으로 등장하며, 헬라 제국의 알렉산더 대왕은 '표범'으로 등장하고 있다. 요한계시록 13장에 보면, 장차 마지막 시대에 출현할 첫째 짐승의 모양이 표범 같다고 했고, 그 입은 사자의 입 같다고 했다. 특히 여기에 나오는 '짐승'이라는 표현은 악한 영들의 포학성을 가리킨다. 그러므로 전에는 사자 짐승의 포로가 되어 굴속에 갇혀 살았던 자였다면 그는 반드시 굴속에서 탈출해야 하는 것이다. 그리고 표범이 왕 노릇하던 산에서 내려와야 하는 것이다. 그런데 이것은 그녀 스스로 할 수 없는 일이다. 그래서 신랑인 솔로몬이 포도원의 여우를 잡아준다고 약속했듯이 우리 주님께서 사탄 마귀와 귀신들을 제압해주어야 한다. 그 일이 바로 이천 년 전에 골고다 언덕의 십자가에서 일어났다. 그러므로 아가서 4장 8절의 말씀은 몸만 솔로몬에게 시집오는 것이 아니라 마음과 성품까지도 다 신랑에게 시집오라는 뜻이었다.

4. 비원(秘園) 곧 솔로몬의 정원이란 어떤 곳인가?

솔로몬에게 감추어진 정원(동산)이 있다는 것은 아가서의 앞부분에서는 나오지 않는다. 그런데 결혼식을 올리고 난 후에 그 정원의 실체가 드러나기 시작한다. 그 정원은 동산 같은 것인데, 그 동산은 그냥 누구에게나 개방된 그러한 동산이 결코 아니다. 문빗장 같은 것으로 잠가 놓은 동산이다. 그리고 그 동산 안에는 덮여 있는 우물이 있으며, 또 봉해진 샘이 있는 구조를 갖추었다. 그렇다면 이 동산 안에는 무엇이 있는가? 그리고 이 동산 안에는 누가 들어갈 수 있는가?

첫째, 이 동산 안에는 무엇이 있는가? 이 동산 안에 무엇이 있는지를 솔로몬의 소개로 알 수가 있는데, 그것은 아가서 5:1에 나와 있다. 이 동산은 솔로몬 소유의 동산인데, 다음과 같은 세 가지가 있다. 첫째는 몰약과 각종 향 재료들이 있다. 이곳에서 자라고 있는 12가지 식물들에서 그것들이 채취된다(아 4:13~14). 그런데 이것들 중에서도 가장 중요한 것은 '몰약'이다. 사실 이 동산 안에는 몰약나무가 있어서 그것으로부터 '몰약'이 채취되는데, 솔로몬의 몸에서 몰약의 즙이 뚝뚝 떨어질 만큼 이 동산은 몰약으로 가득한 동산이었던 것이다. 그러므로 그분에게는 언제나 몰약이 풍성한 상태였고 또한 몰약이 묻어 있었다(아 5:5, 13). 여기에 나오는 '몰약'은 인류를 위해 자기 자신을 내어놓으신 그리스도의 고난과 희생과 죽음이라는 의미가 담겨 있다. 둘째는 꿀송이와 꿀이 있다. 이것은 먹는 음식을 가리킨다. 그리고 셋째는 포도주와 젖이 있다. 이것은 마시는 음식을 가리킨다. 이 동산 안에는 먹고 마실 수 있는 것들이 있는데 그것은 꿀처럼 달콤하며, 포도주처럼 사람을 깨끗하게 해주며, 젖처럼 사람에게 에너지를 공급해준다. 그러므로 이 동산은 '기쁨의 동산'이라고 할 수 있다.

둘째, 이 동산 안에는 누가 들어갈 수 있는가? 이 동산은 원래는 솔로몬만 출입하는 비원이었다(아 4:12). 하지만 솔로몬은 이 동산 안에 누구나 들어오기를 바라고 있다(아 5:1). 그러나 아무나 들여보내지는 않는다. 허락된 자들만 이 동산 안에 들어갈 수가 있는 것이다. 그것은 그에게 합당한 신부가 되었을 때에 비로소 가능하다. 어여쁘고 흠이 없는 완전한 자에게만 솔로몬이 출입 허가권을 주기 때문이다. 여기서 '어여쁘다'는 말은 그 사람이 백합화 같고 비둘기 같다는 뜻이요, '흠이 없이 완전하다'는 것은 자신도 몰약 산과 유향의 산으로 가기를 결단하여 이미 자신을 주님을 위해 드려진 자이며, 이 세상 신으로 인하여 물들여진 성품들이 제거되고 귀신들도 제거된 상태를 가리키는 말이다(아 4:6, 8). 전자는 결단을 통해서 시작되고 후자는 회개를 통해 시작된다. 그러므로 오늘날 우리 성도들은 자신이 이미 예수님을 믿고 있으니 하늘에 있는 비원 곧 하늘에 있는 성전의 지성소에 나도 들어갈 수 있다고 생각하지 말라. 그 장소에는 허락된 자만이 들어갈 수 있기 때문이다. 결단과 회개로 인하여 자신이 깨끗하여지고 주님의 마음이 곧 내 마음이 된 자라야 들어갈 수가 있기 때문이다.

5. 비원(秘園)에 들어간 신부에게서 산출되어 나오는 것은 무엇인가?

비원은 솔로몬만 출입하던 곳이다. 그런데 솔로몬 이외에 최초로 그 비원에 들어간 사람이 있다. 그 사람이 바로 솔로몬의 유일한 짝 '술람미 여인'이다. 그러므로 누구든지 들어갈 수 있는 비원이라도 그곳에 들어갈 사람은 많지 않을 것이다. 이러한 사실은 장차 천국에 들어가서도 주님의 지성소에 들어갈 자가 많지 않을 것임을 시사해준다. 그런데 그곳에 들어간 사람에게서 산출되는 것들이 있다. 그것은 나무들과 꽃들과 향품들이다. 그것을 숫자로 보면 총 12가지다(아 4:13~14).

첫째, 나무들이 있다. 이들 나무들 가운데 대표는 석류나무다. 그리고 아름다운 과수들이 있으니 그러한 것들에는 무화과나무, 포도나무, 사과나무, 감람나무 등이 있다. 둘째, 꽃들이 있다. 고벨화, 나도풀과 나도(나드)와 번홍화(샤프란)와 창포가 있다. 셋째, 향품들이 있다. 향품들에는 계수나무와 유향나무와 몰약나무와 침향과 각종 귀한 향품들이 있다. 여기에 나오는 모든 나무들은 다 영적인 의미들을 가지고 있다. 이것에 대해서는 다음 장에서 더 자세히 살펴보기를 원한다.

6. 나오며

아가서는 새 예루살렘의 혼인 잔치에 누가 들어갈 것인지를 알려주는 소중한 책이다. 그리고 새 예루살렘의 혼인 잔치에 참여할 신부들에게도 어떤 계층이 있는지를 알려 주는 책이다. 그러므로 만약 성도들이 영적으로 성장하기를 원한다면 그는 아가서를 보다 더 철저히 공부할 필요가 있다. 아가서는 신부로 태어난 사람이 어떻게 좀 더 성숙한 자가 될 수 있는지 알려주는 지도와 같기 때문이다. 우리는 아가서 1장에서 5장 1절까지의 말씀을 통하여 백합화와 비둘기 같은 신부를 배웠다. 그리고 나서 원수의 영토에 들어가 깃발을 꽂을 수 있는 전투하는 신부가 되는 자의 자격이 어떤 것인지도 배웠다. 그것은 자신을 거룩하고 정결하게 단장하고 있는 신부가 되는 것이며, 자신의 모든 것을 주님께 드리기를 기뻐하는 신부가 되는 것이다. 그리고 세상 신으로 더럽혀진 과거의 자신을 모두 다 깨끗하게 씻어내는 신부가 되는 것이다. 그러한 자들에게 주님께서는 잠근 동산 곧 비원에 들어가는 것을 허락하신다. 그리고 비원에 들어가 본 자라야 이 우주에 관한 하나님의 원대한 뜻이 무엇인지를 비로소 알게 될 것이다. 그것을 주님께서는 한 그루의 석류나무의 열매 속에 담아 놓았다. 그리고 그런 자가 될 때 자신을 기꺼이 주님을 위해 바치는 자가 된다. 마치 붉은 세마포를 입고 있는 고벨화처럼 자신을 희생하게 되는 것이다. 그리고 고통 속에서 진액을 뿜어내어 향기를 품은 몰약의 향품이 되는 것이다.

제4과
전투하는 신부에서 다른 신부를 산출하고 양육하는 신부로 (아 8:8~10)

아 8:8~10

8 [오빠들] 우리에게 있는 작은 누이는 아직도 유방이 없구나 그가 청혼을 받는 날에는 우리가 그를 위하여 무엇을 할까 9 그가 성벽이라면 우리 는 은 망대를 그 위에 세울 것이요 그가 문이라면 우리는 백향목 판자로 두르 리라
10 [여자] 나는 성벽이요 내 유방은 망대 같으니 그러므로 나는 그가 보기 에 화평을 얻은 자 같구나

1. 들어가며

아가서는 솔로몬 왕과 시골 처녀인 술람미 여인 간의 연애와 결혼과 사랑에 관하여 쓴 일종의 가극시이다. 그런데 아가서를 두고 어떤 이는 두 연인 간의 에로티시즘 작품이라고 주석하기도 한다. 그런데 이 이야기는 그렇지 않다. 이 이야기는 세 가지 이야기가 서로 복합적으로 구성된 작품이기 때문이다. 왜냐하면 이 이야기의 모티프는 첫 사람 아담과 하와의 이야기에서 출발하고 있고, 궁극적인 지향점은 우리 믿는 성도들의 영원한 신랑이신 주 예수 그리스도와 그의 신부인 성도들의 친밀함이기 때문이다. 특별히 아가서는 하늘에 있는 새

예루살렘 성에 과연 누가 들어갈 수 있는지를 가르쳐주고 있으며, 성 안에 들어가게 될 자들이라도 누가 천국에서 기업을 차지하는지 그리고 거기에서 왕 노릇하는지를 말해주고 있다. 그러므로 우리는 이 책을 좀 더 깊게 들여다보아야 한다. 그래서 이번 장에서는 주님께서 바라고 계시는 신부의 가장 바람직한 상이 무엇인지를 살펴보고자 한다. 그리고 이러한 과정 속에 우리 인류에 대한 주님의 사랑이 얼마나 깊은 것인지도 함께 살펴보려고 한다.

2. 아가서는 신부에 대한 3단계 성장 과정을 어떻게 묘사하고 있는가?

아가서는 천국에 들어갈 신부들에 대한 교과서이자 신부 훈련 지침서라고 해도 과언이 아닐 것이다. 왜냐하면 아가서는 한 여인이 어떻게 천국의 영광스러운 신부로 성장해 가고 있는지를 묘사해주고 있기 때문이다. 아가서에서는 신부가 점차 성장함에 따라 그 신부에 대한 주님의 기대가 무엇인지도 분명하게 알려준다. 그것은 신부도 세 단계의 성장 과정이 있다는 것이다. 첫 번째 단계는 '백합화 같은 신부이자 비둘기 같은 신부'의 단계가 있다. 이 신부의 단계는 오직 한 사람인 자신의 짝을 사랑하고 순결하게 살아가며 자신의 정절을 지키는 여인을 가리킨다. 이것에 대해서는 1장 '아가서(노래들 중의 노래) 대체 어떤 책인가?'에서 알아보았다. 그리고 두 번째 단계는 '전투하는 신부'의 단계가 있다. 이 단계에서는 백합화와 비둘기 같은 신부가 원수의 영토에 깃발을 꽂는 신부가 되는 것을 알려준다. 이때 전투하는 신부가 되려면 기도하고 회개하며 주님만을 높여 드리는 신부가 되어야 함을 살펴볼 수 있었다. 이것은 7장 '백합화에서 원수의 영토에 깃발을 꽂는 신부로'에서 말씀을 드렸다. 이번 장에서는 세 번째 신부의 단계를 함께 살펴보고자 한다. 이 단계에서 신부는 자기만을 위해 사는 신부를 말하지 않는다. 이러한 신부는 다른 신부들을 산출하고 그 신부를 양육하는 신부이기 때문이다. 그러므로 오직 자기만을 위해 살아왔던 우리의 삶이라면 이제는 제3단계의 신부가 어떤 신부인지를 명확히 알아둘 필요가 있다.

3. 술람미 여인의 오빠들이나 예루살렘의 딸들은 왜 유방이 없는 작은 누이동생을 보면서 안타까워하는가?

우리는 아가서의 끝부분에서 주님께서 바라시는 바람직한 신부상이 어떤 것인지를 살펴볼 수 있다. 그것은 또 다른 신부를 낳고 양육시키는 신부를 가리킨다. 그런데, 예루살렘에는 아직 유방이 없는 여동생들도 있었다. 그러므로 술람미 여인의 오빠들 내지는 예루살렘 딸들은 어서 자신의 누이동생이 성장하기를 바라고 있다. 그것은 자신의 동생이 솔로몬의 눈에 들어서 솔로몬으로부터 청혼을 받게 되기를 간절히 바라고 있었던 것이다. 사실 여자에게 있어서 유방은 여자가 시집갈 정도로 성숙해졌는지를 말해주는 척도로 사용된 개념인 것이지 외설적인 어떤 모습을 묘사하고 있는 것이 아니다. 그런데 유방이 없는 누이동생을 두었던 이들은 지금이라도 솔로몬이 청혼을 해 온다면 어쩌나 하면서 안타까워하고 있었다. 그러면서 그들은 자신의 작은 누이동생이 차라리 성벽이라도 된다면 솔로몬의 눈에 띄도록 거기에다 은으로 망대를 세워 주고 싶다고 말한다. 그리고 그녀가 성문이라면 그녀를 위해 성문을 백향목으로 둘러주고 싶다고 말한다. 그러나 현실은 그럴 수 없다는 것이다.

그렇다면, 이 말은 대체 누가 한 말인가? 술람미 여인의 오빠들인가 아니면 예루살렘의 딸들인가? 얼핏 보기에는 술람미 여인의 오빠들이 하는 외침처럼 보인다. 그러나 그것은 잘못된 해석일 가능성이 높다. 왜냐하면 술람미 여인은 그의 어머니의 외동딸로 나오기 때문이다(아 6:9). 그리고 술람미 여인의 오빠들은 친오빠들이 아니라 의붓오빠들임을 알 수 있다(아 1:6). 이들이야말로 사실 술람미 여인을 포도원에 보내어 일을 시킨 장본인들이었다. 그러던 어느 날 그러한 오빠들이 갑자기 태도가 변하여 동생을 위하는 척 말한다는 것은 상식에 어긋난다. 뿐만 아니라 아직 그들이 자신의 여동생에게는 유방이 없다고 말하고 있는데, 그것도 그때의 상황과 어긋난 말이라고 할 수 있다. 왜냐하면 여자들의 합창이 있은 후 술람미 여인은 자신은 이미 성벽을 가진 상태이고, 또한 자신의 유방은 망대(탑)들과 같이 높다고 말하고 있기 때문이다(아 8:10). 그러므로 이 합창은 예루살렘의 딸들인 것이 틀림없다. 아직 예루살렘 성 안에는 장차 신부들이 될 사람들이 성장하고 있음을 말해주는 것이기 때문이다.

4. 아가서를 바르게 이해하기 위한 핵심 용어는 무엇인가?

어떤 문학 작품이든지 거기에는 하나의 분수령이 있다. 아가서는 서사극이기 때문에 여기에서도 클라이맥스가 있다. 그것은 4장에 나온다. 그런데 놀랍게도 그 클라이맥스가 바로 '동산'의 출현이라는 것이다. 모든 문학 작품들에는 작품을 이해할 수 있도록 키워드들이 등장하기 마련인데, 아가서에서는 그것이 일종의 장소들로 등장한다. 고로 아가서에 나오는 장소들에 대한 이해가 없다면, 우리는 아가서를 제대로 이해할 수 없을 것이다. 그러므로 우리는 아가서에 등장하는 여러 장소들에 대해 주의를 기울여야 한다. 먼저, 아가서 1장을 보자. 거기에는 술람미 여인이 일하고 있는 포도원 즉 레바논 근방에 있는 '바알하몬의 포도원'이 나온다. 그리고 2장에서는 두 연인이 갔던 어떤 '잔치집'이 나온다. 그런데 원문을 보니 그 잔치집은 '포도원의 집'이었다. 그리고 3장에 가면, 예루살렘 성 안에 있는 예비 신혼집이 나오고, 신부가 태어난 어머니의 집도 나온다. 그리고 결혼식장도 나오는데, 그곳은 예루살렘 성 안에 있다. 그리고 4장에 가면, 그녀가 살았던 레바논과 그 주변의 산들이 나온다. 그때 신랑은 그녀를 '잠근 동산'에 비유하였는데, 그 장소가 5~6장에 가면, 솔로몬의 비밀의 동산이라는 것을 알 수 있다. 그러므로 아가서를 바로 이해하기 위해서는 비밀의 동산인 '솔로몬의 동산'을 알아야 한다. 그럼, 솔로몬의 자기 동산이란 대체 어떤 장소를 가리키는가?

5. 솔로몬에게 있어서 자기 동산은 어떤 장소인가?

솔로몬의 자기 동산은 어디에 있는가? 아가서에서는 그 장소가 어디다라고 분명하게 말하지 않는다. 하지만 존재한다. 그런데 이 동산의 모양은 나온다. 그 모양이 영락없이 호두 모양처럼 생겼기에 이 동산의 이름은 '호도 동산(호두 동산)'이라고도 일컫는다(아 6:11). 아마도 둥그런 모습을 하고 있기 때문이 아닌가 한다. 그런데 솔로몬은 자기 아내 술람미 여인이 이 동산과 같다고 말한다. 그 여인을 "잠근 동산"이라고 말했기 때문이다. 여기서 그 동산이 '잠겨 있다'는 것은 이 동산이 아무에게나 개방되어 있는 공간이 아니라는 것을 뜻한다. 특히 '동산'이라는 히브리어 말 자체('간')도 역시 '울타리로 둘러쳐져 있는 어떤 비밀한 공간'이기 때문에, 이 공간은 비밀스러운 공간인 것을 알 수 있다. 그러므로 이 공간은 아무나 들어갈 수 있는 장소는 아니다. 오직 그 동산 안으로 들어갈 수 있도록 허락된 자만이 들어갈 수 있는 공간인 것이다.

중요한 것은 그 공간이 어디에 있는가가 아니다. 왜냐하면 이 책의 저자가 그것을 공개하지 않고 있기 때문이다. 다만 우리가 알 수 있는 사실은 그 공간에서 솔로몬이 무슨 일을 하고 있다는 것이다. 아가서를 읽어 보면, 솔로몬은 그 공간 안에서 두 가지 일을 하고 있다. 첫째, 솔로몬은 그곳에서 양 떼를 먹이고 있고 꺾어진 백합화를 주워 모으고 있었다(gather)(아 6:2~3). 둘째, 이것은 술람미 여인이 원수의 영토에 깃발을 꽂는 신부가 된 후에, 자기도 모르는 사이에 발견하게 된 것인데, 그곳에 자신의 고귀한 백성을 위한 수레들이 있었다는 사실이다. 솔로몬은 그 수레들을 어딘가에 보내기 위해 준비하고 있었던 것이다. 하지만 이것이 무엇을 의미하는지 이 세상의 지식으로는 다 알 수 없다. 다만 하늘에서 무슨 일이 벌어지고 있는지 영적으로 아는 사람을 통하여 그것이 무슨 광경인지 참고할 수는 있을 것이다. 왜냐하면 이것은 하늘과 땅 사이에서 벌어지고 있는 일을 표현해 주는 것이기 때문이다. 만약 우리가 지금 죽어서 천국에 들어가게 된다면 그곳에서 왕 노릇하는 신부들을 만나게 될 것이다. 그러한 자들 중에는 구약의 성도들도 있을 것이고 신약의 성도들 곧 어린 양의 신부들이 있을 것이다. 그런데 그들 중에는 천국의 자기 집에 스크린 롤을 갖추고 있는 성도들도 있을 것이다(가 보면 안다). 그들은 천국에 있지만 이 땅에 있는 사람들을 볼 수 있는 특수 모니터 같은 것들이 그들에게 주어진 채 있기 때문이다. 그들은 그것을 통해 이 땅에 진행되는 광경을 지켜보면서 지금도 기도하는 일을 하고 있다. 마찬가지로 주님께서도 보좌에 앉아만 있는 것이 아니다. 그분은 지금도 보좌에서 내려오셔서 천국에 있는 어떤 특별한 공간으로 가셔서 일을 하신다. 그곳에서는 이 땅에서 살고 있는 양 떼들을 볼 수 있고, 그중에서 주님의 거룩한 신부들도 볼 수 있는 공간이다. 이 땅에서 당신의 양 떼가 어떻게 풀을 뜯고 있는지, 그들이 원수로부터 어떤 공격을 받고 있는지를 볼 수가 있는 것이다. 그러므로 솔로몬이 없어졌을 때 그녀가 솔로몬을 찾아내서 가 보니까, 그분은 언제나 그의 동산에서 양 떼를 먹이고 있었다. 그리고 꺾어진 백합화를 줍고 있었다. 우리가 그동안 살펴보았지만 여기서 '양 떼들'은 이 지상에 있는 성도들을 상징하는 것이고, 빨간 '백합화(아네모네)'는 신부들을 상징하는 것이다. 그런데 원수들에 의해 백합화가 죽임을 당한 것이다. 그러자 주님께서는 이 땅에서 죽임 당한 영혼들을 천국에 있는 자기 동산에 모아들이고자, 그들을 위하여 황금 수레를 준비하고 계신다. 그리고 천사들을 시켜 그들을 천국 동산으로 태워 오도록 보내는 일을 하고 계신다. 이는 마치 자신의 순교의 사명을 마친 자들을 위해 하나님께서 특별히 보내시는 불 수레와 같은 것이다. 다시 말해, 솔로몬의 동산이란 하나님께서 일하고 계시는 특별한 영적인 공간을 가리키는 것이다. 그러므로 그 동산이 어디에 있는지 끝까지 나오지 않는다. 영의 공간이기 때문이다. 양 떼를 먹이는 영의 특별한 공간, 하나님의 구원 경륜이 집행되고 있는 그 은밀한 공간에 주님이 늘 계신다.

6. 솔로몬의 자기 동산에는 어떤 것들이 있는가?

그런데 감사하게도 솔로몬은 그 동산에 무엇이 있는지를 소개해 주고 있다. 우리는 이 기록을 통하여 천국의 동산이 과연 어떤 동산인지를 알 수 있다. 첫째, 그곳에는 잠근 우물이 있고 그 우물은 샘에서 나오는 물로 가득하였고 그 물은 동산을 적시며 시내처럼 흘러가고 있었다(아 4:12, 15). 이것은 마치 에덴동산의 한가운데로부터 물이 솟아 올라와 동산을 적시고 사방으로 흘러내려 감으로 4개의 강을 이루고 있다는 것을 생각하게 만든다(창 2:8~14). 한편 이러한 광경은 천국에서도 비슷하다. 하나님의 보좌로부터 생명수가 솟아 올라와 천국의 모든 장소로 흘러 들어가게 되는데 그 강을 성경은 '생명강'이라고 부르고 있기 때문이다. 둘째, 그곳에는 먹고 마실 수 있는 꿀송이와 꿀, 포도주와 젖이 있다는 것이다(아 5:1). 그러므로 누구든지 그 동산에 들어간다면 그는 그곳이 먹고 마실 수 있는 장소라는 것을 알게 될 것이다. 참고로 '꿀송이와 꿀'은 꿀 같이 단 하나님의 말씀을 상징하는 것이고(시 119:103), 포도주와 젖은 마실 수 있게 표현된 성령(요 7:37~39)을 상징한다. 그러므로 이 땅에 살고 있는 신부라 할지라도 주님께서 초대하는 주님의 은밀한 동산 곧 비원에 들어가는 자는 그곳에서 제공되는 하나님의 말씀을 먹을 수 있고, 성령을 마실 수가 있는 것이다. 이런 자들이 결국 이 땅에 있는 양 떼들을 먹일 수 있으며, 다른 이들을 성령으로 인도받을 수 있도록 도울 수가 있는 것이다. 셋째, 거기에는 몰약과 유향을 비롯한 향료들이 있다는 것이다(아 5:1). 이러한 향료들은 전부 다 그곳에 있는 열매 맺는 나무나 향기 나는 꽃들에게서 나오는 것들인데, 무려 12개의 식물에서 나오는 것들이다

(아 4:13~14, 5:1). 그러므로 그 동산은 향기로 가득한 장소라는 것을 알 수 있다. 천국이 바로 그러한 곳이기 때문이다. 반대로 지옥은 썩은 시체 냄새와 유황 냄새가 가득한 장소다. 고로 우리는 어찌하든지 그 동산으로 들어가야 한다. 사실 그 동산은 지금도 우리의 영의 공간에 실재하고 있으며, 이 공간에서 우리는 하나님의 말씀을 먹고 성령을 마실 수 있다. 그리고 이러한 영적인 공간에 접근이 가능한 자로부터 천국의 향기가 뿜어져 나오는 것이다.

7. 이 땅에 있는 영의 동산에는 누가 과연 들어갈 수 있으며, 누가 들어갔을까?

놀랍게도 아가서는 이 땅에 그러한 영의 공간이 실재하고 있다는 것을 말해준다. 영의 공간에서는 시공간의 제한이 없기 때문에 얼마든지 가능하다. 그런데 감사하게도 술람미 여인과 혼인했던 신랑이 그 공간 안으로 사람들을 초대하고 있다. 그렇다면 누가 그 공간 안으로 초대를 받는가? 그것은 두 가지 종류의 사람들이다. 하나는 그분의 동료 친구들(레아)이 되는 것이요, 또 하나는 그분이 사랑하는 자들(도드)이 되는 것이다(아 5:1). 그러므로 우리도 그분의 동역자가 되고 그분의 사랑을 받는 자가 된다면, 우리도 얼마든지 그곳 안에 들어갈 수가 있는 것이다. 그러나 그곳은 아무나 들어갈 수가 없다. 잠근 동산이요 비밀의 화원이기 때문이다(아 4:12). 그곳은 오직 그곳에 들어가기에 합당한 자라고 허락된 자만이 들어갈 수가 있다.

그런데 놀랍게도 그곳에 들어간 자가 있다고 아가서에 나온다. 그 사람은 바로 술람미 여인이었다(아 4:12, 15, 16, 6:11~12, 7:10~13). 술람미 여인만이 그 동산 안으로 들어가서 그곳 안에 포도원을 만들어 놓았다고 말한다(아 6:11, 7:12). 왜냐하면 그녀는 이미 신랑의 친구와 동역자가 되어 있었고, 그분의 사랑받는 자가 되어 있었기 때문이다. 사실 그녀가 어느 날 신랑을 놓쳤을 때 그녀가 찾고 찾은 끝에 찾아낸 신랑은 그 동산 안에서 양 떼를 먹이고 있었다. 그리고 꺾어진 백합화를 주워 모으고 있었다. 그러자 그녀는 신랑의 마음을 그때 알게 되었다. 그분은 오직 이 땅에 있는 자신의 양 떼에 아주 많은 관심을 가지고 있다는 것과 그리고 이 땅에서 고난당하고 죽임당하고 있는 신부들을 가슴에 품고 있다는 사실을 말이다. 그래서 이 여인도 그때부터 자신의 포도원을 개척하고 양 떼를 치기 시작한다. 그리고 어느 날은 신랑을 그 포도원으로 초대한다. 그리고 말한다. "내가 당신을 얼마나 사랑하고 있는지를 보세요"라고 말이다. 그런데 그녀가 보여준 것은 그녀가 포도원에서 거둬들인 여러 가지 귀한 열매들이었다. 그 열매들 중에는 그때 거둬들인 새것도 있었고, 이미 거둬놓은 묵은 것도 있었다(아 7:13).

8. 누가 영의 공간인 그 동산 안에 들어가서 양 떼를 칠 수가 있는가?

아가서 8장은 과연 누가 그 동산 안으로 들어가며 누가 주님의 양 떼를 치는 자가 될 수 있는지를 말해준다. 그것은 한마디로, 유방이 있어야 한다는 것이다(아 8:8~10). 여기서 '유방'이란 다른 뜻이 아니다.

그것은 그녀가 성숙한 신부가 되었는지 아니 되었는지를 알려주는 척도이기 때문이다. 누구든지 성장을 해야 주님으로부터 청혼을 받을 수가 있기 때문이다. 그리하여 그분과 결혼할 수 있어야 그 동산 안으로 진입할 수 있기 때문이다. 그런데 예루살렘의 여인들은 어린 동생을 보면서, 그녀에게는 유방이 없다고 안타까워한다(아 8:8~9). 그때다. 술람미 여인은 그들의 합창을 이어받아 이렇게 말한다. "나는 이미 성벽을 갖추고 있어요. 그리고 망대와 같은 유방을 갖추고 있어요." 왜냐하면 그녀는 이미 성숙하여 솔로몬과 결혼한 상태에 있었고 그분의 동역자가 되고 사랑받는 자가 되어서(아 5:1), 그 비밀의 정원을 출입하고 있었기 때문이다(아 4:12, 15, 16, 6:11~12, 7:10~13). 뿐만 아니라 이미 그곳에 포도원을 개척하여 열매들을 거둬들이고 있었기 때문이다(아 7:13). 그렇다. 우리가 다른 양 떼를 먹일 수 있는 신부가 되려면 우리가 먼저 성숙해져야 한다. 유방을 가지고 있어야 하는 것이다. 그래야 그 동산에 들어가서 꿀송이와 꿀을 먹을 수 있으며, 포도주와 우유를 마심으로 젖을 생산할 수가 있기 때문이다. 그래야 다른 예비 신부를 산출할 수 있고 또한 그들을 먹이고 양육할 수가 있기 때문이다.

9. 자신도 신부이면서 다른 예비 신부를 낳고 양육하는 신부가 받을 축복은 무엇인가?

끝으로 아가서는 다른 예비 신부를 낳고 그들을 양육하는 신부가 되었을 때 받을 축복이 무엇인지를 분명하게 제시하고 있다. 그것은 본인이 이 땅에 있는 영의 동산에 들어가 자신이 개척했던 포도원을 천국에서 영원히 그의 기업으로 받는다는 것이다(아 8:12b). 그리고 혹시 자신이 포도원을 개척하지는 못했다고 할지라도 그 일에 동참하는 자들에게 주님은 그것에 합당한 보상을 주실 것임도 분명하게 말씀하고 있다(아 8:12a). 그렇다. 우리가 신부가 되어서, 다른 예비 신부들을 낳고 양육하는 일을 우리는 시작해야 한다. 그러면 주님께서도 우리들의 최종적인 거주지로서 천국의 동산을 주실 것이기 때문이다. 주님은 우리에게 지금도 말씀하신다. "너, 동산에 거주하는 자여"라고 말이다. 그렇다. 우리는 천국의 동산에 거주하는 자가 되어야 한다. 왜냐하면 만약 우리가 그러한 자가 될 수만 있다면, 장차 하나님의 우주 행정이 관장되는 그 공간 안에 우리들도 동참시켜 주실 것이기 때문이다.

10. 나오며

그렇다면 우리는 지금 무엇을 하고 있는가? 나 하나도 간신히 천국에 들어갈지 못 들어갈지도 모르는 상황 가운데 그냥 살아가고 있는가? 아니다. 이제는 어서 속히 백합화 같은 신부와 비둘기 같은 신부가 되기를 갈망해야 한다. 그것은 주님이 대신해 주는 것이 아니다. 누구든지 주님께서 적갈색의 고벨화가 되어 주시고 포도주의 집에서 당신의 생명을 내어주신 것을 기억하고, 오직 주님만을 사랑하는 자가 되기를 결단하고, 자신의 영혼을 순결하게 보존하며, 오직 주님에게만 자신을 바치는 정절 있는 자가 되는 것이다. 그런데 혹시 내가 이러한 1단계를 지나가고 있다고 생각되는가? 그러면 2단계에 도전하시기를 바란다. 원수의 영토에 들어가서도 그곳에 깃발을 꽂을 수 있는 신부가 되는 것이다. 그러려면 우리는 먼저 기도하는 자가 되어야 한다. 그리고 자기의 죄를 철저히 회개하는 자가 되어야 한다. 그리고 언제라도 주님을 높일 줄 아는 자가 되어야 한다. 이것이 영적 전투에서 승리하는 자가 되는 중요한 방법이다. 그리고 이 단계를 통과하고 있다면 이제는 3단계에 도전하기를 바란다. 그러한 일은 영의 공간인 주의 동산에 자기 자신의 포도원을 개척하는 일이다. 누군가를 그리스도의 예비 신부가 되도록 그를 낳고 또한 양육하는 일을 행하는 것이다. 이것은 나보다 다른 이를 주님을 섬기듯 섬김으로 시작할 수 있다. 예수께서도 이 땅에서 섬김을 받으러 오지 않고 섬기려고 오셨다고 말씀하셨다(막 10:45). 그렇다. 우리는 나 자신만을 위하여 사는 존재가 되어서는 아니 된다. 먼저는 이 땅 어딘가에 존재하는 영의 동산에 나 자신이 들어가는 성도가 되어야 할 것이다. 그리고 그다음에는 그곳에서 말씀과 성령을 먹고 마심으로 그분의 것으로 나를 채울 수 있어야 한다. 그리고 그것을 짜서 다른 사람을 먹일 수 있어야 한다. 이것이 바로 주님께서 아가서에서 우리에게 바라시는 최종적인 신부의 상인 것이다. 천리 길은 아주 멀 수밖에 없다. 하지만 한 걸음이라도 떼는 자가 천리 길도 갈 수 있는 것이다.

제5과
아가서에 나오는 신부의 7가지 명칭
(아 2:10, 5:2, 8:13)

> 아 2:10
>
> [여자] 나의 사랑하는 자가 내게 말하여 이르기를 나의 사랑, 내 어여쁜 자야 일어나서 함께 가자
>
> 아 5:2
>
> [여자] 내가 잘지라도 [내] 마음은 깨었는데 나의 사랑하는 자의 소리가 들리는구나 문을 두드려 이르기를 나의 누이, 나의 사랑, 나의 비둘기, 나의 완전한 자야 문을 열어 다오 내 머리에는 이슬이, 내 머리털에는 밤이슬이 가득하였다 하는구나
>
> 아 8:13
>
> [남자] 너 동산에 거주하는 자야 친구들이 네 소리에 귀를 기울이니 내가 듣게 하려무나

1. 들어가며

아가서는 참으로 심오한 책이다. 특히 이 책은 우리가 천국에 들어갈 수 있는 자격이 어떤 것인지, 그리고 그곳에서 우리가 누리게 될 영적 신분이 무엇인지를 말해주는 놀라운 책이기 때문이다. 그러므로

우리는 이 책을 통하여 장차 그리스도의 신부가 될 사람은 어떤 사람인지를 알 수 있으며, 천국에 들어가는 신부라 할지라도 그 신분에 있어서 어떤 차이가 있는지도 함께 살펴볼 수가 있다. 그런데 아가서에서는 장차 그리스도의 신부를 지칭하는 호칭이 무려 일곱 가지가 발견된다. 그것도 신부가 성장하면서 그 호칭이 달라진다는 점이다. 그래서 이번 장에서는 아가서 전체에 나타난 신부의 호칭에 대해 살펴보고자 한다. 여기에서 언급하고자 하는 신부의 호칭은 오직 신랑이 신부를 부르는 명칭만을 대상으로 하며, 신부에 대한 호칭이 달라짐에 따라 그녀가 어떤 성장과 변화를 겪고 있는지도 함께 살펴볼 수 있는 유익한 시간이 될 것이다.

2. 아가서에 등장하는 신부의 호칭에는 어떤 것들이 있는가?

아가서에서는 장차 솔로몬의 아내가 될 술람미 여인을 부르는 여러 가지 다양한 호칭들이 등장한다. 그중에서도 이 여인을 다른 것과 비교하는 표현들도 간혹 있기도 한데 그것은 여기서 다루지는 않을 것이다. 이를테면, 신부에 대해서 신랑이 하는 말들 가운데, 그녀를 일컬어 '바로의 병거의 준마'와 같다고 표현한 것이나(아 1:9), '가시나무 가운데 백합화'(아 2:2)라고 표현한 것들은 제외할 것이다. 그리고 술람미 여인이 자기 스스로를 가리켜 말했던 것들도 제외할 것이다. 이를테면 '샤론의 수선화(장미)(=무궁화)', '골짜기의 백합화(=은방울꽃)' 등의 표현도 여기서는 제외할 것이다. 뿐만 아니라 다른 사람들이 술람미 여인을 부르는 호칭에 대해서도 다루지 않을 것이다. 예를 들어, '연기 기둥처럼 거친 들에서 오는 자'(아 3:6), '깃발을 세운 군대 같이 당당한 여자'(아 6:10), '귀한 자의 딸'(아 7:1) 등은 제외할 것이다. 다만 여기서 다룰 것은 오직 솔로몬이 술람미 여인을 호칭하는 그 표현만을 다루려고 한다.

그렇다면, 솔로몬은 술람미 여인을 어떻게 불렀을까? 아가서 1장부터 8장까지를 살펴보면, 솔로몬이 그녀에게 사용한 호칭들은 총 일곱 가지였음을 찾아볼 수가 있다. 그런데 이러한 호칭이라 할지라도 그녀가 결혼하기 전에 솔로몬이 불렀던 호칭이 있는가 하면(물론 이러한 호칭은 결혼 후에도 계속 사용된다), 결혼 후에야 비로소 불린 호칭도 있다. 그리고 그녀에 대한 최종적인 호칭이 한 가지 더 있다. 그래서 구조상 셋, 셋, 하나로 구성되어 있다고 할 수 있다.

그럼, 결혼 전에 솔로몬이 그녀를 불렀던 호칭에는 어떤 것들이 있는가? 첫째는 '나의 사랑', 둘째는 '나의 어여쁜 자', 셋째는 '나의 비둘기'가 있다. 그리고 솔로몬이 결혼 후에 그녀를 부른 호칭에도 세 가지가 있으니, 첫째는 '나의 신부', 둘째는 '내 누이', 셋째는 '나의 완전한 자'가 있다. 그리고 그녀의 마지막 호칭은 '동산에 거주하는 자'이다. 이제, 이러한 칭호들에 담겨 있는 하나님의 뜻은 무엇이며, 이러한 호칭들을 통하여 나는 과연 어느 정도 성장하고 있는 신부인지를 살펴보도록 하자.

3. 결혼 전에 그녀에게 붙여진 3가지 호칭은 무엇인가?

솔로몬은 술람미 여인과 결혼하기 전에 그녀를 세 가지로 불렀다. 첫째, '나의 사랑'이라는 호칭으로 불렀다. 이 칭호는 총 8차례 나온다 (아 1:9, 15, 2:10, 13, 4:1, 7, 5:2, 6:4). 그런데 이 표현이 히브리어 원문에서는 '라야'라고 되어 있다. 이것은 '친구', '동무', '동료'라는 뜻이다. 그런데 이 표현을 영어 성경에서는 대부분 '나의 달링(my darling)'이라고 번역하고 있으며, 가끔 '나의 친애하는 자(my dear one)'라고 번역하기도 한다. 그러니까 친구나 동료이기는 한데, 사랑하는 친구를 가리키는 표현이라고 할 수 있다. 이것은 솔로몬이 술람미 여인을 결혼 전에 가장 많이 불렀던 호칭이다.

둘째, '나의 어여쁜 자'라고 불렀다(아 2:10, 13). 그런데 서술적인 의미로 그녀를 '어여쁘다'라고 한 것은 상당히 있다(아 1:15, 4:1, 6:4). 여기서 '어여쁜'이라는 단어는 히브리어로 '야페'라는 단어인데, 이는 '맑다, 깨끗하다, 아름답다'라는 뜻을 가졌다. 영어로는 '나의 아름다운 자(my beautiful one)'라고 번역하고 있다. 아마도 그녀의 외모에서 풍기는 아름다움의 표현인 호칭인 것 같다.

셋째, 솔로몬은 그녀를 '나의 비둘기(my dove)'라고 칭했는데, 이는 그녀의 '순결'과 '정절'을 강조하는 호칭으로서, 아가서에서는 세 번 나온다(아 2:14, 5:2, 6:9). 참고로 히브리어로 '비둘기'라는 단어는 '요나'이다. 특히 그녀의 순결은 비둘기의 눈으로 많이 표현되었다(아 1:15, 4:1, 5:12). 그만큼 그녀의 눈은 깨끗했고 한 번 보면 빠지게 만드는 그러한 눈이었다.

이와 같은 세 가지 칭호를 통하여 솔로몬은 술람미 여인을 결혼 전에 연애할 때에는 아주 사랑스러운 친구처럼 여겼고, 아름답게 생각했으며, 순결과 정절을 가진 여인으로 보았음을 알 수 있다. 이는 우리 성도들 역시 주님 앞에 사랑스러운 존재가 되어야 하며, 주님의 눈에 아름답게 보여야 함을 말해준다. 무엇보다도 우리들은 주님께서 보실 때에 순결하며 정절을 지키는 여자가 되어야 하는 것이다.

4. 결혼 후에 그녀에게 붙여졌던 3가지 호칭은 무엇인가?

그렇다면, 결혼 후에 솔로몬은 그녀를 어떻게 불렀을까? 결혼 전과 마찬가지로 솔로몬은 그녀를 세 가지로 칭했다. 그것은 '나의 신부', '나의 누이', '나의 완전한 자'이다. 먼저, 첫째로 솔로몬은 그녀와 결혼한 뒤에 가장 먼저 그녀를 '나의 신부(my bride)'라고 불렀다. 이제 그녀와 갓 결혼한 신혼이기 때문에 솔로몬은 그녀를 '신부'라고 칭한 것이다. 이러한 칭호는 결혼 직후에만 불린 칭호로서 아가서에는 여섯 번 나온다(아 4:8, 9, 10, 11, 12, 5:1). 그런데 우리가 결혼 후에 불린 그녀의 칭호가 상당히 변화되어 있음을 여기서부터 감지할 수 있다. 다시 말해 결혼 전에는 그녀와 법적인 어떤 책임이 있는 관계가 아니었다. 그러니 지켜야 할 의무라는 것도 느슨할 수밖에 없지만, 결혼 후에는 어떤 법적인 효력이 시작되었기에, 그 용어도 무게가 있어 보인다. 사실 '신부(칼라흐)'라는 말은 동사 '칼랄'에서 왔는데, 이 단어의 의미는 '완성하다, 완전하게 하다'이다. 그러므로 결혼이라는 관계는 사람이 어느 정도 성숙해지는 단계에 도달하고 있음을 보여주고 있다. 그러니까 책임감도 주어지게 되는 것이다.

둘째로, 솔로몬은 그녀를 '나의 누이[동생](my sister)'이라고 다섯 번씩이나 불렀다(아 4:9, 10, 12, 5:1, 2). 히브리어로는 '아호트(누이동생 혹은 자매)'라는 뜻이다. 이 명칭은 사실 '나의 신부'라는 칭호보다 훨씬 더 친밀하고 가까운 명칭이다. 왜냐하면 결혼 관계로 맺어진 부부라도 상당한 책임과 의무가 주어지는데, 이 호칭은 책임과 의무는 필수적이 되기 때문이다. 사실 부부가 친밀하고 가까운 관계이지만 이 관계는 언제든지 서로 헤어질 수 있는 관계다. 하지만 가족 관계는 그것이 불가능하다. 서로를 떼어놓으려 한다고 해서 분리될 수 있는 그러한 관계가 아니기 때문이다. 예수께서 이 땅에 오실 때에는 '독생자(외아들)'라고 불리셨다(요 3:16). 그러나 그분이 죽고 부활 승천하시고 성령을 보내주신 뒤부터는 그분의 신분은 '맏아들'로 승격되셨다. 그러자 그때부터 우리 구원받은 성도들은 그의 동생들이라고 불리었다. 왜냐하면 예수님의 피를 공유하는 새로운 존재가 되었기 때문이다. 그러므로 사람이 결혼을 했다는 것은 상당히 친밀한 관계에 접어들었음을 말해준다. 그러나 솔로몬은 그의 아내를 '나의 누이동생'이라고 불렀다. 이는 둘의 관계가 이제는 가족 관계처럼 돈독한 관계가 되었고 헤어지려야 헤어질 수 없는 관계가 되었음을 말해준다. 그의 아픔이 나의 아픔이 되기 시작했기 때문이고 그의 슬픔이 곧 나의 슬픔이 되기 시작했기 때문이다.

셋째로, 솔로몬은 술람미 여인과 결혼 후에 그녀를 가리켜 '나의 완전한 자(my flawless one)'라고 불렀다(아 5:2, 6:9). 히브리어로는 '탐'이라는 단어가 쓰였다. 이것은 우리말로 '흠 없는, 완벽한, 결점이 없는, 얼룩이 없는'이라는 뜻을 가졌다. 그렇다. 결혼 후에 어느새 그녀는 신랑 솔로몬에게 '흠 없이 완전한 자'가 되어가고 있었던 것이다. 그럼 대체 어떻게 변하였기에 그녀는 솔로몬에게 '완전한 자'라는 호칭을 듣게 되었는가? 그것은 그녀가 결혼 후에 솔로몬의 동산에 들어가는 몇 안 되는 여자가 되었고, 솔로몬에게 그녀 자신이 잠근 동산이 되었기 때문이다. 그렇다. 우리는 결혼 전에 불렸던 술람미 여인의 호칭에서 만족하지 말아야 한다. 우리는 결혼 후에 불렸던 그녀의 호칭이 나의 호칭이 되도록 힘써야 한다. 그것은 그냥 주어지지 아니하며, 대가의 지불 없이 불리는 것도 아니다. 왜냐하면 그의 기쁨이 나의 기쁨이 되고 그의 아픔이 나의 아픔이 되는 단계에까지 도달해야 하기 때문이다. 그리고 그분이 동산에서 하는 일이 무엇인지를 정확히 깨닫고 그분이 기뻐하시는 일에 나도 동참하는 신부가 될 때라야 비로소 붙여질 수 있는 이름이기 때문이다.

5. 그녀에게 붙여진 최종적인 호칭은 무엇인가?

그렇다면, 솔로몬 그가 완숙한 경지에 이르렀던 그녀에게 사용한 마지막 호칭은 무엇이었을까? 그것은 그녀의 일곱 번째 칭호로서, '동산에 거주하는 자'이다(아 8:13). 이것은 단 한 번 사용된 용어이기는 하나 사실 가장 강력한 호칭이다. 왜냐하면 구원받는 사람의 최종적인 목표는 저 하늘에 있는 동산 곧 새 예루살렘 성 안에 들어가는 자가 되는 것이기 때문이다. 그렇다. 우리가 아무리 주님의 칭찬을 듣는 자가 되었고 또한 사랑받는 자가 되었다고 할지라도 결국에 천국에 들어가는 일에 실패한 자가 된다면 우리의 신앙은 실패한 것이라고 말할 수 있다. 그러므로 우리의 신앙생활의 최종적인 목표이자, 신부로서 가장 바라고 바라는 것에 우리가 참여하는 자가 되어야 한다. 그것은 그분이 하늘에 마련해 놓으신 그분의 동산 안에 영원히 거주하는 자가 되는 것이다. 나중에 또 살펴보겠지만, 어린 양의 생명책에 이름이 기록되었다고 해서 모두가 다 새 예루살렘 성 안에 들어가서 사는 것이 아니다. 이미 하늘의 생명책에 이름이 기록된 채 있던 자라 할지라도 죽을 때에 그의 이름이 지워지는 자도 있다. 그는 그때 성 밖으로 내쫓기는 자가 되고 말 것이다(계 21:27, 22:15). 그러므로 우리가 주님으로부터 불려야 할 마지막 칭호는 역시 '너, 동산에 거주하는 자여!'가 되어야 한다. 이것이 우리 신부들에게 불리는 마지막 칭호가 되어야 하는 것이다. 이것은 이미 백합화 같고 비둘기 같은 신부에서 성장한 자에게 붙여지는 호칭이요, 원수의 영토에 깃발을 꽂을 수 있는 과정을 지나온 자에게 붙여질 수 있는 이름이다. 그래서 그분의 마음이 내 마음이 되고 그분의 목표가 내 목표가 된 자에게 붙여질 수 있는 호칭인 것이다. 그리고 그런 자는 또 다른 신부를 낳고 양육하는 신부가 될 때 붙여질 수 있는 칭호인 것을 알 수 있다. 그렇다. 주님은 우리가 자기만 구원하는 신부가 되기를 바라지 않는다. 우리도 구원할 뿐만 아니라 또한 다른 신부들을 낳고 그들을 길러내어서 그들을 장성한 분량으로 양육하는 신부가 되기를 바라신다.

6. 나오며

　그렇다면 지금 나의 영적인 단계는 어디만큼 와 있다고 보는가? 우리와 주님과의 관계는 얼마든지 헤어질 수 있는 관계 정도인가 아니면 그분과 나는 떼려야 뗄 수 없는 관계로서 엄청난 친밀도를 가지고 있는 상태인가? 많은 그리스도인들은 예수님을 믿을 때에 이미 주님과 나는 떼려야 뗄 수 없는 관계에 접어들었다고 말한다. 그러나 아니다. 만약 자기가 그러한 관계에 들어간 자라고 말하려면, 그는 그분으로부터 이미 '완전한 자'라는 호칭으로 불리고 있어야 한다. 특히 우리는 주님께서 영의 공간에 만들어 놓은 주님의 동산에 들어간 성도가 되어야 한다. 왜냐하면 내가 하나님으로부터 떼려야 뗄 수 없는 관계가 되었는지를 알려주는 척도는 역시 내가 과연 주님의 동산 안에 들어가고 있는 사람이 되었는가를 보는 것이다. 우리가 만약 주님의 동산에 들어간 자가 되지 못했다면 주님의 경륜을 만질 수가 없을 것이다. 그러나 만약 우리가 주님의 동산 안에 들어간 상태라면, 우리는 그분이 지금 그곳에서 무엇을 하고 계시는지를 알게 될 것이며, 그분이 그 안에서 왜 가끔씩 우시고 있는지도 알게 될 것이다. 그리고 좀 더 나아가서는 그분이 지금도 하늘에서 행하고 있는 그 일을 나 자신도 행하는 자가 되고 있을 것이다. 그러한 자가 될 때 우리도 하늘에 준비된 동산에서 영원히 거주하는 자가 될 수 있을 것이다. 사실 우리 모든 성도들은 아가서를 좀 더 많이 공부해야 한다. 특히 솔로몬은 왜 그가 왕의 신분을 가졌음에도 불구하고 그의 관심사가 늘 자기의 동산에 가 있었으며 그곳에서 양 떼를 돌보는 일이었는지를 알아야 한다. 그리고 그분이 자신의 동산에서 꺾여진 채 있는 백합화를 가슴에 부여안고 왜 눈물짓고 있는지도 알아야 한다. 그래서 그의 마음이 내 마음이 되고 내 마음이 그의 마음이 되어야 한다. 나는 지금 그분에게 친구 같은 자인가? 아니면 가족 같은 자인가? 아니면 더 나아가 그분의 마음을 만진 바 되어 그분과 하나가 되어 있는 자인가? 자, 우리를 돌아보자. 그래서 이제는 하늘의 준비된 그분의 동산에서 영원히 거주하는 자가 될 수 있도록 지금부터 다시 시작해 보자.

제6과
즉각적으로 반응하지 못해 잃어버린 주님, 어떻게 찾을 수 있는가?
(아 5:2~16)

아 5:2~16

2 [여자] 내가 잘지라도 [내] 마음은 깨었는데 나의 사랑하는 자의 소리가 들리는구나 문을 두드려 이르기를 나의 누이, 나의 사랑, 나의 비둘기, 나의 완전한 자야 문을 열어 다오 내 머리에는 이슬이, 내 머리털에는 밤이슬이 가득하였다 하는구나 3 내가 옷을 벗었으니 어찌 다시 입겠으며 내가 발을 씻었으니 어찌 다시 더럽히랴마는 4 내 사랑하는 자가 문틈으로 손을 들이밀매 내 마음이 [그로 인해] 움직여서 5 일어나 내 사랑하는 자를 위하여 문을 열 때 몰약이 내 손에서, 몰약의 즙이 내 손가락에서 문빗장에 떨어지는구나 6 내가 내 사랑하는 자를 위하여 문을 열었으나 그[내 사랑하는 자]는 벌써 물러갔네 그가 말할 때에 내 혼이 나갔구나 내가 그를 찾아도 못 만났고 불러도 [그가 나에게] 응답이 없었노라 7 성 안을 순찰하는 자들이 나를 만나매 나를 쳐서 상하게 하였고 성벽을 파수하는 자들이 나의 겉옷을 벗겨 가졌도다 8 예루살렘 딸들아 너희에게 내가 부탁한다 너희가 내 사랑하는 자를 만나거든 내가 사랑하므로 병이 났다고 하려무나

9 [예루살렘의 딸들] 여자들 가운데에 어여쁜 자야 너의 사랑하는 자가 남의 사랑하는 자보다 나은 것이 무엇인가 너의 사랑하는 자가 남의 사랑하는 자보다 나은 것이 무엇이기에 이같이 우리에게 부탁하는가

10 [여자] 내 사랑하는 자(내 임)는 희고도 붉어 많은 사람 가운데에 뛰어나구

> 내(으뜸이구나) 11 [그의] 머리는 순금 같고 머리털은 고불고불하고 까마귀 같이 검구나 12 [그의] 눈은 시냇가의 비둘기 같은데 우유로 씻은 듯하고 아름답게도 박혔구나 13 [그의] 뺨은 향기로운 꽃밭 같고 향기로운 풀언덕과도 같고 [그의] 입술은 백합화 같고 몰약의 즙이 뚝뚝 떨어지는구나 14 [그의] 손은 황옥을 물린 황금 노리개 같고 [그의] 몸(배)은 아로새긴 상아에 청옥을 입힌 듯하구나 15 [그의] 다리는 순금 받침에 세운 화반석 기둥 같고 [그의] 생김새(용모, 모습)는 레바논 같으며 백향목처럼 보기 좋고 16 [그의] 입은 심히 달콤하니 그[의] 전체가(모든 것이) 사랑스럽구나 예루살렘 딸들아 이는 내 사랑하는 자요 나의 친구로다

1. 솔로몬과 결혼했던 술람미 여인은 어떻게 되어서 신랑을 잃어버리게 되었을까?

아가서 3:6~11의 말씀이 결혼식의 풍경을 묘사해주고 있다면, 4:1~5:1의 말씀은 피로연 때 신랑이 자기 아내를 자랑하는 말이자(아 4:1~7), 결혼 당일 날 신부의 사랑스러움에 대한 감탄의 말이라고 할 수 있다(아 4:8~5:1). 왜냐하면 이 시기만 솔로몬이 술람미 여인을 '나의 신부'라고 칭했기 때문이다. 그러므로 아가서 5:2의 말씀은 결혼식 때가 조금 지난 시점이라고 할 수 있다. 왜냐하면 여기부터는 '신부'라는 호칭이 나오지 않기 때문이다. 이때부터 신랑은 그녀를 "나의 누이, 나의 사랑, 나의 비둘기, 나의 완전한 자"라고 했다(아 5:2). 그런데 그

때에 신랑은 밤늦게가 되어서야 집에 돌아왔다. 그러므로 문은 굳게 닫혀 있었다. 그러자 신랑은 문을 열어 달라고 노크한다. 하지만 신부는 신랑을 외면한다. 핑계는 이러했다. "내가 옷을 벗었으니 어찌 다시 입겠으며, 내가 발을 씻었으니 어찌 다시 더럽힐 수 있을까?"(아 5:3). 그런데 이러한 신부의 반응은 신랑이 집에 늦게 들어온 것에 대한 섭섭함이었을까? 그런데 나중에 살펴보겠지만 신랑이 밤늦게까지 이슬을 맞으며 늦게 집에 올 수밖에 없었던 이유가 있었다. 그건 신부가 싫어서 늦게 돌아온 것이 아니었다. 그러므로 신부는 그때 즉각적으로 신랑에게 문을 열어주어야 했다. 그런데 신부는 즉각적인 반응을 보이지 않았다. 그러자 문틈으로 손을 내밀었던 신랑은 그만 돌아가 버리고 말았다. 왜 신랑은 그 자리에서 급히 떠나야 했는가? 신부의 입장에서 본다면 그것은 신랑의 부르심에 신부는 즉각 응답해야 함을 말해준다. 그렇지 않으면 이처럼 신랑의 임재를 잃어버릴 수도 있기 때문이다.

2. 신랑은 왜 또 갑자기 신부 곁을 떠나야 했는가?

밤늦게 이슬과 함께 돌아온 신랑은 그만 또다시 신부 곁을 떠날 수밖에 없었다. 어떤 성경 주석가들은 그 이유를 두고, 신랑이 삐져서 떠나 버렸다고 주석하기도 한다. 그렇다면 정말 신랑이 삐져서 신부 곁을 떠나 버린 것일까? 우리는 성경을 해석할 때에 그저 생각나는 대로 해석해서는 아니 된다. 성경을 해석하기 위해서는 우선 원문 성경대로 볼 수 있어야 하고 그다음으로는 전후 문맥 상황을 살펴볼 수 있어야 한다. 그것이 아니라면 당시 사회 문화적인 관습까지도 살펴보아야 한다. 그리고 다른 성경에 나오는 비슷한 사례도 찾아보아야 한다. 때로는 어떤 것은 성령의 강권적인 조명하심이 필요할 때도 있다. 그런데 신랑이 왜 새벽녘에 다시 그녀의 곁을 떠나야 했는지 제대로 알려주는 주석이 거의 없다. 그렇지만 이후의 일들을 보면, 그때 신랑은 그녀가 미워서 떠나 버린 것이 아니었다. 왜냐하면 나중에 그녀가 남편을 찾아내었을 때에 솔로몬은 자기의 동산에 있었고 그곳에서 양 떼를 치고 있었다. 그리고 꺾여진 백합화를 주워 모으고 있었다. 그렇다. 신랑이 밤늦게 들어온 어떤 이유가 있었던 것이다. 그것은 그가 치는 양 떼에 문제가 있었던 것이다. 그래서 우선 그 문제를 처리하고 오다 보니 그만 집에 늦게 도착한 것이다. 그런데 집에 도착하여 문을 열어 달라고 말하고 있을 때에, 또 양 떼 혹은 백합화에 급박한 상황이 생긴 것이다. 그래서 다시 급히 그 자리를 떠나야 했던 것이다. 아마도 백합화로 묘사되고 있는 신부들에게 중차대한 일이 발생한 듯 보인다. 왜냐하면 아침에 신부가 신랑을 보았을 때에는 그가 자기 동산에서 이미 꺾여진 채 있는 백합화(신부)를 주워 모으고 있었기 때문이다. 그것은 아무래도 지상에 있는 신부 중에 누가 그만 순교하는 상황이 아니었겠나 생각이 든다.

3. 신랑의 임재를 잃어버린 신부가 자신의 신랑을 찾기 위해 첫 번째로 한 일은 무엇인가?

갑자기 떠나가야 했던 신랑, 그러자 신부는 대충 숄을 걸쳐 입고 문밖을 나선다. 신랑을 찾기 위해서다. 그리고 큰 소리로 신랑을 부른다. 그런데 불러도 응답이 없다(아 5:6). 자신의 부주의로 인하여 신랑을 놓쳐 버렸다고 생각한 신부는 더욱 애절하게 신랑을 부른다. 용서를 받기를 원하는 마음으로. 하지만 신랑은 보이지 않았다. 그러자 그녀는 혼자서 그것도 아무런 무장도 없이 그 늦은 밤에 성안을 두루 돌아다닌다. 신랑을 찾기 위해서다. 그러다가 그녀는 성안에서 순찰하는 자들에게 얻어맞기도 했고, 성벽을 파수하는 자들에게 자신의 숄을 빼앗기기도 하였다. 그래도 그녀는 신랑을 찾겠다는 일념으로 성안을 헤매고 다닌다. 그러다가 그녀가 생각한 것은 예루살렘 성안에 살고 있는 예루살렘의 딸들에게 부탁해야겠다고 마음을 먹는다. 그래서 그들에게 부탁을 한다. 그렇다면 이것은 무슨 의미인가? 그것은 그녀가 끈질기게 기도를 했다는 것을 의미한다. 그렇다. 그녀의 기도가 시작된 것이다.

그런데 사실 결혼식을 올리기 전 예비 신혼집에 있었을 때에도 이와 비슷한 일이 있었다. 그때도 예비 신랑을 보지 못했던 술람미 여인은 신랑을 만나기 위해 성안을 찾아 헤맨다. 그때 그녀가 성안의 순찰자들을 만나지만 그들은 그녀에게 해코지하지 못한다. 자기가 찾는 대상이 누군지를 그들에게 말했기 때문이다. 그런데 그때 신랑이 그녀에게 불쑥 나타난다. 왜냐하면 영적으로 볼 때 그녀는 초신자의 상황이었기에, 주님도 금방 응답하신 것이다. 그러나 결혼 후에는 상황이 달라졌다. 솔로몬은 이미 법적으로 그녀의 남편의 신분이 되었다. 그러나 그런 상황에서는 교양 생활 하듯이 기도해서는 아니 된다. 간절히 찾고 부르짖어야 한다(렘 29:12~13). 그것이 이미 신자가 된 자들의 기도의 형태인 것이다.

4. 내게 문제가 생겼을 때 다른 이들에게 중보 기도를 요청하는 것은 나에게 도움이 될까?

오늘날 우리들도 역시 중요한 문제가 생기면 남에게 중보 기도를 부탁할 때가 종종 있다. 물론 누군가가 나의 문제를 놓고 중보 기도를 해준다는 것은 매우 좋은 일이자 유익한 일이다. 하지만 중보 기도의 효력이라는 측면에서 보면 중보 기도는 아무나 해서 응답이 되는 일이 아니다. 그런데 이때 남편을 찾지 못했던 술람미 여인은 '예루살렘의 딸들'에게 기도 부탁을 한다. 그런데 그들은 어떠한 자들인가? 그들도 예수님의 신부가 되기 위해 예루살렘 성안으로 온 자들이다. 하지만 실제 신방 한 번 꾸려 본 적이 없는 신부들이 그들이다. 그러므로 예루살렘의 딸들은 솔로몬이 자기의 동산에 가 있을지라도 그 장소를 절대 찾아낼 수가 없다. 그들은 그러한 장소가 있는지조차도 모르고 있기 때문이다. 그러므로 우리가 누군가에게 중보 기도를 부탁할 때에는 나 자신보다 더 영성이 약한 자들에게 부탁하는 일은 삼갈 일이다. 왜냐하면 영적인 세계에서는 보다 더 높은 계급의 신부가 보다 더 낮은 신부에게 기도를 부탁한다 할지라도 그것은 그에게 도움이 되지 않기 때문이다. 하지만 술람미 여인이 예루살렘의 딸들에게 중보 기도를 부탁했을 때, 그녀는 다음과 같은 두 가지 측면에서 신랑을 찾는 법을 터득하게 된다.

5. 잃어버린 신랑을 찾기 위해 신부에게 필요한 2가지 사항은 무엇인가?

신부는 예루살렘의 딸들에게 기도를 부탁하면서 잃어버린 신랑을 찾을 수 있는 두 가지 방법을 비로소 터득하게 된다. 첫째, 그것은 잃어버린 신랑을 찾으려면 신부는 최소한 자신의 죄를 깨닫고 깊이 뉘우치는 회개를 해야 한다는 것이다(아 5:8). 그런데 술람미 여인은 어떻게 반응했는가? 그녀는 자기의 신랑을 잃어버린 것에 대해 매우 마음 아파했었다. 이는 그녀가 깊이 뉘우치고 반성했음을 의미한다. 왜냐하면 신랑을 찾지 못한 것 때문에 병이 날 정도였으니 말이다. 이것은 그녀가 자신의 잘못을 깨닫고 진정 회개의 눈물을 흘린 것이라고 할 수 있다. 그런데 그녀가 회개하기 전에 그녀는 성안에서 어떤 일을 당해야 했는가? 그녀는 성안에서 순찰하는 자들과 성벽을 지키는 파수꾼들에게 괴롭힘을 당해야 했다. 이들은 우리가 죄를 지었을 때에 활동하여 괴롭히는 악한 영들과 같다. 회개가 관건이다. 회개하고 신랑을 찾아야 하는 것이다. 그래야 비로소 원수의 영토에도 자신의 깃발을 꽂을 수 있는 사람이 되는 것이다. 그리고 둘째, 잃어버린 신랑을 찾으려면 신랑이 누군지를 선포해야 한다는 것이다. 그때 술람미 여인은 어떻게 했는가? 그녀는 무려 열 가지나 되는 것으로 자기의 신랑을 자랑을 하고 선포를 하였음을 살펴볼 수 있다. 그리고 그때 그녀가 자랑했던 남편은 어떤 사람이었을까? 그때 그녀는 이렇게 말했다. "내 사랑하는 자는 희고도 붉어 만 명의 사람들 중에 뛰어나답니다(으뜸이랍니다)"(아 5:10). 이것은 그녀가 맨 처음에 솔로몬을 사랑하게 되었을 때에 그를 고벨화 송이로 비유한 것과 같다. 왜냐하면 적갈색의 고벨화는 흰색 바탕에 곧 자신은 죄가 없어 순결한 분이시지만, 바깥쪽에는 핏빛으로 물들어 있는 세마포를 입으신 분을 지칭하는 것처럼, 신랑은 우리를 대신하여 십자가에 피 흘려 죽으신 예수님을 나타내고 있기 때문이다. 그녀는 신랑이 어떤 존재인지 그때까지 한시도 잊지 않고 살아왔던 것이다. 그러므로 그녀는 그 난관 가운데서도 신랑의 모습을 머리에서부터 발끝까지 자랑하되, 열 가지로 나눠서 자랑한다. 그런데 그녀의 이러한 간증은 수많은 악한 영들을 제압할 수 있는 강력한 무기가 되는 것이다.

바른 아가서(雅歌書) 강해

제 6~7 장

1. 만인 중 으뜸인 솔로몬이 자기 동산에서 하는 일과 그가 준비해 놓은 복(아 6:1~13)
2. 나는 언제 주의 동산을 볼 수 있고 그 동산 안으로 들어갈 수 있는가?(아 6:2~3)
3. 당당하고 위엄찬 신부와 마하나임에서의 승리의 춤(아 6:4~13)
4. 보다 더 성숙해진 신부가 신랑에게 바친 사랑이란 대체 무엇이었는가?(아 7:1~13)
5. 보다 더 성숙해진 신부가 준비해 놓은 사랑의 증표(아 7:10~13)

제1과
만인 중 으뜸인 솔로몬이 자기 동산에서 하는 일과 그가 준비해 놓은 복
(아 6:1~13)

아 6:1~13

1 [예루살렘의 딸들] 여자들 가운데에서 어여쁜 자야 네 사랑하는 자가 어디로 갔는가 네 사랑하는 자가 어디로 돌아갔는가 우리가 너와 함께 찾으리라 2 [여자] 내 사랑하는 자가 자기 동산으로 내려가 향기로운 꽃밭에 이르러서 동산 가운데에서 양 떼를 먹이며 백합화를 꺾는구나(거두는구나) 3 나는 내 사랑하는 자에게 속하였고 내 사랑하는 자는 내게 속하였으며 그가 백합화 가운데에서 그 양 떼를 먹이는도다 4 [남자] 내 사랑아 너는 디르사 같이 어여쁘고, 예루살렘 같이 곱고, 깃발을 세운 군대 같이 당당하구나 5 네 눈이 나를 놀라게 하니 돌이켜 나를 보지 말라 네 머리털은 길르앗 산 기슭에 누운 염소 떼 같고 6 네 이는 목욕하고 나오는 암양 떼 같으니 쌍태를 가졌으며 새끼 없는 것은 하나도 없구나 7 너울 속의 네 뺨(관자놀이)은 석류 한 쪽 같구나 8 왕비가 육십 명이요 후궁이 팔십 명이요 시녀가 무수하되 9 내 비둘기, 내 완전한 자는 [그녀] 하나뿐이로구나 그[녀]는 그의 어머니의 외딸(하나)이요 그 낳은 자가 귀중하게(깨끗하게, 순결하여, 흠없게) 여기는 자로구나 여자들(딸들)이 그[녀]를 보고 복된 자라 하고 왕비와 후궁들도 그[녀]를 칭찬하는구나 10 아침 빛 같이 뚜렷하고 달 같이 아름답고 해 같이 맑고 깃발을 세운 군대 같이 당당한 여자가 누구인가 11 [여자] 골짜기의 푸른 초목을 보려고 포도나무가 순이 났는가 석류나무가 꽃이 피었는가 알려고 내가

> 호도 동산으로 내려갔을 때에 12 부지중에 내 마음이 나를 내 귀한 백성의 수레 가운데에 이르게 하였구나
> 13 [예루살렘의 딸들] 돌아오고 돌아오라 술람미 여자야 돌아오고 돌아오라 우리가 너를 보게 하라 [남자] 너희가 어찌하여 마하나임에서 춤추는 것을 보는 것처럼 술람미 여자를 보려느냐

1. 술람미 여인은 예루살렘 딸들에게 자기의 남편 솔로몬을 어떻게 소개했는가?

술람미 여인은 자기의 남편인 솔로몬을 10가지 항목을 가지고 소개한다(아 5:11~16). 그런데 그녀는 그이를 한마디로 "희고도 붉어 만인 중에 으뜸이다"(아 5:10)라고 말한다. 이는 솔로몬이 장차 이 땅에 오실 예수님을 예표하는 것이므로, 그분은 점이 없고 흠 없는 분이지만 우리 인간을 구원하시기 위해 피 흘려 죽으실 것이라고 정확히 말한 것이다. 그렇다. 그분이 비록 사람으로서 이 땅에 오실 것이지만 그분은 만물 중에 가장 뛰어나신 분인 것이다.

2. 술람미 여인이 소개한 자기의 남편의 특징은 무엇인가?

이어 술람미 여인은 자기의 남편을 머리에서 발끝까지 10가지 항목을 들어서 높인다(아 5:11~16). 그런데 그녀가 한 말을 유심히 살펴보면, 신랑에게서 몇 가지 놀라운 특징들을 발견할 수 있다.

첫째, 그분은 영과 육이 조화를 이루고 있는 흠 없이 완벽한 자라는 것이다. 둘째, 그분은 매우 위엄이 있다는 것이다. 왜냐하면 그녀가 그분을 소개할 때에 황옥의 손, 청옥의 몸(배)이자 백향목 다리 그리고 대리석 기둥의 자기 남편이라고 소개했기 때문이다. 셋째, 그분은 금과 보석으로 단장하고 있는 자라는 것이다. 왜냐하면 그분의 머리는 정금이며, 그분의 손은 황옥이며 황금 반지를 차고 있었으며, 그분의 배는 청옥을 입혀 놓았고, 그분의 다리는 순금 받침에 화반석을 올려놓은 듯하였기 때문이다. 넷째, 특별하게 그분에게서 향기가 난다는 것이다. 그분의 뺨은 향기로운 꽃밭 같고 풀언덕 같기 때문이다. 그리고 그분의 입술은 빨간 백합화(아네모네) 같고, 몰약의 즙이 뚝뚝 떨어지고 있었기 때문이다. 그리고 마지막으로 다섯째, 그분의 생김새도 레바논의 향기 나는 백향목 같다고 하였기 때문이다.

그렇다. 그분은 자기의 동산에서 일하시는 분이다. 그런데 그 동산에는 몰약과 향료들을 생산하는 나무와 꽃들이 즐비하게 놓여 있었다. 그러니 그분이 잡은 문고리에서마저도 몰약이 뚝뚝 떨어질 정도였다.

3. 술람미 여인은 갑자기 사라진 솔로몬을 어디에서 발견했는가?

결혼 후 어느 날 술람미 여인은 밤늦게 들어오는 신랑을 맞이하게 된다. 그런데 그녀는 이미 옷을 벗은 상태에 있었고 발도 씻어 깨끗한 상태에 있었다. 그런데 늦은 밤에 신랑이 문을 두드린다. 그러자 이 밤에 어찌 나가서 문을 열어 주겠느냐면서 신랑을 박대해 버린다. 그 때 신랑이 문틈으로 자기의 손을 내밀어보지만 문을 열지는 못한다.

그러자 그것을 본 신부가 옷을 주섬주섬 입고 나가서 문을 열어보는데, 벌써 신랑은 어디론가 가버리고 없었다. 이에 신부는 신랑을 찾아 나서기 시작한다. 그래서 결국 그분을 찾게 되었는데, 솔로몬은 자기 동산에 있었다. 예루살렘에서 내려갈 때라야 만날 수 있는 특별한 장소, 그곳에 솔로몬이 머무는 자기 동산이 있었던 것이다. 그런데 처음에는 술람미 여인도 솔로몬이 어디에서 무엇을 하는 존재인지를 정확히 알지 못했다. 단지 자기도 소문으로만 듣고 있었다.

그러던 어느 날 술람미 여인은 남편에게 부탁한다. "내 마음으로 사랑하는 자야, 네가 양 치는 곳과 정오에 쉬게 하는 곳을 내게 말하라. 내가 네 친구의 양 떼 곁에서 어찌 얼굴을 가린 자 같이 되랴"(아 1:7). 그렇다. 그녀는 그분을 자기의 온 마음을 다해 사랑하고 있었지만, 그가 머무르고 있는 데를 잘 몰랐던 것이다. 그러므로 그녀는 이렇게 말했다. "당신이 양 떼를 치는 곳을 좀 알려주세요. 그리고 날이 뜨거운 정오 때에는 어디에서 쉬고 있는지도 알려주세요. 나도 그곳에서 당신을 만나고 싶어요"라고 말이다.

그렇다. 그녀도 초기에는 예루살렘의 딸들처럼 솔로몬에 대해서 아는 것이 별로 많지 않았던 것이다. 그리고 그녀도 소문만 들어서 알고 있었을 뿐이다. 그것은 그분이 어딘가에서 양 떼를 치고 있다는 것이다.

4. 솔로몬이 자기 동산에서 하는 일은 무엇이었는가?

그렇다면, 술람미 여인이 어디론가 사라진 자신의 남편을 만날 수 있었던 곳은 어디였을까? 그것은 솔로몬의 자기 동산이었다(아 6:2). 그 시각에도 솔로몬은 자기의 동산에서 무엇인가 열심히 일하고 있었다. 그것은 무엇인가? 그것은 딱 두 가지였다.

하나는 그가 자신의 동산에서 양 떼를 치고 있었던 것이다(아 6:2~3). 그렇다. 솔로몬은 양 떼에 아주 관심이 많은 이이다. 그러나 예루살렘 딸들도 실은 솔로몬이 어디에서 자신의 양 떼를 치고 있는지를 잘 모르고 있었다. 하지만 예루살렘의 딸들 중에서 유일하게 오직 그녀만큼은 그 장소에 대해 조금은 알고 있었다. 왜냐하면 이전에 그녀가 솔로몬으로부터 사랑을 받게 되고 청혼을 받았을 때에 솔로몬이 그 장소에 대해 익히 알려주었기 때문이다(아 2:16). 그리하여 그곳에 가 보니 솔로몬은 이미 그곳에서 백합화 가운데서 양 떼를 먹이고 있었다. 이것을 영적으로 보면 이렇다. 솔로몬은 하늘에 계신 우리 성도들의 신랑 되신 예수 그리스도를 예표하므로, 그분은 지금 여전히 하늘에 계신 분이지만 그분은 이 땅에 살고 있는 자신의 양 떼 곧 구원받을 성도들에게 관심이 많으시다는 것이다. 그렇다. 그분은 쉬지 않고 그 밤에도 양 떼들을 돌보고 계셨다.

그리고 또 하나는 그가 그곳에서 백합화를 거두어들이고 있었다는 사실이다(아 6:2). 한글 개역성경에서는 그가 백합화를 '꺾고' 있었다고 번역해 놓았지만 이것은 제대로 번역한 것이 아니다. 그분은 그 시각에 백합화를 거두어들이고 있었던 것이다. 영적으로 볼 때 백합화는 주님의 사랑을 받는 자 곧 주님을 사랑하는 술람미 여인 같은 사람을 지칭한다. 고로 '백합화'란 한마디로 주님의 사랑받는 신부들이라고 해석할 수 있다. 그런데 그러한 신부들이 누군가가 이 땅에서 핍박자들에 의해 죽임 당한 채 있었던 것이다. 그러자 예수께서는 그 꺾여진 백합화를 자기의 품에 거두어들이고 있었던 것이다. 그러므로 우리는 자기의 동산에서 오늘도 꺾여진 백합화를 모으시면서 눈물짓고 있는 우리 주님을 볼 수 있어야 한다. 그래야 우리가 진정한 신부가 될 수 있고 신부 사역을 할 수가 있는 것이다.

5. 솔로몬이 꺾여진 백합화를 위해 준비해 둔 것은 무엇인가?

그런데 어느 날 술람미 여인은 자기도 모르는 사이에 어느새 솔로몬의 동산까지 찾아가게 된다(아 6:11~12). 그런데 그녀가 들어갔던 그 동산의 모양이 호두 모양처럼 생겼었다. 그러자 그녀는 그 동산의 이름을 '호도 동산(호두 동산)'이라고 부른다. 그런데 그녀가 그 동산 안에서 마주한 것은 귀한 백성들을 모셔오기 위해 준비된 마차들(수레들)이었다. 여기서 '귀한 백성'이라는 말은 히브리어로, '암미나답'이다. 즉 '암미나답의 마차들'이 거기에 준비되어 있었던 것이다.

그럼 이러한 마차들이 왜 그 동산에 준비되어 있었던 것일까? 그것은 너무 일찍 꺾여진 백합화를 보시고는 주님께서 그들을 정중하게 데려오도록 준비해 놓은 하늘의 불 수레들인 것 같다(엘리야도 이 수레를 타고 하늘로 올라갔다). 그런데 보통 천국의 백성이 죽으면 그 사람은 자신을 수호하고 있는 두 명의 천사들로부터 부축을 받고 천국으로 들어간다. 하지만 하나님이 보시기에 귀한 백성일 경우에는 주님께서 직접 명령을 내려 특별하게 모셔오게 한다. 그때에는 영광스러운 황금 마차에 그를 태워 천국에 들어오도록 배려하시는 것이다. 그러자 이 광경을 지켜보게 된 술람미 여인은 자신이 이제부터 해야 할 일이 어떤 것인가를 깨닫게 된다. 그리고 그 일을 하나씩 하나씩 점차로 추진하기 시작한다. 그리하여 자신이 해놓은 일의 결과를 신랑에게 보여준다(아 7:10~13).

제2과
나는 언제 주의 동산을 볼 수 있고 그 동산 안으로 들어갈 수 있는가?
(아 6:2~3)

> 아 6:2~3
>
> 2 [여자] 내 사랑하는 자가 자기 동산으로 내려가 향기로운 꽃밭에 이르러서 동산 가운데에서 양 떼를 먹이며 백합화를 꺾는구나(거두는구나) 3 나는 내 사랑하는 자에게 속하였고 내 사랑하는 자는 내게 속하였으며 그가 백합화 가운데에서 그 양 떼를 먹이는도다

1. 아가서가 말하는 핵심 키워드는 무엇인가?

아가서가 말하는 핵심 키워드를 말하라고 했을 때, 보통은 '사랑', 혹은 '신부'라고 말할 것이다. 그리고 그러한 대답은 결코 틀린 것이 아니다. 그러나 아가서를 좀 더 깊게 읽어보면 그것은 '동산'이라는 단어가 아닐까 하고 생각할 수도 있다. 왜냐하면 아가서에 나오는 술람미 여인이 향하고 있는 것이 '동산'이기 때문이다. 그녀는 처음에는 자기를 사랑해 주는 솔로몬으로부터 동산을 소개받는다(아 2:16). 그리고 그다음으로는 동산 안으로 들어가게 된다(아 6:2~3). 그리고 그녀는 그 동산 안에서 자기의 포도원을 만들어 여러 가지 열매를 얻게 된다(아

7:10~13). 그리고 최종적으로는 동산에 영원히 거주하는 자의 복을 받는다(아 8:13). 이것이 아가서의 핵심 줄거리이기 때문이다(아 8:13). 그러므로 아가서를 제대로 이해하기 위해서는 반드시 '동산'에 대해서 알아야 할 필요가 있다.

2. 아가서에서 '동산'은 어디에 존재하고 있을까?

아가서에서 등장하고 있는 동산이란 '솔로몬의 자기 동산'이다(아 6:2). 이 동산은 호두 모양으로 생겼기에 술람미 여인은 그 동산을 일컬어 '호도 동산(호두 동산)'이라고 불렀다(아 6:11). 그런데 이 동산이 어디에 위치해 있는지 그 장소가 명확하게 나오지 않는다. 다만 예루살렘에서 내려가다가 만날 수 있는 어떤 곳이라고 나온다(아 6:2, 11). 그런데 이 동산의 소유주가 누군지에 대해서는 확실하게 말하고 있다. 그는 바로 '솔로몬'이기 때문이다(아 4:16, 5:1, 6:2). 솔로몬이 예루살렘 근처 어딘가에 자기의 동산을 소유하고 있었던 것이다. 그런데 이것이 무엇을 의미하는지를 영적으로 잘 모르면, 우리는 이 동산을 계속해서 눈에 보이는 동산으로 알고 찾아 나설 것이다. 하지만 이 동산은 이 땅에 있는, 눈에 보이는 동산이라기보다는 시공간을 초월하여 하나님의 임재가 있는 공간을 가리키고 있다. 사실 예루살렘의 딸들은 예루살렘 성에서 살고 있었지만 그들은 그곳을 한 번도 본 적이 없었다. 다만 소문을 듣고 양 떼를 치는 분을 따라가면 만날 수 있다고만 말해줄 수 있었다(아 1:8). 그런데 예루살렘에 있는 여인들 중에서 오직 술람미 여인만이 그 동산을 보게 되었고 그 동산 안으로 들어가게 된다. 그리고 그 동산 안에 자기의 포도원을 만들게 된다. 대체 어떻게 되어서 오로지 술람미 여인만이 그 동산을 보고, 체험하고 또한 소유하게 된 것인가?

3. 술람미 여인은 어떤 단계를 거쳐 동산에 영원히 거주하는 자가 되었는가?

술람미 여인도 처음에는 포도원지기에 불과했었다. 그것도 솔로몬이 세를 준 좀 큰 포도원에서 의붓오빠들의 명령에 따라 포도원지기로 일하던 시골 처녀였다. 하지만 어느 날 그녀는 자신의 포도원을 보려고 나온, 그 포도원의 주인 곧 솔로몬 왕을 만나게 된다(아 1:12). 솔로몬 왕이 가끔씩 그 포도원을 시찰하러 왔기 때문이다. 그러다가 둘은 서로 금방 자신의 단 하나의 유일한 짝이 서로인 것을 알아 버리게 된다. 그리고 그때부터 둘만의 데이트가 시작되는데, 솔로몬은 그 여인을 잔칫집('포도주의 집')으로 데려간다. 그래서 자신이 장차 그녀를 위해 어떤 일을 행할 것인지를 미리 알려준다. 그리고 나서 왕은 그녀에게 청혼을 한다. 그런데 그때 술람미 여인은 솔로몬이 무엇에 관심을 갖고 있는지를 알게 된다. 그녀가 보게 된 솔로몬은 늘 자기의 동산에서 양 떼를 치고 있었다(아 2:16). 그런데 그 시절만 해도 솔로몬은 백합화들 가운데서 양 떼를 치고 있었다.

그리고 나서 솔로몬과 결혼하게 된 술람미 여인이 비로소 솔로몬의 동산에 들어가게 된다(아 4:16~5:1). 그런데 결혼 후 잠깐 신랑을 놓쳐 버린 때가 있었는데, 그때에 비로소 그녀가 찾고 찾아서 찾아낸 곳이 솔로몬의 동산이었던 것이다. 솔로몬은 그곳에서 여전히 양을 치고 있었다(아 6:2~3). 그런데 그때 그녀가 본 솔로몬은 백합화 가운데 있는 양 떼만을 치고 있는 것이 아니었다. 그때에 솔로몬은 누군가에 의해 꺾여진 채 있는 백합화를 주워 모으고 있었다. 이것은 영적으로 볼 때 매우 중요한 장면이다. 우리는 이 장면을 볼 때, 솔로몬이 단순히 취미 생활로 양 떼를 치는 것이 아닌가 판단할 수도 있다. 그러나 그것은 하늘에서 우리의 영원한 신랑이신 주 예수께서 하시는 일을 알려주는 매우 중요한 모습이다. 왜냐하면 솔로몬은 우리의 영원한 신랑 되신 예수님을 예표하는 인물이기 때문이다.

결국 우리는 이 장면을 통하여 천국에서 주님이 무엇을 하고 계시는지를 살펴볼 수가 있다. 그곳에서 주님은 결코 놀거나 쉬시지 않고 계신다. 지금까지도 여전히 그분은 일하고 계신다. 고로 그분이 만왕의 왕이 되시고 만주의 주가 되심은 그분의 직분만을 말하는 것이 아닌 것이다. 그분이 지금도 온 우주 만물을 보존하고 운행하고 계시는 것이다. 그중에서도 자기의 양 떼들을 돌보고 계신다. 여기서 '양 떼'라 함은 이 지구 위에 살고 있는 당신의 백성들을 가리킨다. 그렇다. 주님은 천국에서 그냥 쉬시며 지내고 있는 것이 아니다. 그분은 지금도 수고하고 무거운 짐을 지고 있는 사람들을 사탄 마귀와 귀신들로부터 지켜 주시고, 그들이 천국에 들어와서 안착할 때까지 양 떼들을 인도하고 계시는 것이다. 그리고 때로는 신부들을 박해하는 자들에 의해 고통받고 죽임 당하고 있는 신부들의 영혼을 보시고 그들을 주워 자기의 가슴에 품으신다. 그리고 그들을 위해 하늘에 준비된 특별 마차를 보내 그들을 데려오게 하신다.

그러자 술람미 여인도 그것을 보면서 그분의 마음을 헤아리기 시작한다. 자기가 솔로몬 왕의 신부가 된 것은 단지 고생 그만하고 놀며 살라고 예루살렘 성 안에 데려온 것이 아니라는 것을 알게 된 것이다. 그러자 술람미 여인도 신랑의 마음이 항상 머물러 있는 그 일을 시작한다. 결국 그녀도 여러 많은 열매들을 맺기 시작하는데, 그 결과들을 보여주기 위해 어느 날에는 신랑을 자기의 포도원으로 데려간다. 이것이 바로 아가서 7장에 나오는 말씀이다. 그리고 아가서 8장에 가면, 솔로몬은 그렇게 귀한 일을 행하고 있는 여인에게 큰 상을 내리신다. 그것은 바로 그녀에게 "너 동산에 거주하는 여인아"라고 불러 주시며, 그녀로 하여금 하늘에 있는 주의 동산에서 영원히 거주하게 해준다(아 8:13).

4. 술람미 여인은 어떻게 되어서 솔로몬의 동산을 보게 되었고 그곳에 들어갈 수 있게 되었을까?

그렇다면, 술람미 여인은 어떻게 되어서 그 동산을 보게 되었으며 또한 그곳에 들어갈 수 있게 되었을까? 그것은 한마디로 그들이 서로가 한마음이 되었기 때문이다. 그 표현이 아가서에 등장하는데 그것은 바로 '그가 내 안에, 내가 그 안에'라는 표현이다(아 2:16, 6:3, 7:10). 이것은 일종의 친밀감에 대한 표현이다. 이것은 솔로몬과 술람미 여인이 서로의 마음을 충분히 헤아리고 있는 상태를 가리키는 것이다. 그래서 둘이 이제는 하나가 되었다는 것이다. 그렇다. 오늘날에도 주님의 동산은 주님과 멀찍이 따라가는 사람에게 보이는 것이 결단코 아니다. 주님과 가까이 있는 자에게, 그분과 내가 한마음이 된 자에게 보이는 것이다. 그리고 이어서 그 안으로 진입할 수가 있는 것이다. 이것을 아가서는 '그가 내 안에 내가 그 안에'라는 말로 압축하여 표현하고 있다(아 2:16, 6:3, 7:10). 이것은 솔로몬과 술람미 여인이 연애할 때부터 하나가 되었다는 것을 의미한다. 그러자 솔로몬은 그 동산을 그녀에게 보여주었고, 그리고 결혼 후에는 그곳에 데려간다. 그러자 그녀는 그때 그 동산에 무엇이 있는지까지도 다 알아차리게 된다(아 5:1).

5. 신약성경 가운데 아가서의 말씀을 가장 잘 대변해 주는 책은 무엇인가?

그런데 사실 주님과 나와의 친밀함을 강조하는 아가서의 말씀은 구약성경에만 나오는 것은 아니다. 왜냐하면 신약성경에도 아가서와 거의 비슷한 책이 있기 때문이다. 그 책은 사복음서 가운데 있는데, 바로 '요한복음'이라는 책이다. 왜냐하면 아가서는 '요한복음'과 그 내용상 거의 일치하기 때문이다.

예를 들어 보자. 첫째, 요한복음은 아가서와 마찬가지로 만왕의 왕이신 예수님을 '목자'로 소개하고 있다(요 10:14). 그리고 성도들을 '양 떼'로 소개하고 있으며, 그중에서 백합화 같은 신부들은 그분의 '친구'이자(요 15:13~14) '제자'라고 표현하고 있다(요 13:35, 15:8).

둘째, 솔로몬이 연애할 때 그녀를 데려갔던 '잔치집'('포도주의 집')은 이제 포도주의 의미를 알려준 가나 지방의 혼인 잔치 집으로 나타나 있다(요 2:1~11). 더불어 주의 동산에 있는 '꿀송이와 꿀'(먹는 '말씀'을 의미)과 '포도주와 젖'(마시는 '성령'을 의미)으로 가득 차 있던 동산은 성만찬을 집행하셨던 '마가 다락방'으로 형상화되어 나타나 있고, 몰약과 각종 향료로 인하여 향기가 가득했던 동산은 순전한 나드 옥합을 깨뜨렸던 '마리아의 집'(요 12:3)과 몰약과 향품을 사두었던 여인들과 몰약과 침향 섞은 것을 가져온 니고데모의 모습(요 19:39~40, 20:1)으로 나타나 있기 때문이다. 또한 부활 후 막달라 마리아는 자기 앞에 나타나신 예수님을 보고 '동산지기'라고 불렀는데, 이는 예수께서 그 동산의 '동산지기'라는 것을 분명하게 말해준다(요 20:15). 그리고 주님의 마음과 하나 됨을 이루었던 술람미 여인이 결혼 이후 솔로몬의 동산에 자기의 포도원을 만들고 여러 가지 열매를 맺었던 것처럼, 주님께서도 부활 후 베드로를 따로 불러 "내 어린 양을 먹이라"고 말씀하심으로 그리스도의 모든 신부들이 관심 가져야 할 것은 '양 떼'라는 것을 말해준다(요 21:15~17).

제3과
당당하고 위엄찬 신부와 마하나임에서의 승리의 춤
(아 6:4~13)

아 6:4~13

4 [남자] 내 사랑아 너는 디르사 같이 어여쁘고, 예루살렘 같이 곱고, 깃발을 세운 군대 같이 당당하구나 5 네 눈이 나를 놀라게 하니 돌이켜 나를 보지 말라 네 머리털은 길르앗 산 기슭에 누운 염소 떼 같고 6 네 이는 목욕하고 나오는 암양 떼 같으니 쌍태를 가졌으며 새끼 없는 것은 하나도 없구나 7 너울 속의 네 뺨(관자놀이)은 석류 한 쪽 같구나 8 왕비가 육십 명이요 후궁이 팔십 명이요 시녀가 무수하되 9 내 비둘기, 내 완전한 자는 [그녀] 하나뿐이로구나 그[녀]는 그의 어머니의 외딸(하나)이요 그 낳은 자가 귀중하게(깨끗하게, 순결하여, 흠없게) 여기는 자로구나 여자들(딸들)이 그[녀]를 보고 복된 자라 하고 왕비와 후궁들도 그[녀]를 칭찬하는구나 10 아침 빛 같이 뚜렷하고 달 같이 아름답고 해 같이 맑고 깃발을 세운 군대 같이 당당한 여자가 누구인가

11 [여자] 골짜기의 푸른 초목을 보려고 포도나무가 순이 났는가 석류나무가 꽃이 피었는가 알려고 내가 호도 동산으로 내려갔을 때에 12 부지중에 내 마음이 나를 내 귀한 백성의 수레 가운데에 이르게 하였구나

13 [예루살렘의 딸들] 돌아오고 돌아오라 술람미 여자야 돌아오고 돌아오라 우리가 너를 보게 하라

[남자] 너희가 어찌하여 [그녀가] 마하나임에서 춤추는 것을 보는 것처럼 술람미 여자를 보려[고 하]느냐

1. 솔로몬은 왜 자신에게 나아오는 술람미 여인을 보고 2번이나 깃발을 세운 군대 같이 당당하다고 말했을까?

솔로몬이 사실 아가서 6장에서 술람미 여인처럼 칭찬을 했던 사람은 이전에도 없었고 이후에도 없었다. 사실 솔로몬이 그녀에게 했던 칭찬은 전무후무한 것이다. 왜 솔로몬은 그녀를 그렇게 칭찬했을까? 우선 솔로몬이 그녀에 대해 칭찬한 것이 무엇이었는지부터 살펴보자. 그것은 총 네 가지다.

그것은 첫째, 그녀가 매우 사랑스럽고 어여쁘고 또한 곱다는 것이다(아 6:4). 둘째, 그녀는 그에게 비둘기와 같고 완전한 자라는 것이다(아 6:9). 셋째, 그는 깃발을 세운 군대 같이 당당하다는 것이다(아 6:4, 10). 넷째, 솔로몬에게 왕비와 후궁들이 많이 있지만, 사실 술람미 여인 같은 여자는 단 하나뿐이라는 것이다(아 6:8~9).

그런데 솔로몬이 그녀를 '사랑스럽고' '어여쁘고' '비둘기와 같고' '완전한 자'라고 했다는 것은 이전에도 있었다. 그런데 아가서 6장에 들어와서 비로소 처음으로 등장하는 칭찬은 그녀야말로 '깃발을 세운 군대 같이 당당하다'는 표현이다. 그것도 두 번씩이나 했다(아 6:4, 10).

그렇다면 왜 솔로몬은 그녀를 이렇게 칭찬했던 것일까? 그것은 한 마디로 이전에도 솔로몬에게 많은 여자들이 있었지만 술람미 여자가 그 누구도 뚫지 못한 그리고 찾아내지 못한 과제를 훌륭히 잘 수행했기 때문이다. 그 일은 바로 술람미 여인을 해치려는 원수의 세력을 스스로 이겼고, 뿐만 아니라 솔로몬이 거주하는 동산을 찾아내었으며, 솔로몬이 거기에 왜 머물러 있는지를 알아 버린 처음 여인이었기 때문이다. 그렇다. 그녀도 결혼 후에 잠시 신랑의 임재를 잃어버릴 뻔한 일이 있었다. 하지만 그녀는 달랐다. 그녀는 잠시 자신의 곁을 떠나간 신랑을 찾되, 끝까지 찾았기 때문이다. 아니 신랑을 찾을 때까지 찾았고 그래서 끝내 찾아내었기 때문이다. 그리고 그때 그녀가 신랑을 찾게 된 데에는 자기 자신의 잘못을 알고 깊이 뉘우쳤으며, 또한 신랑을 찾지 못하게 방해하는 세력들마저 그녀가 물리쳤기 때문이다. 그러므로 여기서 술람미 여인을 가리켜, 구원받은 하나님의 백성의 대표라고 한다면, 그녀는 원수의 영토에 처음으로 깃발을 세운 사람이라고 할 수 있을 것이다.

2. 이후 술람미 여인이 내려갔던 호도 동산(호두 동산)은 무엇이며, 그 동산은 어디에 위치해 있는가?

그렇다. 술람미 여인도 한때 자신의 부주의로 신랑을 잃어버릴 때가 있었다. 하지만 끝내 신랑을 찾아내어 신랑으로부터 당당한 신부로 인정받은 여인이 되었다.

그리고 그 후 그녀는 신랑이 양 떼를 치고 있던 그 동산으로 여러 번 내려갔던 것으로 보인다. 왜냐하면 그녀가 그 동산에서 어떤 일을 하고 있었기 때문이다. 그것은 그녀가 그곳에 포도나무를 심었고 석류나무를 심어 놓았기 때문이다. 그리고 이제 그 나무들이 순이 나고 꽃이 피었는지 확인하러 가는 모습이 나오기 때문이다(아 6:11~12). 그런데 아가서의 기자는 그녀가 자기의 포도원을 만들었던 그곳을 솔로몬은 '호도 동산(호두 동산)'이라고 말한다(아 6:11). 아마도 그 동산의 모양이 둥그런 모양의 호두 모양이었기 때문이 아닌가 싶다. 그리고 아가서 7장에 보면, 그녀는 그곳에서 열매를 거둔 후에 그것을 신랑에게 보여주려고 한다. 이것을 보면, 그녀의 삶도 이제는 신랑을 따라가는 삶을 살고 있음을 알게 해준다. 다시 말해, 다른 왕비나 후궁들이 왕비의 지위만을 생각하고 아무것도 안 하고 놀고먹었다면, 술람미 여인은 솔로몬이 하던 일을 자신이 하고 있었음을 가리킨다. 그것은 동산 안에 자기도 포도원을 만들어 솔로몬이 하던 일을 자신도 하기 시작한 것이다.

그렇다면 그 동산은 어디에 위치해 있는 것일까? 그것은 적어도 예루살렘에 있는 것은 아닌 것 같다. 그 성에서 어디론가 내려가다가 있는 장소라고 나오기 때문이다(아 6:2, 11). 이는 그녀가 예루살렘 성에 사는 높은 지위를 내려놓았을 때에 비로소 볼 수 있는 장소라는 것을 알려준다.

3. 예루살렘의 여인들은 왜 술람미 여인을 돌아오라고 말하는가?

그런데 동산 밖에서는 예루살렘의 딸들이 그녀를 불러내려고 한다

(아 6:13a). 왜냐하면 그들 중에는 아무도 솔로몬의 동산에 들어가 본 이들이 없을뿐더러, 그곳에 포도원을 개척한 사람이 하나도 없었기 때문이다. 그런데 그녀는 자기들처럼 사랑스럽고 예쁘고 고운 모습이었지만 그녀는 그들과는 달리 깃발을 세운 군대처럼 당당한 승리자가 되어 있었다. 왜냐하면 그녀는 밤의 두려움을 이겨냈으며, 그녀를 해치려는 순찰자들과 파수하는 자들의 공격까지도 끝내 막아낼 수 있는 여인으로 성장했기 때문이다. 그러므로 술람미 여인으로부터 듣고 싶은 이야기들이 그들에게는 많았던 것이다. 그러자 예루살렘의 딸들은 그녀에게 "돌아오라. 돌아오라"고 외치면서, 그녀에게 그간 일어났던 일들을 자기들에게도 좀 들려달라고 요청하고 있는 것이다(아 8:13).

4. 왜 당당한 신부가 '술람미 여자'라고 칭하게 되었을까?

우리가 아가서를 처음부터 읽어오고 있지만 그녀의 이름이 무엇이었는지를 알지 못한 채 그냥 6장까지 왔다. 사실 그녀의 이름도 모른 채 그녀가 무대 위에 올라와서 말하는 그녀의 음성만을 들었던 것이다. 그런데 비로소 6장에 오게 되었을 때에 그녀가 누군지 공개되기 시작한다. 하지만 이때도 여전히 그녀의 이름은 밝혀지지 않는다. 다만, '술람미 여자(술람미트)'라고만 나온다.

그동안 유대 랍비들을 비롯한 여러 신학자들이 그녀의 정체성에 대해 연구해 왔다. 그리고 그들이 밝혀낸 그녀의 정체는 두 가지 정도이다. 하나는 그녀가 '수넴의 여자'라는 것이다. 그래서 '수넴의 여인 아비삭'이라고 하는 것이다. 그러나 그녀가 수넴의 여자가 되기 위해서는 알파벳 하나가 더 있어야 한다. 그러니 수넴의 여인 아비삭이라고 단정 지을 수는 없다.

그런데 또 하나의 해석이 의미심장하다. 그것은 그녀의 이름이 '솔로몬의 여성형 명사'라는 것이다. 그것은 '술람미 여자('술람미트')'가 '솔로몬의 여성형 명사'이기 때문이다. 이는 한마디로 그녀가 솔로몬의 잃어버린 짝이라는 뜻이다. 첫 사람 아담에게서 나온 여자인 하와의 경우처럼, 그녀는 사과나무(호흡, 숨 쉼)에서 나왔던 바로 그 짝이라는 것이다.

그런데 이와 같은 사실을 뒷받침해 주는 그녀의 직접적인 음성이 있다. 왜냐하면 그녀가 자신을 가리켜 말하기를 "나는 성벽이요 내 유방은 망대 같으니 그러므로 나는 그가 보기에(그의 눈에) '화평(샬롬)을 얻은 자' 같구나"라고 말했던 것이다(아 8:10). 여기에 나오는 '화평을 얻은 자'라는 말은 '화평을 찾은 자, 화평을 발견한 자, 화평을 이룬 자, 화평을 만난 자'라는 뜻이다.

참고로, '솔로몬'의 어원이 '샬롬(화평, 평화)'이라는 점에서도 특별하다. 이는 술람미 여인이 솔로몬의 여성 명사라는 점에서 아주 적합한 것이다. 고로 우리는 그녀가 솔로몬의 완전한 짝이 되었다는 것을 알아차린 예루살렘의 딸들이 곧 그녀를 가리켜 '술람미 여자'라고 말했다고 한 것은 의미가 있으며, 이에 솔로몬도 그것을 인정했다는 점에서 의미가 있는 것이다(아 6:13).

5. 왜 솔로몬은 포도원으로부터 올라오는 그녀를 마하나임의 춤에 비교하였을까?

우리는 아가서 6장의 맨 마지막에서, 솔로몬이 예루살렘의 딸들에게 들려주는 말을 들을 수 있다. 그것은 솔로몬이 그 딸들에게 "너희는 어찌하여 [그녀가] 마하나임에서 춤추는 것을 보려는 것처럼, 술람미 여자를 보려[고 하]느냐?"(아 6:13b)이다. 이 문장을 킹제임스 성경에서는 이렇게 원문을 번역하고 있다. "너희가 술람미 여인에게서 무엇을 보고자 하느냐? 그것은 마치 두 군대의 무리와 같도다". 그런데 이러한 번역은 온전한 것은 아니다. 여기에는 '춤'이라는 단어가 빠져 있기 때문이다. 하지만 킹제임스 성경이 '마하나임'이라는 단어를 장소로 보지 않고 어떤 장면으로 보았다는 것은 아주 잘한 것이라고 본다.

그렇다면, '마하나임에서 춤추는 것'이나 혹은 '춤추는 두 군대의 무리와 같다'는 것은 무엇을 의미하는가? 그것은 한마디로 창세기 32장 1~2절의 말씀과 일치한다고 할 수 있다. 그것은 얍복강에서 야곱이 이제 형 에서와의 재회를 앞둔 상태에서 형이 400명의 군사를 이끌고 올 때 매우 큰 두려움이 있었다. 야곱은 형으로 인하여 강을 건널 수가 없어 걱정하고 있었다. 그런데 그때에 야곱은 '두 무리의 군대('마하나임)'인 천사들을 보았기 때문이다. 그때 두 무리의 천사들 중에 한 무리는 야곱 곁에 머물렀고, 한 무리는 악령의 지배를 받고 있는 에서의 무리를 제압하기 위해 가고 있었다. 결국 야곱은 철야 기도를 통하여 형 에서를 자신의 편으로 만들 수가 있었던 것이다.

이처럼 술람미 여인도 철야 기도와 회개를 통하여 원수의 영토에 깃발을 꽂는 당당한 승리자가 되었음을 춤추는 두 무리의 군대로 표현한 것이라고 하겠다. 그러니까 그녀야말로 영적인 전쟁에서 '승리한 자이며, 이긴 자'였음을 알려주기 위해 솔로몬이 그렇게 말한 것이다. 이것은 마치 이스라엘 민족이 홍해를 건널 때에 적의 군대는 다 수장되었지만 이스라엘 사람들은 무사히 강을 건넜던 것을 지켜보았던 미리암과 여인들이 소고를 치면서 춤을 추었던 장면과 같다고 하겠다. 이 얼마나 감격스러운 모습인가? 우리도 이렇듯 이기는 자가 되기를 바란다.

제4과
보다 더 성숙해진 신부가 신랑에게 바친 사랑이란 대체 무엇이었는가?
(아 7:1~13)

아 7:1~13

1 [예루살렘의 딸들] 귀한 자의 딸아 신을 신은 네 발이 어찌 그리 아름다운가 네 넓적다리는 둥글어서 숙련공의 손이 만든 구슬 꿰미 같구나 2 [네] 배꼽은 섞은 포도주를 가득히 부은 둥근 잔 같고 [네] 허리(배)는 백합화로 두른 밀 단 같구나 3 [네] 두 유방은 암사슴의 쌍태 새끼 같고 4 [네] 목은 상아 망대 같 구나 [네] 눈은 헤스본 바드랍빔 문 곁에 있는 연못 같고 [네] 코는 다메섹을 향 한 레바논 망대 같구나 5 [네 위에 있는] [네] 머리는 갈멜 산 같고 드리운 머리 털은 자주 빛이 있으니 왕이 그 머리카락에 매이었구나 6 [남자] 사랑아 네가 어찌 그리 아름다운지, 어찌 그리 화창한지 즐겁게 하는구나 7 네 키는 종려나무 같고 네 유방은 그 열매송이 같구나 8 내가 말하기를 [내가] 종려나무에 올 라가서 그 가지를 잡으리라 하였나니 네 유방은 포도송이 같고 네 콧김은 사과 냄새 같고 9 네 입은 좋은 포도주 같을 것이니라 [여자] 이 포도주는 내 사랑하 는 자를 위하여 미끄럽게 흘러내려서 자는 자의 입을 움직이게 하느니라 10 나 는 내 사랑하는 자에게 속하였도다 그가 나를 사모하는구나 11 내 사랑하는 자 야 우리가 함께 들로 가서 동네(고페르 나무숲)에서 유숙하자 12 우리가 일찍이 일어나서 포도원으로 가서 포도 움이 돋았는지, 꽃술이 퍼졌는지, 석류 꽃이 피었는지 보자 거기에서 내가 내 사랑을 네게 주리라 13 합환채가 향기를 뿜어내고 우리의 문 앞에는 여러 가

> 지 귀한 열매가 새 것, 묵은 것으로 마련되었구나 내가 내 사랑하는 자 너를 위하여 쌓아 둔 것이로다

1. 아가서 7장은 무엇을 말하고 있는가?

아가서 7장은 성숙한 신부에 대한 말씀이다. 사실 아가서는 누가 주의 동산에 거주하는 자가 될 것인지를 알려주는 책이며, 그 방법은 오직 신랑에 대한 '사랑'이라고 말하고 있다. 결국에 우리가 천국에 들어간다고 할지라도 우리가 얼마나 주님을 사랑하는가에 따라서, 동산에 거주하는 땅의 크기와 신분의 유형이 달라진다는 것을 알 수 있다. 그리스도인들 중에는 누구든지 천국에 들어가게 되고, 천국에서 왕 노릇을 한다고 하지만, 실은 천국에 들어가는 것도 쉽지 않으며, 천국에 들어간다고 하더라도 거기에서 누릴 영광과 그리고 자신이 참여하게 될 계열과 반차는 각자가 다 다르기 때문이다.

그렇다면 이러한 계열과 반차를 결정하는 요소는 대체 무엇일까? 그것을 한마디로 정의한다면 그것은 신부의 '성숙도'라고 말할 수 있을 것이다. 신부가 얼마나 성숙한 자로 성장했느냐에 따라 계열과 반차가 결정되기 때문이다.

2. 아가서 7장은 어떻게 구분할 수 있는가?

아가서 7장은 크게 두 부분으로 구성되어 있다. 하나는 신부에 대한 칭찬하는 부분(아 7:1~9a)이 앞에 나오고, 그리고 또 하나는 신부가 신랑을 데리고 가서 그에게 무엇인가를 보여주는 장면이 뒤에 나온다(아 7:9b~13). 그리고 앞에 나오는 '신부에 대한 칭찬' 부분도 또다시 두 부분으로 나뉜다. 7:1~5절까지의 말씀은 추측건대 예루살렘의 딸들이 신부를 칭찬하는 것 같아 보이고(경우에 따라서는 신랑이 신부를 자랑하는 것으로 해석하기도 한다), 7:6~9a 부분은 확실히 신랑이 신부를 칭찬하는 부분이다.

그렇다면 이제는 아가서 7장의 전반부(1~9a) 중에서 앞부분(1~5절)이 '예루살렘의 딸들'이 하는 말이라고 규정하고, 뒷부분(6~9a절)은 '솔로몬'이 자기의 아내를 칭찬하는 부분이라고 규정할 수 있는지 그 근거에 대해 살펴보도록 하자.

그것은 첫째, 양쪽에서 술람미 여인을 부르는 호칭이 각각 다르기 때문이다. 앞부분에서는 '귀한 자의 딸'이라고 부르지만, 뒷부분은 '사랑'이라고 부르고 있기 때문이다. 둘째, 앞부분은 신부의 열 가지 면에 대해 칭찬하고 있지만, 뒷부분은 신부의 네 가지 면만을 칭찬하고 있기 때문이다. 셋째, 5절에서 '왕이 그 머리카락에 매이었구나'는 말을 솔로몬 자신이 스스로에게 말하지 않았을 것이라고 보기 때문이다. 넷째, 유방에 대한 표현이 양쪽에 다 나오는데, 앞부분에서는 '암사슴의 쌍태 새끼' 같다고만 말하지만, 뒷부분에는 보다 더 발전하여

'종려나무의 열매송이' 같고, '포도송이' 같다고 말하고 있기 때문이다. 그 이유는 예루살렘의 딸들의 말보다는 솔로몬이 말할 때에 훨씬 더 술람미 여인의 성숙함이 증가되어 나타나 있기 때문이다. 고로 우리는 앞부분은 '예루살렘의 딸들'이 말하는 것이라고 볼 수 있고, 뒷부분은 '솔로몬'이 말한 것이라고 볼 수 있을 것이다.

3. 아가서 5장이 신랑에 대한 신부의 자랑을 쓰고 있다면, 아가서 7장은 무엇을 쓴 것인가?

아가서 5:10~16의 말씀은 예루살렘의 딸들이 술람미 여인에게 던진 질문으로서 곧 '네가 사랑하는 자가 다른 사랑하는 자보다 더 나은 것이 무엇인가?'에 대한 답변의 말씀이다. 이 말씀을 보면 술람미 여인은 자신의 남편인 솔로몬의 아름다움을 높이는 말씀으로 가득하다. 그런데 이 자랑을 보면, 신부는 자기의 신랑을 총 열 가지로 나누어 자랑하고 있음을 발견할 수 있다. 그런데 그 자랑하는 순서가 놀랍기만 하다. 그녀는 남편을 머리에서부터 칭찬하기 시작하여 다리로써 끝을 맺고 있기 때문이다(아 5:11~16). 그런데 아가서 7장에 나오는 신부를 두고, 여인들이 칭찬하는 것을 살펴보면, 그 여인들은 그녀의 다리에서부터 시작하여 머리로 끝을 맺고 있다(아 7:1~5). 이것은 무엇을 의미하는가? 그것은 우리가 신랑 되신 예수님을 자랑할 때에는 그분의 머리에서 시작하여 다리로 끝나야 하는 것이지만, 우리 신부들에 대한 칭찬은 다리에서부터 시작하여 머리에서 끝나야 한다는 것을 말해주는 것이다.

그렇다. 신부가 얼마나 성숙한가 하는 문제는 사실 다리의 실태를 보면 알 수 있는 것이다. 왜냐하면 하나님의 사람은 행함을 통하여 그 믿음이 증명되기 때문이다. 성숙함은 누군가가 하나님의 말씀을 듣고 그것을 얼마나 이해하고 있느냐가 중요한 것이 아니라 말씀을 듣고 얼마나 그것을 실천하고 있느냐가 더 중요하기 때문이다. 결국 자기가 하나님의 말씀을 들었다고 할지라도 그것을 행함으로 옮기지 못하고 있다면 그의 믿음은 죽은 것이나 다름없는 것이다. 고로 야고보 장로도 말하기를 "영혼이 없는 몸이 죽은 것 같이, 행함이 없는 믿음은 죽은 것이니라"(약 2:26)이라고 말하지 아니했던가!

4. 솔로몬은 자신의 아내의 성숙함을 어떻게 자랑하고 있는가?

술람미 여인에 대하여 예루살렘 딸들의 칭찬이 있은 후, 신랑인 솔로몬의 칭찬이 이어서 나온다. 그런데 솔로몬의 칭찬을 들어 보면, 우리 신부들은 과연 어떤 면에 있어서 성장해야 하는지가 아주 명확하게 나온다. 그것은 네 가지 방면으로 나온다(아 7:7~9a). 그것은 신부의 키와 유방, 콧김과 입이 성장해야 한다고 말한다.

먼저, 첫째, 신부들은 자신의 '키'가 종려나무 같이 성장해야 한다. 이것은 여자의 신체적인 조건뿐만 아니라 내적 조건으로 볼 때에도 영적인 나이가 계속 성장해야 함을 가리킨다.

　둘째, 신부의 '유방'을 볼 때에 종려나무의 열매송이와 같아야 하고, 더불어 포도송이와 같아야 한다고 했다. 이것은 무엇을 말해주는가? 이것은 풍성한 열매가 성숙도의 기준이 된다는 뜻이다. 그렇다. 여기에 나오는 신부의 '유방'이란 신부가 성숙했는지 알려주는 척도이면서 동시에 다른 신부를 낳고 양육할 수 있는 여자인지를 알려주는 척도가 되는 것이다. 그런데 이 여인의 유방은 원래 양쪽에만 있는 것이지만 신랑은 보다 더 성숙한 신부가 되려면 대추야자 열매와 포도송이에 비유될 만큼 많아져야 한다고 말하고 있다. 이는 우리 신부들이 이 땅에 살 때에 더 많은 열매 맺기를 바라고 계신다는 것을 의미한다.

　셋째, 콧김으로 맡을 수 있는 것이 사과 향기여야 한다는 것이다. 얼마나 사과를 많이 먹었으면 그녀에게서 사과 향기가 나는 것일까? 아가서 2:3에 의하면, '사과나무'는 신랑인 솔로몬을 지칭하는 것이다. 고로 신부의 성숙도는 그리스도의 향기가 얼마나 나는가가 매우 중요한 관건이라고 할 수 있다.

　넷째, 입은 좋은 포도주와 같아야 한다고 했다. 포도주는 그 집을 잔칫집으로 만들어 주고 또한 거기에 모인 모두에게 기쁨을 주는 요소이기 때문에 신랑은 신부를 포도주에 비유하고 있다. 그러므로 우리가 진정 성숙한 자가 되었는지를 알아보려면, 내가 하는 고백들이 진정 자기가 있는 곳을 잔칫집으로 만들어줄 수 있느냐 그리고 예수님을 비롯한 모든 사람들을 행복하게 하고 기쁘게 할 수 있느냐로 판단해 보아야 하는 것이다.

5. 신부의 성숙도의 기준은 무엇인가?

그렇다면 신부의 성숙도는 어떻게 측정할 수 있는가? 그것은 한마디로 신부들이 이 땅에서 현재 맺고 있는 '열매들의 종류'와 '그것의 풍성한 정도'라고 할 수 있을 것이다. 그러기 위해서는 과연 자신이 그리스도의 신부로서 얼마나 그분에게 합당한 열매를 맺고 있는지를 살펴보는 것이 중요하다. 더불어 우리가 어떤 종류의 열매를 맺고 있는지 그리고 그 양은 얼마만큼인지를 살펴보아야 한다.

그렇다면 나의 지금의 영적인 나이는 얼마나 될까? 그리고 나는 지금 얼마나 많은 영적인 자녀를 품고 있고 양육하고 있는가? 그리고 나는 지금 얼마나 그리스도의 향기를 뿜어내고 있는가? 그리고 마지막으로 나는 지금 얼마나 그리스도를 기쁘게 하고 있는가를 생각해 보기를 바란다.

오, 주여, 우리에게 긍휼을 베풀어 주시기를…

제5과
보다 더 성숙해진 신부가 준비해 놓은 사랑의 증표
(아 7:10~13)

> 아 7:10~13
>
> 10 [여자] 나는 내 사랑하는 자에게 속하였도다 그가 나를 사모하는구나 11 내 사랑하는 자야 우리가 함께 들로 가서 동네(고페르 나무숲)에서 유숙하자 12 우리가 일찍이 일어나서 포도원으로 가서 포도 움이 돋았는지, 꽃술이 퍼졌는지, 석류 꽃이 피었는지 보자 거기에서 내가 내 사랑을 네게 주리라 13 합환채가 향기를 뿜어내고 우리의 문 앞에는 여러 가지 귀한 열매가 새 것, 묵은 것으로 마련되었구나 내가 내 사랑하는 자 너를 위하여 쌓아 둔 것이로다

1. 들어가며

아가서에는 신앙과 관련된 말이 거의 나오지 않는다. 그런데도 가장 신앙적인 책이 바로 이 아가서다. 왜냐하면 아가서는 그리스도와 성도의 관계를 솔로몬과 술람미 여인의 관계 곧 신랑과 신부의 관계로 묘사하고 있기 때문이다. 그러므로 겉으로만 보아서는 이 책이 무슨 연애 이야기인가 하고 판단하기 쉽지만 실상은 그렇지 않다. 그러므로 이 책을 제대로 보기 위해서는 상당히 내공이 필요하다. 창세기부터 요한계시록에 이르기까지 거듭 등장하고 있는 하나님의 경륜을

이해하고 있어야 하며, 천국과 지옥에 대해서 많이 알고 있어야 한다. 그리고 이 책은 겉으로 보기에는 솔로몬과 술람미 여인이 주인공 같아 보이지만 내면에서는 첫 사람 아담과 하와가 계속해서 등장하고 있고, 애굽에서 이스라엘 백성을 탈출시키는 여호와와 출애굽하는 이스라엘 백성이 등장하고 있으며, 궁극적으로 장차 도래할 천국에서 혼인 예식을 치르게 될 신랑 되신 예수 그리스도와 그의 신부인 성도들이 계속해서 등장하고 있다. 이번 이야기는 점점 더 성숙해 가고 있는 신부에 관한 이야기다. 대체 술람미 여인에게 있어서 성숙이라는 단어는 무엇을 의미하는 것일까? 그것이 그녀가 솔로몬을 데리고 갔던 포도원과 합환채 그리고 새것과 옛것으로 마련된 그녀의 집과는 어떤 상관관계가 있을까?

2. 솔로몬은 왜 그녀를 성숙한 여인이라고 칭찬하였는가?

솔로몬과 술람미 여인은 항상 좋은 관계만 있었던 것은 아니었다. 한때 술람미 여인은 신랑을 놓쳐 버린 적이 있었기 때문이다. 하지만 그녀는 그 상황을 슬기롭게 극복한다. 놓쳐 버린 신랑을 다시 찾게 되었기 때문이다. 그런데 그녀가 신랑을 다시 찾게 된 데에는 세 가지 이유 때문이었다. 그것은 그녀의 '끈질긴 기도'와 '진심 어린 회개'가 있었기 때문이다. 그리고 '주님의 아름다움을 높여 드림'으로 가능했다. 그 뒤 그녀와 솔로몬은 더욱더 가까워졌다. 신랑은 그녀를 아주 칭찬해주었다. 그녀를 부르는 명칭에 있어서도 "나의 사랑, 나의 어여쁜 자, 나의 비둘기, 나의 완전한 자"라고 불렀다(아 6:4, 9). 그리고 깃발을 세운 군대 같이 당당한 여자라고까지 칭찬해주었다(아 6:4, 9). 솔로몬은 그녀야말로 진정 신랑을 기쁘게 하는 가장 귀한 존재라고 한 것이다. 그것은 그녀가 성숙해졌다는 것을 의미한다. 한때는 그녀가 자신의 부주의와 무관심으로 인하여 신랑을 놓쳐 버린 적도 있었지만, 이제는 많이 달라졌기 때문이다. 그녀는 자기에게 닥친 위기 상황을 지혜롭게 극복해냈을 뿐만 아니라, 신랑이 기뻐하는 일까지 준행하는 성숙한 여인으로 성장했던 것이다.

그런데 그녀가 어떻게 이렇게 성장했는지를 고스란히 보여주는 대목이 있다. 그것은 아가서 6~7장이다. 이 기록을 살펴보면, 술람미 여인이 어떻게 되어서 더 성숙한 여인으로 발돋움하게 되었는지가 나온다. 그것은 한마디로 그녀도 솔로몬처럼 양 떼를 낳고 양육하는 자가 되고 있었다는 것이다. 그것의 과정은 솔로몬은 그녀의 유방에 대해서 말하는 대목을 통해서도 확인이 된다. 왜냐하면 그녀의 유방에 대해 예루살렘의 딸들은 두 마리의 암사슴의 쌍둥이 새끼 같다고 말했었다(아 7:3). 이것은 그녀의 성숙도를 말해주는 표상이다. 그녀는 계속해서 성장하였고 나중에는 솔로몬은 그녀를 종려나무의 열매송이와 같다고 하였고(아 7:7), 또한 포도송이 같다고도 하였다(아 7:8). 이것은 엄청난 성장이다. 왜냐하면 쌍태아 둘만을 산출하여 먹이던 신부가 이제는 셀 수 없을 정도로 많은 신부들을 산출하고 양육하는 사람으로 성장하고 있었기 때문이다.

3. 술람미 여인은 왜 신랑을 데리고 포도원으로 가자고 했는가?

그러던 어느 날 술람미 여인은 신랑을 데리고 자기가 가꾸어 놓은 포도밭으로 데려간다. 그에게 보여줄 것이 있었기 때문이다. 그렇다면 그때 술람미 여인이 솔로몬에게 보여준 것은 대체 무엇이었는가? 그때 그녀는 먼저 남편에게 들(야생의 들판)로 가서 어떤 동네에서 유숙하자고 말했다. 이건 또 무슨 말인가? 얼핏 보면 여자는 시선들이 많은 예루살렘 궁을 벗어나 시골의 한적한 곳으로 외박을 하고 거기서 둘이 서로 사랑을 나누자는 제안을 한 것으로 볼 수 있다. 하지만 진실은 그런 것이 아니다. 이 책은 결코 청춘 남녀의 에로티시즘을 묘사하기 위한 책이 아니기 때문이다. 그러므로 우리는 신부의 초청 장소에 대해서 제대로 파악할 수 있어야 한다. 그것은 히브리어 원문을 보고 바르게 분석하면 나온다. 왜냐하면 아가서는 처음부터 끝까지 노래를 부르기 위한 시로 쓰였기 때문이다. 그러므로 우리나라의 언어로 번역된 번역본만으로는 이 본문을 이해하는 데에 한계가 있다. 그러면 우리는 '동네'라는 말의 의미에서 깜짝 놀라게 될 것이다. 그것은 '동네'로 가서 유숙하자는 말이 아니었기 때문이다. 히브리어 성경을 낸 허성갑 목사는 이 '동네'라는 단어를 '고페르 나무 숲'이라고 번역했다. 히브리어 성경 원문을 따라 번역한 것이다. 그러므로 '우리가 함께 들로 가서 동네에서 유숙하자'는 말씀은 아직 포도원을 개척하지 않은 야생의 들로 가서 거기에서도 그리스도의 피 묻은 복음을 전하여 그곳에 하나님의 공동체를 만들어 가자는 말씀이었던 것이다. 왜냐하면 '코페르' 나무는 아가서 1:14에 나오는 적갈색의 '고벨화' 나무에 대한 히브리어이기 때문이다. 참고로 '고벨화'는 '코페르'라는 단어로서 그 뜻이 '속죄, 덮음, 속전'이라는 뜻을 지녔으며, 그 나무도 흰색 바탕에 빨간색을 두르고 있는 꽃잎을 가지고 있어서, 죄 없이 순결하신 예수께서 보혈의 피를 흘려 죽으신다는 것을 예표하는 나무였다.

4. 그녀가 포도원에서 남편에게 드린다고 했던 '내 사랑'이란 대체 무엇을 의미하는가?

사실 술람미 여인이 솔로몬에게 야생의 코페르나무 숲으로 가자고 한 말은 그에게 '그녀의 사랑'을 드리고 싶어서였다(아 7:12). 즉 그동안 자신이 어떠한 삶을 살아왔는지, 그리고 무엇을 해놓았는지를 신랑에게 보여주고 싶었던 것이다. 그러므로 그녀가 남편에게 들로 가서 동네에서 유숙하자는 말을 했다. 그리고 이어서 그 다음 날 아침에 일찍 일어나 포도원으로 가보자고 했다. 이는 그녀가 일구어 놓은 포도밭과 그리고 그동안 수고하여 얻은 결과들을 신랑에게 보여줌으로써 그녀가 신랑을 얼마나 사모하고 있었는지를 대신하겠다는 뜻이었다. 이는 새로운 개척지에 또 다른 신부를 낳고 그들을 어떻게 양육할 것인지를 밤새워 이야기해 보자는 뜻이다.

또한 아침 일찍 일어나서 포도원으로 가서 포도나무에 움이 돋았는지 꽃술이 피었는지, 석류나무의 꽃이 피었는지를 보자는 말도 했다. 이는 그녀가 어떻게 포도원을 가꾸어 놓았고 그 일을 어떻게 하고 있는지를 같이 살펴보자는 뜻이었다. 이는 그녀가 신랑을 되찾았을 때 신랑이 하고 있었던 일이 어떤 일인지를 확실히 알게 되었다는 것을 말해주는 것이며, 남편의 뒤를 이어 포도원을 가꾸어 열매를 산출하는 일이 신랑을 진정으로 사랑하는 일이라는 것을 알게 되었다는 뜻이었다.

그리고 그다음 구절을 보면, 그녀는 합환채가 향기를 뿜어내고 있었고, 이미 그녀가 거둬 놓은 새 열매들과 묵은 열매들이 있는데 그것은 신랑을 위해 준비해 놓은 것이라고 말하고 있음을 본다(아 7:13). 이것은 그녀가 얼마나 신랑을 사랑했었는지를 단적으로 보여주는 것들이 아닐 수 없다.

5. 신부의 성숙도는 무엇으로 측량할 수 있는가?

고로 우리는 신부의 성숙도는 열매로 평가한다는 것을 볼 수 있다. 신부의 성숙이란 지금도 또 다른 사람이 교회에 와서 하나님의 자녀로 거듭 태어나고, 그리고 자라서 거룩한 그리스도의 신부가 되도록 도와주는 것이 성숙한 자의 삶임을 알 수 있다. 그러므로 자기가 주님을 사랑한다고 말은 하지만, 열매가 없는 삶을 살고 있다면 그것은 진실하고도 참된 사랑을 하고 있는 것이 아님을 증언해준다. 그러므로 예수께서도 이렇게 말씀하셨다. "좋은 나무가 나쁜 열매를 맺을 수 없고 못된 나무가 아름다운 열매를 맺을 수 없느니라. 아름다운 열매를 맺지 아니하는 나무마다 찍혀 불에 던져지느니라. 이러므로 그들의 열매로 그들을 알리라"(마 7:18-20).

그렇다. 성숙의 척도는 바로 열매인 것이다. 그러므로 지금도 열매를 맺고 있으며 이미 맺은 것도 있을지라도, 앞으로 맺을 열매를 위해 오늘도 씨를 뿌리는 자가 성숙한 자이다. 그래서 이미 자라고 있는 것도 있고 이미 거둬 놓은 것도 있을지라도, 앞으로 씨를 뿌리기 위해 기도하는 것이 정말 필요하다. 주님은 포도나무의 비유에서 이렇게 말씀하셨다. "나는 포도나무요 너희는 가지라 그가 내 안에, 내가 그 안에 거하면 사람이 열매를 많이 맺나니 나를 떠나서는 너희가 아무 것도 할 수 없음이라. 사람이 내 안에 거하지 아니하면 가지처럼 밖에 버려져 마르나니 사람들이 그것을 모아다가 불에 던져 사르느니라"(요 15:5-6). 그렇다. 우리는 오늘도 주님 안에 거해야 한다. 그분의 말씀이 나를 주장하게 해야 한다. 그리고 그분이 함께 하심으로 나에게도 그분의 열매가 맺히고 있어야 한다. 성품의 열매, 말의 열매, 기도의 열매, 전도의 열매, 영혼의 열매 등을 나도 맺고 있어야 하는 것이다.

6. 나오며

아가서 말씀 중에서 6~7장의 말씀은 신부가 얼마나 성숙해졌는지를 알려주는 바로미터와 같은 말씀이다. 우리 중에 많은 이들은 자기도 주님을 많이 사랑하고 있다고 고백한다. 하지만 우리의 입술의 고백으로만 그친다면 그것을 진정 사랑이라고 할 수 있을까? 술람미 여인이 솔로몬에게 드렸던 것은 입술의 고백뿐이었는가 아니면 정성스러운 열매였는가? 술람미 여인은 열매를 신랑을 향한 '자신의 사랑'이라고 고백했다(아 7:12). 그리고 그녀의 말은 진실이었다. 그러기에 그녀는 솔로몬을 그 포도밭으로 데려간 것이다. 그리고 그녀가 가꾸어 놓은 포도밭을 보여주었다. 그 밭에는 이미 포도나무와 석류나무의 꽃이 피고 있었다. 그런데 두 나무들은 아주 많은 열매들을 산출하는 나무들에 해당한다. 이는 그녀가 그만큼 더 많은 신부들을 산출하여 양육하고 있었다는 것을 뜻한다. 그리고 더불어 그녀는 자신의 집에는 새것과 묵은 것들도 저장되어 있다고 말했다. 또한 이 모든 것은 다 신랑을 위해 자신이 준비해 놓은 것들이라고 말했다. 이것이 신랑에 대한 신부의 진정한 사랑의 표시였던 것이다. 행함이 없는 믿음은 죽은 믿음이라고 했던 야고보의 말처럼(약 2:26), 우리는 우리 앞에 과연 주님께 드릴 어떤 열매가 놓여 있는지, 지금도 새로운 땅을 일구고 있는지를 살펴보아야 한다. 그러한 땅이 없다거나 혹은 그 땅이 매우 작다고 한다면 이제부터라도 다시 일구기 시작해야 한다. 왜냐하면 주께서는 우리가 했던 말로 우리를 심판하지 아니하시고, 우리가 맺은 열매로써 우리를 심판하실 것이기 때문이다.

바른 아가서(雅歌書) 강해

제 8 장

1. 술람미 여인, 어여쁜 자에서 흠이 없는 신부가 되다(아4:1~7)
2. 외적인 아름다움에서 내면의 아름다움으로(아4:1~11)
3. 신부가 드디어 비원(祕苑) 곧 비밀의 동산으로 들어가다(아4:6~5:1)
4. 전투하는 신부에서 다른 신부를 산출하고 양육하는 신부로(아 8:8~10)
5. 아가서에 나오는 신부의 7가지 명칭(아2:10, 5:2, 8:13)
6. 즉각적으로 반응하지 못해 잃어버린 주님, 어떻게 찾을 수 있는가?(아5:2~16)

제1과
술람미 여인과 그녀의 어머니의 해산의 고통
(아 8:1~5)

> 아 8:1~5
>
> **1** [여자] 네가 내 어머니의 젖을 먹은 오라비 같았더라면 내가 밖에서 너를 만날 때에 입을 맞추어도 나를 업신여길 자가 없었을 것이라 **2** 내가 너를 이끌어 내 어머니 집에 들이고 네게서 교훈을 받았으리라 나는 향기로운 술 곧 석류즙 으로 네게 마시게 하겠고 **3** 너는 왼팔로는 내 머리를 고이고 오른손으로는 나를 안았으리라 **4** 예루살렘 딸들아 내가 너희에게 부탁한다 내 사랑하는 자가 원하기 전에는 흔들지 말며 깨우지 말지니라
> **5** [예루살렘의 딸들] 그의 사랑하는 자를 의지하고 거친 들[광야]에서 올라오는 여자가 누구인가 [남자] 너로 말 미암아 네 어머니가 고생한 곳 너를 낳은 자가 애쓴 그 곳 사과나무 아래에서 내가 너를 깨웠노라

1. 들어가며

아가서는 짧지만 아주 심오한 책이다. 얼핏 보기에는 솔로몬 왕과 술람미 여인의 사랑 이야기를 써 놓은 것 같다. 그래서 이 책을 처음으로 읽는 독자들은 아가서 첫 장부터 왕이 그녀를 침상으로 이끌어 들이신다고 하는 표현이나(아 1:4), 개역성경의 경우 '왕이 침상에 앉았을 때에'라는 문장을 발견할 때면 '이 책, 대체 뭐야?' 하는 생각이 들

것이다(아 1:12). 그리고 그녀가 밤에 침상에서 마음으로 사랑하는 자를 찾았다고 말한다거나(아 3:1), 사랑하는 자와 함께 들로 가서 동네에서 유숙하자고 하거나 거기에서 자기의 사랑을 주겠다고 하는 등(아 7:10~11)의 표현을 보면서 이 책이 과연 성경책인가 하고 질문을 던질 수도 있다. 하지만 아가서 8:1~2에 가 보면, 이 책의 저자 솔로몬이 밝히는 솔로몬 자신과 술람미 여인의 모친의 정체가 나오는데, 그동안 우리가 얼마나 아가서를 잘못 보았는지를 금방 알게 해준다. 그래서 이 시간에는 그동안 잘 다루지 않았던 솔로몬의 정체와 아울러 술람미 여인이 누군지를 알려주는 그녀의 어머니가 누군지를 살펴봄으로써 아가서에 대한 바른 이해를 갖기를 원하며, 우리가 우리 자신의 후손들을 위해서는 지금 어떠한 삶을 살아야 할 것인지를 살펴보고자 한다.

2. 아가서 8:1~5에서 솔로몬은 자신을 누구라고 소개하고 있는가?

아가서는 일명 '신부 교과서'라고 불린다. 왜냐하면 과연 누가 그리스도의 신부가 될 수 있으며, 그리스도의 신부는 어떻게 되는지를 말해주기 때문이다. 또한 신부에게는 어떠한 성숙의 과정이 기다리고 있으며, 결국에 '주의 동산'이라 일컬어지는 천국에 들어갔을 때 신부는 어떤 신분을 갖게 되는지를 말해주고 있기 때문이다. 그런데 신부에 못지않게 중요한 사람이 한 사람 나온다. 그는 바로 그녀의 남편인 '솔로몬'이다. 그러므로 우리가 솔로몬이 누군지를 제대로 파악하지 못한다면, 신부에 대해서도 제대로 파악할 수 없을 것이 당연하다. 그런데 그동안에 솔로몬은 시골 처녀 술람미 여인을 신부로 취했던 이스라엘의 통일 왕국의 왕으로서, 장차 그리스도인들의 신랑이 되실 예수 그리스도를 예표한다고 알고 있을 것이다. 그렇다면, 이러한 정보를 알려주는 단서는 대체 어디에 나오는가? 그것은 바로 아가서 8:1~5에 나온다. 여기에 보면 첫째, 솔로몬은 자기의 아내였던 술람미 여인도 함부로 입을 맞출 수 없는 사람이라고 나오기 때문이다(아 8:1). 그리고 둘째, 술람미 여인과 그녀의 어머니도 솔로몬으로부터 무엇인가 교훈을 받아야 한다고 말하고 있기 때문이다(아 8:2). 그리고 셋째, 술람미 여인의 어머니가 산고의 고통을 겪었던 그 장소에서 솔로몬이 그녀를 깨웠다고 말하기 때문이다(아 8:5). 이 말들은 대체 무슨 뜻인가?

3. 아가서 8:1~5에 나오는 솔로몬을 우리는 왜 그리스도의 예표라고 말할 수밖에 없는가?

사실 아가서 8:1~5의 말씀에 오기 전까지 솔로몬은 예루살렘의 왕으로 등장하고 있다. 그래서 독자들은 그가 이스라엘의 통일 왕국의 셋째 왕이었던 솔로몬이 바로 그 사람일 것이라고 추측한다. 그것은 맞는 이야기이지만 그 이상의 뜻이 있다. 왜냐하면 구약성경을 아무리 뒤져봐도 솔로몬의 부인의 이름들 중에서 '술람미 여인'을 발견할 수가 없기 때문이다. 솔로몬은 분명 실재했던 인물이나, 술람미 여인은 실재한 인물이었는지 나오지 않는 것이다. 그리고 1천 명이나 되었던 솔로몬의 부인들이지만 그중에서 이름이 나오는 여인은 단 한 명뿐이다. 그녀는 바로 르호보암을 낳았던 바, 암몬 사람 '나아마'였다(왕상 14:21). 그렇지만 나아마는 아가서에 나오는 술람미 여인과는 거리가 먼 인물이다. 그러므로 솔로몬이 성령의 어떤 영감을 받아서 이 책을 썼으며 또한 무엇을 쓰려고 했는지 그 의도를 먼저 파악할 수 있어야 한다.

그럼, 우선 성경의 모든 기록은 다 예수님이 누군지를 알려주기 위한 목적으로 쓰였다는 예수님의 말씀에 주목해 보자(요 5:39). 그러므로 아가서도 역시 그리스도가 누군지를 소개해주고 있다는 것을 알아야 한다. 그렇다면, 아가서에서 그리스도의 예표로 등장하는 인물은 누구인가? 그는 바로 '솔로몬'이다. 그런데 놀라지 말라. 솔로몬이 술람미 여인의 남편이기는 하지만, 우리 인간하고는 출생 자체가 다른 분이라고 나오기 때문이다. 그것이 바로 아가서 8:1의 말씀이다. 이 말씀에 보면, 신부에게 있어서 신랑은 자신의 어머니의 젖을 먹었던 오빠 같은 그러한 분이 아니다. 만약 그랬었더라면 자기도 어디서든지 그에게 입을 맞출 수 있었을 것이라고 아쉬워한다. 왜냐하면 신랑은 결코 신부와 같이 인간의 모태에서 출생한 사람이 아니었기 때문이다. 이것은 그분이 겉으로는 인간의 몸을 입고 있으셨지만 이 세상의 죄인 된 여인의 젖을 빤 사람이 아님을 말해준다. 그분은 죄의 고된 노역에서 우리 인간을 구원하기 위하여 이 땅에 보내어진 하나님 자신이기 때문이다(사 9:6). 이사야 9:6의 말씀을 보라. 비록 그분이 아기이자 아들로서 이 땅에 태어나실 분이기는 하지만 그분 자체는 전능하신 하나님이요 영존하시는 아버지이며, 평강의 왕 곧 솔로몬이라고 말하고 있기 때문이다.

사 9:6 이는 한 아기가 우리에게 났고 한 아들을 우리에게 주신 바 되었는데 그의 어깨에는 정사를 메었고 그의 이름은 기묘자라, 모사라, 전능하신 하나님이라, 영존하시는 아버지라, 평강의 왕이라 할 것임이라

4. 술람미 여인에게는 어떤 가족들이 있었는가?

우리는 아가서에서 술람미 여인의 가족이 어떠한지를 알 수 있는데, 적어도 두 가지 정보가 있다. 첫째, 그녀에게 의붓오빠들이 있다는 것이다(아 1:6). 왜냐하면 술람미 여인은 그녀의 모친에게 있어서 '외동딸'이라고 나와 있기 때문이요(아 6:9), 그녀에게도 자신의 어머니의 아들들이 있다고 나오기 때문이다(아 1:6). 그런데 오빠들이 자신을 미워한 나머지 자신을 바알하몬에 있는 커다란 포도원지기로 삼아서 고된 노역을 시켰다고 말한다(아 1:6). 그러니까 아가서에 등장하는 그녀의 오빠들은 어머니는 같지만 아버지가 다른, 배다른 오빠들이었던 것이다. 둘째, 술람미 여인에게 어머니가 있는데 그녀에게 자신은 외동딸이라는 것이다(아 6:9). 그런데 술람미 여인은 솔로몬을 자신이 태어난, 어머니의 집 내지는 어머니의 방으로 가자고 제안한다(아 3:4). 또한 신랑은 그녀의 어머니가 산고의 고통을 겪었던 장소에서 그녀를 불렀다고 말한다(아 8:5). 그리고 술람미 여인은 자신은 그 장소에 신랑을 데리고 가서 거기에서 무엇인가 가르침을 받아야 할 것이라고

말한다(아 8:2). 고로 우리는 아가서에 등장하는 술람미 여인의 모친의 정체가 누군지를 정확히 파악할 수 있어야 한다. 그래야 술람미 여인이 누군지를 정확히 알 수 있으며, 그래야만 누가 그리스도의 신부가 될 수 있는지도 파악할 수 있는 것이다.

5. 술람미 여인의 모친은 대체 누구를 가리키는가?

그러므로 아가서에는 술람미 여인의 모친이 다양한 의미로 등장하고 있음을 보게 된다. 정리하면, 적어도 세 가지 이상의 의미로 등장한다. 첫째, 사람을 존재케 하는 조물주로서 그녀를 본다면 그녀는 창조주 하나님을 대변하는 존재다(아 3:4). 왜냐하면 술람미 여인이 그녀의 모친에게서 나왔는데, 그 장소가 사과나무 아래였다고 말하고 있기 때문이다(아 8:5). 사실 아가서에 나오는 '사과나무'는 '탑부아흐'라는 말로서, '숨 쉼, 호흡'이라는 뜻을 가지고 있다. 그러므로 그 사과나무는 에덴동산에 있는 생명나무를 가리킨다. 둘째, 죄를 지어 고된 노동 안으로 떨어지게 한 것으로 보아서 술람미 여인의 모친은 에덴동산에서 죄를 지었던 최초의 여자 '하와'를 가리킨다. 이때 솔로몬은 사과나무 아래에서 술람미 여인을 깨웠다고 말한다. 이는 죄를 지음으로 인하여 잠자는 상태에 있던 그녀를 깨워서 다시 그녀에게 생명을 불어넣고 그녀로 하여금 고된 노동으로부터 건질 것을 말하는 것이다(아 8:5). 즉 그녀의 선조 모친으로서 하와는 자신의 남편인 아담의 말을 듣지 아니하였고, 뱀의 말을 들어 죄에 빠지고 말았었다. 그러므로 죄악 가운데 출생했던 술람미 여인은 의붓오빠들로 지칭되는 타락한 천사들에 의해 고된 노역에 시달리고 있었던 것이다. 그러므로 아가서의 첫 시작은 술람미 여인이 뜨거운 뙤약볕 아래에서 얼굴이 검게 그을린 채 등장했던 것이다. 셋째, 보다 더 전진된 개념이지만 술람미 여인의 모친은 이기는 자를 산출하는 모체라고도 말할 수 있다. 왜냐하면 그녀의 모친이 결국 솔로몬의 신부가 될 술람미 여인을 낳았기 때문이다. 이 신부는 솔로몬 왕의 신부가 되었을 뿐만 아니라 이 땅에서 포도원을 개척함으로써 장차 하늘에서 기업으로 땅을 준비하는 여인이 되었기 때문이다. 그러니, 요한계시록의 표현을 빌리자면, 그녀의 모친이 낳았던 술람미 여인은 이기는 자의 모체라고 할 수 있다. 그러므로 그녀의 모친은 지금도 이기는 자들을 산출하는 여인이라고 할 수 있는 것이다.

6. 술람미 여인의 모친은 왜 해산의 고통을 겪어야 했는가?

사실 하와가 뱀의 말을 듣고 범죄했을 때에 하나님께서는 그녀에게 징계를 내리셨다. 그것은 그녀가 해산의 수고를 통하여 자식을 낳게 될 것이라고 하신 것이다(창 3:16). 그러므로 첫 사람 아담과 하와 부부가 맏아들 가인을 낳게 된 때부터 모든 여자들은 해산의 고통을 겪으며 자식을 낳고 있는 것이다. 그러므로 우리는 여자의 해산의 고통을 '저주'라고 단정할 수는 없다. 왜냐하면 해산의 고통을 겪다 보면 어느 날에는 뱀(사탄 마귀)의 머리를 박살 낼 수 있는 여자의 후손(씨)을 산출할 수도 있기 때문이다(창 3:15). 그런데 요한계시록 12장에 보면, 어떤 여인이 사내아이를 낳는다. 그런데 이 아이는 곧장 이기는 자가 되어 부활 승천한다. 이것은 예수께서 최초의 부활체를 입고 승천하신 것을 묘사한 것이다. 그러므로 하와 이후에 모든 인류는 지금까지 해산의 수고를 통하여 자식을 낳고 있으며, 그중에는 지금도 이기는 자가 태어나고 있는 것이다. 그러니 해산의 수고는 해 볼 만한 수고인 것이지 결코 필요 없는 수고는 아니다. 그랬다. 술람미 여인의 모친도 해산의 수고를 하면서 자식을 낳았던 여자들 가운데 한 명이었다. 그 전에는 그녀의 어머니도 또한 그렇게 했을 것이다. 하지만 술람미 여인의 모친이 비로소 이기는 술람미 여인을 낳게 된 것이다. 그러므로 창세기 3:15에 나오는 바, 새로운 인류의 탄생을 위하여 그녀의 윗대 모친들이 계속해서 자녀를 낳고 낳은 결과 결국 술람미 여인이 나오게 된 것이다. 원수의 영토에 깃발을 세울 수 있는 이기는 신부가 나오게 된 것이다.

7. 모계로만 유전되는 미토콘드리아의 신비를 당신은 아는가?

지난 2011년에 부산의 가덕도에서 다량의 토기와 유골이 발견되었다. 신석기 시대의 유물이라고 한다. 그런데 이 유골은 '골장'의 형태로 남아 있었다. 이것은 신석기 시대의 서양의 매장 풍습이었다. 그런데 놀라운 사실은 이 뼈에서 미토콘드리아 DNA가 추출되었는데, 거기에는 현재 유럽 사람만 가지고 있는 H형 미토콘드리아 DNA가 들어 있었다. 그런데 더욱더 놀라운 사실은 미토콘드리아 DNA는 오직 모계를 통해서만 유전된다는 사실이다. 왜냐하면 남자의 정자에 붙어 있는 미토콘드리아는 정자의 꼬리 부분에 들어 있는데 수정되는 순간 이 꼬리가 잘려지기 때문이다. 그러므로 인류를 연구할 때에 미토콘드리아의 종류는 매우 중요한 인류 판별 기준이 된 것이다. 이것은 아주 오랜 고대의 사람들이 우리나라 가덕도로 이동해 왔다는 사실을 증명해준다. 그런데 현재 우리나라의 여성들에게는 H형 미토콘드리아 DNA가 검출되지 않는다는 것이다. 언제인가 이 유전자가 사라졌던 것이다. 그런데 연구 조사 결과 H형 미토콘드리아 DNA는 아프리카에서 한 모친을 통해서 나와서 전 세계로 퍼져 나갔는데, 그중에 일부는 유럽으로, 또한 일부는 아시아로 이동했다는 것이다. 그런데 우리나라에 건너온 여자들에게서는 더 이상 H형이 남아 있지 않았던 것이다. 이것은 우리나라로 이동한 사람들이 에덴동산에서 아담과 하와를 창조하셨던 바로 그 하나님을 잊어버렸다는 것을 의미하며, 그 존재를 다른 우상으로 바꾸었음을 말해준다.

    그런데 감사하게도 20세기에 우리나라에 놀라운 일이 일어나게 된다. 미국의 선교사들이 우리나라에 예수님을 전해주었기 때문이다. 잃어버린 신앙 미토콘드리아 유전자를 다시 가지고 들어온 것이다. 그러니 기독교 복음이 전 세계 나라들 가운데 가장 빠른 속도로 이 나라에 정착될 수 있었고, 지금도 전 세계에서 가장 예수님을 잘 믿는 국가가 된 것이다. 그렇다면 우리의 최대의 과제는 무엇인가? 그것은 우리 후손들에게 예수 미토콘드리아 유전자를 물려주는 일이다. 이 책임이 우리에게 다시 주어진 것이다. 그러기 위해서는 술람미 여인의 모친의 해산의 수고가 우리에게도 반드시 필요하다. 어찌 해산의 수고도 없이 신앙의 유전자를 우리 후손들에게 물려줄 수 있겠는가?

8. 솔로몬의 진정한 신부였던 술람미 여인이 나오게 되기까지 어떤 일이 있었는가?

솔로몬에게 술람미 여인은 원래 잃어버렸던 자신의 짝이었다. 그러므로 그는 자신의 생명을 걸고 그녀를 노예 생활에서 건지려고 하였다. 그리고 그녀에게 청혼을 한다. 정혼한 그녀가 임시로 예루살렘 성에 있을 때에 예비 신랑을 보기 위해 솔로몬을 찾으러 거리로 나간다. 그래서 거리의 순찰자들에게 물어보지만 그들은 알려주지 못한다. 그런데 그때였다. 솔로몬이 갑자기 그녀 앞에 나타난다. 그녀가 쉽게 솔로몬을 만날 수 있게 된 것이다. 이것은 바로 술람미 여인의 선조 모친들이 장차 언젠가 자신의 태를 통해 나타나게 될 이기는 자를 위한 기도가 쌓였기 때문이라고 본다. 그런데 그 후에 다시 문제가 생겼다. 그녀가 결혼한 후에 그만 자신의 실수와 부주의로 인하여 신랑의 임재를 놓쳐 버린 일이 있었기 때문이다. 그래서 그녀가 신랑을 찾으러 밤새도록 헤매이지만, 그때는 쉽게 신랑을 찾지 못한다. 오히려 성안의 순찰자들과 성벽의 파수꾼들에게 농락만 당하게 된다. 그럼에도 불구하고 그녀는 남편을 찾는 일을 포기하지 않았고 찾기를 계속하였다. 이것은 그녀가 간절히 그리고 야곱처럼 철야 기도를 했다는 뜻이다. 그리고 그녀는 자신이 무엇을 잘못했는지를 깨닫고는 예루살렘의 딸들에게 자신의 잘못으로 인하여 병이 들었고 신랑을 간절히 찾기를 원한다고 말한다. 이것은 그녀가 자신의 잘못을 진정 뉘우치고 회개하였음을 뜻한다. 그리고 예루살렘의 딸들에게 자신의 신랑이 누군지에 대해 열 가지로 자랑을 한다. 이것은 그녀에게는 신랑은 오직 솔로몬뿐이라는 것을 만천하에 드러낸 것이며, 신랑의 아름다움과 위대함을 만인들에게 전파한 것이다. 그리하여 결국 그녀는 아침이 되자, 동산에서 양 떼를 먹이고 있는 남편을 만나게 된다. 그렇다. 이것은 무엇을 말해주는가? 자신의 모친의 선조들의 해산의 수고로 인하여 자신이 태어났고 한때는 은혜도 받았지만 이제는 자신만이 해결해야 할 과제들이 또 있다는 것이다. 이것은 다른 사람이 대신해 줄 수 있는 것이 아니다. 내 후손들을 위해서 우리도 이제는 흘릴 기도의 땀이 있는 것이다. 진실한 회개의 눈물도 흘려야 한다. 오직 주 예수님만이 자신의 영원한 하나님인 것을 선포도 해야 한다. 그랬을 때에 술람미 여인은 어떻게 되었는가? 자기만의 포도원을 개척할 수 있었고, 더 많은 양 떼들을 낳고 양육하는 자가 될 수 있었다. 그렇다. 내가 이제라도 기도하고 회개하고 그리스도를 선포한다면, 내게서도 역시 이기는 자들이 산출된다는 것이다. 그러면 내가 물려받은 신앙의 미토콘드리아 유전자는 더 강해질 것이고 그래서 그 유전자가 후손에게 내려갈 것이다. 여러분은 그러한 신앙 유전자를 지금도 생산해 내고 있는가?

9. 나오며

신앙의 유전자는 거저 후손들에게 전달되고 또 전해지는 것이 아니다. 해산의 수고가 필요한 것이다. 그리고 그것을 받는 후손들도 거저 신앙의 유전자를 다음 세대에 물려줄 수 있는 것이 아니다. 신앙의 유전자를 물려받았어도 자신도 역시 여전히 술람미 여인처럼 기도하고 회개하고 주님을 선포할 때에 더 강력한 신앙의 미토콘드리아 유전자를 후손에게 물려줄 수 있기 때문이다. 내가 받은 선조들의 신앙의 유전자 때문에 자기 자신이 지금 복을 받고 있는 이들도 있을 것이다. 하지만 그 신앙의 유전자를 더 강력하게 만들어 후손에게 물려주지 않는다면, 우리나라 가덕도의 사람들의 경우처럼, 그들에게서 H형 유전자가 흔적조차 없이 사라진 것처럼, 우리의 후손들에게서도 신앙의 유전자는 발견되지 않을 것이다. 그러므로 왜 내게는 조상들이 물려준 신앙의 유전자가 없느냐면서 불평하지 말라. 내가 지금 새롭게 신앙의 유전자를 만들면 되기 때문이다. 그래서 나의 후손들이 나로부터 물려받은 유전자로 인하여 기본을 갖춘 신앙생활을 할 수 있을 것이며, 저주로부터 벗어난 상태에서 삶을 시작할 수 있음을 알라. 하지만 그들 자신이 해야 할 일들도 여전히 있을 것이다. 그들도 기도와 회개와 주님을 높여 드려서 좋은 신앙의 유전자를 생산해야 할 것이기 때문이다. 이미 결정된 것 가지고 후회하지 말자. 이제 지금 내가 할 수 있는 것에 감사하자. 최소한 서양의 선교사가 우리에게 예수의 미토콘드리아 유전자를 전해주었는데 그것을 놓치거나 약화시켜서는 아니 될 것이다. 우리도 이제는 우리 후손들에게 좋은 신앙의 유전자를 물려주어야 할 책임이 주어져 있는 것이다. 이렇게 애쓰는 자들을 위하여 주님께서는 하늘의 상과 우리에게 주실 기업을 준비하고 있을 것이다.

제2과
죽음같이 강한 사랑에서 죽음보다 강한 사랑으로
(아 8:6~7)

> 아 8:6~7
>
> 6 [남자] 너는 나를 도장 같이 [네] 마음에 품고 도장 같이 [네] 팔에 두라 사랑은 죽음 같이 강하고 질투는 스올 같이 잔인하며 불길 같이 일어나니 그 기세가 여호와의 불과 같으니라 7 많은 물도 이 사랑을 끄지 못하겠고 홍수라도 삼키지 못하나니 사람이 그의 온 가산을 다 주고 사랑과 바꾸려 할지라도 오히려 멸시를 받으리라

1. 들어가며

아가서의 주제는 무엇인가? 아가서의 주제는 한마디로 '사랑'이라고 정의할 수 있을 것이다. 왜냐하면 이 책은 솔로몬 왕과 술람미 여인 간의 사랑을 노래하고 있기 때문이다. 그렇지만 이것은 겉으로 드러난 것일 뿐 진정 내면에 실제하는 주제는 사실 우리 주 예수 그리스도와 그의 신부인 성도들 간의 사랑을 노래하고 있다고 하겠다. 그런데 이번에 우리가 다루게 될 말씀은 아가서 8:6~7의 말씀이다. 이 말씀은 맨 앞에 누군가의 당부 혹은 명령으로 시작한다. 그리고 이어서 조금 긴 형태로서 '사랑'에 대한 정의가 나온다. 그렇다면 누군가의 당

부나 명령은 대체 누가 누구에게 하는 말인가? 그리고 '사랑'에 대한 정의는 누가 내리고 있는가? 특별히 이 책의 저자가 들려주는 사랑의 핵심 개념이란 대체 무엇인가? 그리고 이 책의 저자가 말하는 사랑의 힘(위력)과 사랑의 위대함과 사랑의 값은 대체 어떤 것인가? 그리고 아가서 강해를 시작하면서 우리는 아가서에서는 신앙과 관련된 용어가 단 하나도 등장하지 않는다는 말을 했는데, 왜 이번 본문에 '여호와의 불'이라는 문구가 나오는가? 그리고 이것은 대체 무슨 뜻인가? 그래서 이번 장은 이러한 의문점들과 궁금증들을 풀어 주는 복된 시간이 될 것이다.

2. 아가서 8:6 상반절은 신부의 요청인가 신랑의 당부 내지는 신랑의 명령인가?

아가서 8:6 말씀의 상반절은 이렇다. "너는 나를 도장 같이 마음에 품고 도장 같이 팔에 두라"(아 8:6a). 이 말은 누가 누구에게 하는 말인가? 여러 학자들의 이야기를 빌리자면, 이 말은 '술람미 여자'가 한 말이라고 하는 이들도 있고, '신랑'인 솔로몬이 한 말이라고 하는 이들도 있다. 둘 다 어느 것을 취해서 해석한다고 해도 그리 틀린 것은 아닐 것이다. 하지만 문맥을 좀 더 깊이 살펴보면, 이 본문은 아마도 솔로몬이 말했을 가능성이 높아 보인다. 왜냐하면 바로 앞 구절의 말씀에, '나'와 '너'라는 말이 나오는데, 여기서도 '나'와 '너'가 또 나오고 있기 때문이다. 그러므로 이 말을 누가 했는지는 바로 앞 구절인 아가서

8:5b의 말을 누가 했느냐에 따라 결정될 수 있을 것이다. 그런데 앞 구절인 아가서 8:5b의 말씀은 대부분이 다 신랑인 솔로몬이 신부인 술람미 여인에게 말한 것으로 본다. 그러므로 아가서 8:6a의 말씀도 솔로몬이 했을 것으로 보는 것이 무난할 것이다.

3. 솔로몬은 왜 그의 아내에게 이후부터는 자기를 도장 같이 새길 뿐만 아니라 자기를 꼭 몸에 붙이고 다니라고 당부했을까?

그렇다면, 왜 솔로몬은 자기의 아내에게 자기를 도장 같이 새기고, 또한 자기를 몸에 붙이라고 말했던 것일까? 그것은 이 말을 받을 대상이 이 말을 하는 사람을 잊어버린 일이 있었고 또한 그것으로 인하여 많은 어려움을 겪었을 것이기 때문에 그것을 고려한 말일 것이다. 고로 우리는 이 말씀이 우리 성도들의 영원한 신랑 되신 예수께서 당신의 신부가 될 자들인 우리 성도들을 위해 말하는 당부의 말로 받아들여야 한다. 또한 이 말씀은 신명기 6:4~9에 나오는 '쉐마'의 말씀과 많이 닮아 있음을 알 수 있다. 왜냐하면 신명기 말씀에 나오는 그 말씀도 역시 하나님께서 이스라엘 백성에게 명령하는 말씀으로 나오기 때문이다.

신 6:4~9 이스라엘아 들으라 우리 하나님 여호와는 오직 유일한 여호와이시니 5 너는 마음을 다하고 뜻을 다하고 힘을 다하여 네 하나님 여호와를 사랑하라 6 오늘 내가 네게 명하는 이 말씀을 너는 마음에 새기고 7 네 자녀에게 부지런히 가르치며 집에 앉았을 때에든지 길을 갈 때에든지 누워 있을 때에든지 일어날 때에든지 이 말씀을 강론할 것이며 8 너는 또 그것을 네 손목에 매어 기호를 삼으며 네 미간에 붙여 표로 삼고 9 또 네 집 문설주와 바깥 문에 기록할지니라

고로 이 본문도 역시 솔로몬이 술람미 여인에게 하는 말로 보는 것이 훨씬 더 합당하게 보인다. 그리고 특별히 '새기라'는 말 역시 참으로 의미심장한 표현이라고 할 수 있다. 왜냐하면 새기지 않으면 자꾸 잊어버리기 때문이다. 그렇다. 술람미 여인도 결혼 후에 한때 신랑을 놓쳐 버린 일이 있었다. 그래서 어렵게 다시 되찾은 적이 있었던 것이다. 그래서 솔로몬은 신부에게 잃어버리기는 쉽지만 잃어버린 것을 다시 되찾는 것은 어렵기 때문에 그렇게 당부하고 또 당부하고 있는 것이다. 그러므로 신랑은 앞으로 절대 자기를 잃어버리지 않도록 주의하라고 신부에게 말하고 있는 것이다. 그래서 당시에 사람들이 가장 소중하게 여기는 도장의 비유를 빌려서 그렇게 당부하고 있는 것이다. 우리도 역시 주님을 결코 잃어버리지 않도록 더욱더 주의하도록 노력하자.

4. 사랑의 힘(위력)은 대체 어느 정도인가?

그리고 이어서 '사랑'이 무엇인가를 정의한다. 아가서 8:6b~7의 말씀을 직역해 보도록 하자.

아 8:6b~7 사랑은 죽음같이 강하고 스올같이 잔인하다. 질투는 불길같이 타오르나니, 그것의 기세가 가장 강력한 불길과 같다. 많은 물일지라도 이 사랑을 끄지 못할 것이며, 홍수라도 삼키지 못하나니, 사랑은 자기의 모든 재물을 다 주고 사랑을 얻으려고 할지라도 그는 정녕 멸시를 받을 것이다

그렇다. 본문은 그간 솔로몬이 술람미 여인을 어떻게 사랑해 왔는지를 알려주면서 동시에 술람미 여인에게 이것을 마음에 새기라고 권면하는 말이다.

그런데 이 말씀은 크게 세 부분으로 구성되어 있다. 첫째는 사랑의 힘(위력)이 나오고, 둘째는 사랑의 위대함이 나오며, 마지막으로 셋째, 사랑의 값(값어치)이 나온다.

먼저, 사랑의 힘 곧 사랑의 위력에 대해 알아보자. 솔로몬은 사랑의 힘을 두 가지로 말했다. 첫째는 사랑은 죽음같이 강하다는 것이다. 그리고 둘째는 사랑은 음부같이 잔인하다(잔혹하다)고 말했다. 왜냐하면 죽음과 음부는 둘 다 모든 것을 삼켜 버리기 때문이다. 이 세상 사람치고 죽음을 이길 수 있는 자는 사실상 아무도 없다. 또한 사람이 죽으면 음부(스올)가 즉시 와서 그를 삼켜 버린다. 그런데 이러한 힘을 이겨낼 사람은 아무도 없다. 그러므로 구약 시대의 사람들이 가장 두려워했던 것 두 가지는 '죽음'과 '음부'(스올)이었다. 사실 요한계시록에 보더라도, 음부가 사망의 뒤를 따라다니면서 사람을 집어삼키고 있는 것을 살펴볼 수 있다(계 6:7~8).

그런데 참 솔로몬이신 예수께서 이 땅에 오셔서 신부인 베드로에게

이렇게 말씀하셨다. "내가 이 반석 위에 내 교회를 세우리니 음부의 권세가 이기지 못하리라"(마 16:18). 그렇다. 이 말씀을 헬라어 원문으로 보면, "음부의 문들이(gates) 우세하지 못할 것이다"라고 되어 있다. 그렇다. 구약 시대에는 사망과 음부가 최고의 권세를 가지고 있었지만, 예수께서 오셔서 최초로 죽은 자들 가운데서 살아나심으로 인하여 사망과 음부의 권세를 깨뜨리기 시작하신 것이다. 그리고 그분을 믿고 따르는 이들도 역시 사망과 음부를 이길 수 있다고 말씀하신다. 그러므로 구약 시대에 하나님의 사랑은 죽음처럼 강한 사랑이라고 정의할 수 있다면, 신약 시대의 하나님의 사랑은 죽음보다 강한 사랑이라고 정의할 수 있을 것이다.

5. 사랑의 위대함은 또 얼마나 되는가?

그렇다면, 사랑의 위대함은 어느 정도인가? 솔로몬은 이러한 사랑의 위대함을 질투로 표현한다. 사랑은 불길같이 일어나기에 그것의 기세가 맹렬함으로 어느 누구도 그것을 꺾을 수가 없다는 것이다. 그렇다. 사랑은 타오르는 불길과 같다. 한 번 타오르면 그것을 꺾을 수 있는 것이 없다. 죽음이 강하고 음부가 잔혹한 것은 사실이지만, 그것들일지라도 결코 사랑은 꺾을 수가 없다. 그러므로 술람미 여인을 위한 솔로몬의 사랑이 그랬던 것이다. 그러므로 아무도 이들의 사랑을 꺾을 수가 없었기에 둘은 결혼에 이를 수가 있었던 것이다.

그러면 솔로몬은 대체 얼마나 술람미 여인을 사랑했던 것일까? 한마디로 술람미 여인은 솔로몬에게 있어서 하나뿐인 사랑이었다(아 6:9). 솔로몬에게는 수많은 왕비들과 비빈들(후궁들)과 시녀들이 있었다. 하지만 솔로몬에게 유일한 사랑의 대상은 오직 술람미 여인인 그녀뿐이었다. 왜냐하면 그녀는 바로 자신이 잃어버린 바, 하나밖에 없는 자신의 짝이었기 때문이다.

그러므로 솔로몬은 의붓오빠들(귀신들을 지칭함)에 의해 포도밭에서 고된 노역에 시달리고 있는 그녀를 구출해야겠다고 마음먹는다. 그리고는 자신이 어떠한 대가를 지불해서라도 그녀를 거기에서 꼭 건져낼 것이라고 결심한다. 그리고 나서 그녀를 '잔치집'으로 데려간다. 왜냐하면 거기에서 솔로몬이 그녀에게 보여줄 것이 있었기 때문이다. 그것은 그가 오직 그녀만을 사랑할 것이며, 반드시 밤의 권세로부터 그녀를 구출시켜 승리하는 자로 만들어 주겠다는 뜻이 담겨 있었던 것이다. 왜냐하면 여기에 나오는 '잔치집'이란 '연회장'이 아니라 히브리어 원문으로 보면, '포도주의 집'이었기 때문이다. 이는 장차 그리스도께서 오셔서 피 흘려 죽음으로써 인류를 구원하시겠다는 청사진을 그녀에게 보여주신 것과 같은 것이다. 하나님께서 우리를 사랑하여 우리를 구원하시겠다고 하는데 누가 그것을 제지할 수 있겠는가?

더불어 솔로몬은 이 문장에 나오는 사랑의 기세를 '여호와의 불길'이라고 표현하고 있는데, 사실 아가서에서는 이 구절을 제외하고는 그 어떤 곳에서도 신앙과 관련된 용어가 하나도 등장하지 않는다. 그러므로 이러한 측면에서 이 구절은 '여호와의 불길'이라고 번역하기보다는, '가장 맹렬한 불길'이라고 번역함이 더 옳아 보인다. 왜냐하면 '여호와의 불길'에 해당하는 히브리어 '쌀르헤베트야[흐]'는 두 가지로 번역할 수 있는 용어이기 때문이다. 즉 마지막에 나오는 단어 '야[흐]'를 '여호와'의 축약형으로 보느냐 아니면 그 단어의 최상급의 표현으로 보느냐에 따라 해석이 달라지기 때문이다. 그런데 아무래도 아가서의 말씀을 일관성 있게 풀려면, '야[흐]'는 여호와의 축약형이라기보다는 최상급의 표현으로 보는 것이 더 옳은 것으로 보인다.

6. 사랑의 값은 얼마나 매길 수 있으며 얼마나 큰 것인가?

그렇다면, 솔로몬이 술람미 여인을 사랑했던 사랑은 얼마나 가치가 있는가? 다시 말해 솔로몬이 아내를 얻기 위해 치른 희생은 대체 얼마나 되는가? 솔로몬은 말한다. "사람이 자기의 모든 재물을 다 주고 사랑을 얻으려고 할지라도 그는 정녕 멸시를 받을 것이기 때문이다"(아 8:7b). 그렇다. 솔로몬이 술람미 여인을 위하여 치른 희생 값은 인간의 재물 같은 것으로는 도무지 비교할 수 없다. 뿐만 아니라, 인간의 재물 같은 것으로 비교한다면 오히려 수치를 당할 만큼 크다. 이것이 바로 그리스도께서 교회인 신부를 위해 치른 희생의 값이다.

그러므로 신약의 요한 사도는 이렇게 말한다. "보라 아버지께서 어떠한 사랑을 우리에게 베푸사 하나님의 자녀라 일컬음을 받게 하셨는가, 우리가 그러하도다"(요일 3:1a). 또한 요한 사도는 이렇게 계속해서 말한다. "사랑은 여기 있으니 우리가 하나님을 사랑한 것이 아니요 하나님이 우리를 사랑하사 우리 죄를 속하기 위하여 화목 제물로 그 아들을 보내셨음이라"(요일 4:10). 그렇다. 그분의 불길 같은 사랑의 기세를 꺾을 사람은 그 어디에도 없다. 더욱이 엄청난 값을 치르고서라도 우리 죄인들을 사서 우리를 구원하시겠다고 하는 그분의 깊은 사랑은 사실 그 어떤 값으로 매길 수가 없는 것이다.

7. 나오며

대부분의 사람들은 아가서를 남녀 간의 연애담 정도로 생각했을 것이다. 물론 아가서가 그리스도와 교회의 사랑을 노래한 것이라고 들어보기는 했을 것이다. 하지만 남녀 간의 사랑의 표현이 지나친 것들이 많이 있어서, 읽는 독자들은 정말 당혹할 때가 한두 번이 아니었을 것이다. 그러므로 성도라 할지라도 아가서를 선뜻 그리스도와 교회의 관점으로 읽기란 쉽지 않았을 것이다. 하지만 이번에 아가서를 스물두 번 동안 강해하면서, 아ra서의 실상을 조금씩 살펴보니, 아가서야말로 인류를 구원하기 위한 하나님의 경륜이 집약된 책 중의 책이라는 것을 알게 되었다. 뿐만 아니라 누가 과연 그리스도의 신부가 될 수 있는지를 알려주는 책이었다. 그러므로 아가서는 그리스도와 교회의 관계를 말해주는 보석 중의 보석과도 같은 말씀이라고 할 수 있다. 심지어 아가서는 천국에 들어갈 신부들의 등급까지도 표현해 놓고 있다. 그러므로 아가서는 실로 놀라운 구약성경 중에 복음서라고 할 수 있다. 아니 복음서 중의 복음서라고 할 수 있고, 구약의 요한계시록이라고 말할 수 있을 것이다. 왜냐하면 그리스도와 신부의 사랑을 노래하고 있기 때문이다. 특히 아가서 8장 1~2절에 나오는 표현을 보면, 우리는 아가서가 연애 책이 아니라 하나님의 구원 경륜을 소개하는 책이라는 사실을 깨닫게 될 것이다. 아울러, 이 책은 솔로몬이 자기 자신의 사랑을 말하려고 쓰인 책이 아니라, 장차 오실 그리스도가 어떤 사랑으로 인류를 사랑하셨는가를 알려주는 책이라고 할 수 있다. 놀랍기만 하다. 하나님께서 이처럼 우리를 사랑하셨다니 말이다. 그리고 그분의 죽음같이 강한 사랑으로 우리를 사랑하신 것에 대해 무엇이라 감사의 말을 드려야 할지 모르겠다. 오직 주 예수님께만 감사와 영광과 찬양을 올려 드릴 뿐이다.

제3과
아가서에 나오는 솔로몬의 신분과 그분의 놀라운 사랑
(아 8:6~7)

아 8:6~7

6 [남자] 너는 나를 도장 같이 [네] 마음에 품고 도장 같이 [네] 팔에 두라 사랑은 죽음 같이 강하고 질투는 스올 같이 잔인하며 불길 같이 일어나니 그 기세가 여호와의 불과 같으니라 **7** 많은 물도 이 사랑을 끄지 못하겠고 홍수라도 삼키지 못하나니 사람이 그의 온 가산을 다 주고 사랑과 바꾸려 할지라도 오히려 멸시를 받으리라

1. 아가서는 주님을 얼마만큼 사랑하라고 요청하고 있는가?

아가서는 주님을 사랑하되, 우리가 그분을 도장같이 우리의 마음에 품고, 도장같이 우리의 팔에 새길 것을 권면한다. 이는 신명기에서 하나님께서 이스라엘 민족에게 가르친 '쉐마'와 비슷하다(신 6:4~9).

신 6:4~9 이스라엘아 들으라 우리 하나님 여호와는 오직 유일한 여호와이시니 **5** 너는 마음을 다하고 뜻을 다하고 힘을 다하여 네 하나님 여호와를 사랑하라 **6** 오늘 내가 네게 명하는 이 말씀을 너는 마음에 새기고 **7** 네 자녀에게 부지런히 가르치며 집에 앉았을 때에든지 길을 갈 때에든지 누워 있을 때에든지 일어날 때에든지 이 말씀을

강론할 것이며 8 너는 또 그것을 네 손목에 매어 기호를 삼으며 네 미간에 붙여 표로 삼고 9 또 네 집 문설주와 바깥 문에 기록할지니라

'쉐마'에서는 우리가 하나님을 사랑하되 마음을 다하고 뜻을 다하고 힘을 다하여 사랑하라고 말씀한다. 그리고 그것은 하나님께서 우리에게 주신 말씀을 마음에 새기고, 그것을 가르치며 강론할 뿐만 아니라, 그것을 자신의 손목에 매고, 미간에 붙이고, 자기 집의 문설주와 바깥 문에 기록하라고까지 말한다. 그만큼 주님을 가까이 하고 주님과 함께 걸어가라는 뜻이다.

2. 솔로몬은 '사랑'을 어떻게 정의하고 있는가?

솔로몬은 사랑을 아가서 8:6b~7에서 이렇게 말하고 있다.

아 8:6b~7 [직역] 사랑은 죽음같이 강하고 스올같이 잔인하다. 질투는 불길같이 타오르나니, 그것의 기세가 가장 강력한 불길 같다. 7 많은 물일지라도 이 사랑을 끄지 못할 것이며, 홍수라도 삼키지 못하나니, 사람이 자기의 모든 재물을 다 주고 사랑을 얻으려고 할지라도 그는 정녕 멸시를 받고 말 것이다(아 8:6b~7).

이것은 결국 사랑의 힘과 위대함과 값어치를 제대로 표현해 주는 표현이라고 할 수 있다. 그런데 사랑을 가리켜 질투라고 표현하는 말이 중간에 나온다. 하지만 여기에 나오는 '질투'는 시기심이 아니라,

일종의 '열정'이자, '열성'을 가리킨다. 왜냐하면 '질투'에 해당하는 히브리어는 '킨나흐'라는 단어인데, 그 뜻이 원래는 '열성, 열심, 특심'에서 시작되어 '부러움'으로, 그리고 다시 '시기'로 확장되기 때문이다. 그러므로 구약성경을 보면 하나님을 질투하는 하나님이라고 말씀하기도 하며(출 20:5), 하나님께서 열심을 내어 당신이 이미 하신 말씀을 성취할 것이라고 약속하기도 한다(왕상 19:14, 사 9:6~7, 겔 39:25). 한마디로 사랑은 불타오르는 열정이라는 것을 알 수 있다. 그러므로 이 '열정'은 누구도 건드릴 수 없고 그러면서도, 이 열정은 그 누구도 소멸시킬 수 없는 위대한 '열정'인 것이다.

3. 아가서에는 술람미 여인을 사랑하는 솔로몬을 어떤 신분으로 소개하고 있는가?

아가서에는 솔로몬의 신분을 네 가지로 소개한다.

솔로몬은 첫째, 예루살렘의 '왕'이면서(아 1:4, 12, 3:9, 11, 7:5) 동시에 둘째, '포도원의 주인'이다(아 8:11). 그리고 셋째, 동산에서 양을 치는 (먹이는) '목자'이면서(아 1:7, 2:16, 6:2~3) 동시에 넷째, 동산에서 백합화를 돌보는 '동산지기'다(아 5:1, 6:2~3).

특히 아가서는 솔로몬이 왕이라는 것을 많이 강조한다. 그래서 그가 술람미 여인과 결혼하기 전에 연애할 때에도 이미 '왕'이었고(아

1:4, 12), 결혼식을 거행할 때에도 '왕'이었으며(아 3:9, 11), 결혼한 후에도 '왕'이었음을 계속해서 언급한다. 이는 그가 고귀한 왕의 신분을 가졌음에도 불구하고 포도원까지 심방하여 포도원을 관리하는 자에게도 관심을 가졌다는 것을 말해주는 것이다. 이는 하나님께서 영광의 보좌에 앉으신 분이셨지만 기꺼이 그 자리에서 내려오셔서 포도원지기로서 고생하고 있는 우리 인간들을 구원하기 위해 이 땅에 낮고 천한 몸을 입으신 하나님의 관심과 사랑을 대변해준다. 그렇다. 아가서를 읽어 보면 왕은 신하들이나 백성들을 다스리는 데에 관심을 두고 있기보다는 오로지 포도원과 동산에 관심을 갖고 계시는 것을 볼 수 있다. 보다 더 정확히 표현하자면, 솔로몬 왕은 포도원의 농부와 동산의 양 떼 그리고 동산의 백합화에 관심을 갖고 있는 것이다. 이때 '포도원 농부'는 죄에 매여 일평생 종노릇하는 인간을 상징하고 있으며, '양 떼'는 장차 천국 백성이 될 인간들을 가리킨다. 그리고 '백합화'는 장차 그리스도의 신부가 될 성도들을 가리킨다.

4. 왕은 어떻게 시골 처녀를 사랑했으며, 결혼한 시골 처녀는 자신의 신랑을 어떻게 사랑한다고 말했는가?

왕은 처음 만날 때부터 술람미 여인이 자신의 잃어버린 짝이라는 것을 알아 버렸다. 그러므로 그는 잃어버린 단 하나의 자신의 짝을 얻기 위해 자신의 목숨을 거신다. 왕이니까 그냥 다른 사람을 시켜서 그녀를 데려오라고 했어도 되었지만, 그는 결코 그냥 왕의 권한을 남용하여 술람미 여인을 자기의 아내로 데려간 것이 아니었다. 그는 그녀를 위해 장차 어떤 행할 것인지를 먼저 보여주었고, 그것을 받아들이자 청혼을 하였던 것이다. 사실 연애 시절에 솔로몬은 한 번 그녀를 잔칫집(포도주의 집)으로 데려간 일이 있었다. 그런데 그때 솔로몬은 그녀의 머리 위에 깃발을 하나 세워 주었다. 그리고 그 깃발에는 '사랑'이라는 글자를 새겨 넣었다(아 2:4). 이는 그가 포도주의 집에서 자기의 피를 흘려 죽으심으로 그녀를 사랑하고 있다는 것을 증명하였던 것이다. 그리고 그것이 바로 자신의 사랑이라는 것을 알게 하고 싶었던 것이다.

그리고 신부인 술람미 여인은 결혼 후에 그녀가 얼마나 자신의 신랑을 사랑하고 있는지를 보여주는 장면이 나온다. 그때 그녀가 남편에게 드린 사랑은 세 가지였다. 첫째로, 그때에 포도원에서 꽃이 피어 자라고 있는 포도나무와 석류나무였다. 둘째로, 이미 거둬 놓은 열매들이었다. 그리고 셋째로, 그때 거둔 새로운 열매들이었다. 이러한 사실은 그녀가 성장하여 이제는 자기 자신만을 위해 사는 존재가 아닌 것을 보여준다. 그것은 그리스도께서 행하시는 그 일을 자기도 행하고 있다는 것을 보여준 것이라고 할 수 있다. 그러므로 이는 그녀가 자신의 삶으로 솔로몬을 사랑하고 있음을 표현한 것이라고 할 수 있다. 이는 예수님이나 세례 요한 그리고 야고보처럼 '행함이 없는 믿음은 죽은 믿음'인 것을 표현한 것이라고 할 수 있다(약 2:26).

약 2:26 영혼 없는 몸이 죽은 것 같이 행함이 없는 믿음은 죽은 것이니라

5. 주님의 사랑받는 신부가 되려면 어떤 사람이 되어야 하는가?

내가 진정 주님의 사랑받는 신부가 되려면 사실 말로만 주님을 사랑한다고 해서는 신부가 될 수 없다. 실제로 주님께서 바라시는 신부가 되어야 하는 것이다.

그것은 첫째로, 백합화 같고 비둘기 같은 정결하고 정절을 가진 신부가 되어야 한다. 그리고 둘째는 원수의 영토에 깃발을 꽂는 신부가 되어야 한다. 영적 싸움에서도 승리해야 하기 때문이다. 밤의 두려움을 이기는 신부가 되려면 영적 전사가 되어야 하기 때문이다. 셋째는 이 땅에 포도원을 개척하여 다른 신부들을 산출하고 양육하는 신부가 되어야 한다.

그런데 실은 이 일들은 다 원래 주님이 하시고 있었던 일이었다. 그런데 주님을 사랑하게 되면 주님이 하시는 일을 우리도 하게 된다. 그러므로 그녀가 성장한 후에 그녀가 보여준 것은 지금도 그 일을 하고 있으며, 과거에도 했었고, 앞으로도 그렇게 하겠다는 것이다. 그녀는 그것을 가리켜 '사랑'이라고 표현했다(아 7:12).

아 7:12 우리가 일찍이 일어나서 포도원으로 가서 포도 움이 돋았는지, 꽃술이 퍼졌는지, 석류 꽃이 피었는지 보자 거기에서 내가 내 사랑을 네게 주리라

그래서 우리도 술람미 여인처럼, 과거나 지금이나 미래나 변함없는 신부, 그리고 끝까지 흔들리지 않는 신부이자 오직 주님만을 사모하

는 신부, 그리고 오직 주님이 하고 있는 일에 자신도 기꺼이 뛰어들어 수고를 아끼지 않는 신부, 그리고 그러한 일을 행할 때에 어떤 어려움과 환난이 불어닥쳐도 결코 뒤로 물러서지 않고 당당하게 맞서는 신부, 그리고 세상 풍조가 아무리 치고 들어와도 그것에 물들지 않고 오직 백합화처럼 일편단심으로 주님께 바치는 순결한 신부가 되어야 한다.

제4과
나는 동산 어디에 거주하는 자인가?
(아 8:11~13)

> 아 8:11~13
> 11 [여자] 솔로몬이 바알하몬에 포도원이 있어 지키는 자들에게 맡겨 두고 그들로 각기 그 열매로 말미암아 은 천을 바치게 하였구나 12 솔로몬 너는 천을 얻겠고 열매를 지키는 자도 이백을 얻으려니와 내게 속한 내 포도원은 내 앞에 있구나
> 13 [남자] 너 동산에 거주하는 자야 친구들이 네 소리에 귀를 기울이니 내가 듣게 하려무나

1. 아가서에서는 술람미 여인의 최종적인 상태를 어떻게 묘사하고 있는가?

아가서에서는 술람미 여인의 최종적인 상태를 '동산에 거주하는 자'라고 묘사하고 있다(아 8:13). 그러나 아가서에 술람미 여인이 처음으로 언급될 때에는 그 동산이 어디에 있는지도 모르는 포도원지기로 나온다. 즉 그녀는 의붓오빠들에 의해 바알하몬에 있는 커다란 포도원에서 포도원지기로 일하고 있던 시골 농부에 불과했던 것이다. 그런데 이 여자가 일하는 포도원에 어느 날 솔로몬 왕이 시찰을 나온다.

그리고 왕이 그녀를 보는 순간, 왕은 그녀가 자신의 잃어버린 짝이라는 것을 즉시 알게 된다. 그러자 그때부터 왕과 그녀의 연애가 시작된다. 그러다가 결국 혼례를 치르고 그녀는 예루살렘 성안에 있는 왕궁에 거하는 자가 된다. 그럼, 이 여인의 최종적인 거처는 어디였을까? 왕국이었을까? 그러나 아니었다. 그곳은 '동산'이었기 때문이다. 그렇다면, 왜 이 여인은 예루살렘 성의 왕궁에 거주하는 자가 아니라 동산에서 거주하는 자라고 나오는 것인가?

2. 아가서에서 동산은 대체 어디에 있는가?

상당히 비유적인 표현으로 가득 찬 아가서를 푸는 핵심적인 키워드가 있다면 그것은 무엇인가? 그것은 아마도 '동산'일 것이다. 왜냐하면 최종적으로 그녀가 솔로몬에게 있어서 솔로몬이 머무는 동산이 되었기 때문이다(아 4:12). 그런데 동산은 원래 솔로몬이 양 떼를 먹이는 장소였다. 그리고 솔로몬은 그곳에서 백합화를 주워 모으는 사람이었다. 그런데 아가서의 마지막에서는 그녀의 마지막 거처를 '동산'이라고 말한다.

그렇다면 '동산'은 대체 어디에 있던 장소였는가? 분명한 사실은 아가서에 나오는 '동산'은 첫째, 솔로몬의 소유였다는 것이다(아 5:1, 4:16). 여기서 솔로몬은 하늘에 있는 그리스도를 상징하는 인물이므로, 동산은 하늘 안의 어딘가에 있음을 알 수 있다.

둘째, 그 동산은 '호도 동산(호두 동산)'이라고 불렸다는 것이다(아 6:11). 그렇지만 이 명칭은 솔로몬이 만든 이름이 아니었다. 이 명칭은 술람미 여인이 그렇게 지어 부른 것이었기 때문이다. 아마도 동산의 생김새가 호두 모양이어서 그렇게 부른 것이 아닐까 생각된다. 그리고 호두 모양이 마치 사람의 두뇌처럼 생겼으니, 천국에서 본다면 우주를 주관하는 헤드쿼터 영역이 아닌가 싶기도 하다.

셋째, 그 동산은 예루살렘에서 내려가는 길목의 어느 알 수 없는 공간에 있었다는 것이다(아 6:2, 11). 이것은 그곳이 사람들이 분주히 움직이는 공간이 아니라, 주님께서 은밀하게 머무시는 공간이라는 것을 말해준다.

마지막으로 넷째, 그곳은 천국이나 지상에 실재하는 장소를 가리키는 것이 아니라 주님이 거주하는 공간이자 주님의 마음이 있는 공간으로서 인간의 마음이기도 하다는 것이다(아 4:12, 6:2~3). 사실 이 장소는 꼭 물질 세계에서 실재하는 공간이라고 한정하기는 어렵다. 왜냐하면 동산을 은유적인 표현으로 사용하고 있기 때문이다. 왜냐하면 솔로몬이 그녀를 가리켜 "나의 동산"이라고 했기 때문이다(아 4:12). 그러므로 사람 가운데 주님이 거주하는 공간, 곧 사람의 마음이나 영이 바로 주님의 동산이 될 수도 있는 것이다. 왜냐하면 주님은 지금도 하늘에 계시지만 동시에 사람의 마음 안에도 거주하는 분이시기 때문이다(계 3:20).

3. 솔로몬은 그 동산에서 무슨 일을 하고 있었는가?

그렇다면 솔로몬은 동산에서 대체 무슨 일을 하고 있었는가? 그것은 두 가지 일을 하고 있었다.

첫째, 솔로몬은 그곳에서 양 떼를 돌보는 일을 하고 있었다(아 6:2~3, 1:7, 2:16). 솔로몬은 자신의 하나밖에 없는 짝인 술람미 여인과 결혼했다. 하지만 결혼 후 아직 신혼의 날이 지나가기도 전에, 솔로몬은 밤늦도록 일하다가 귀가했다. 그러다가 어느 날에는 새벽 이슬을 맞을 만큼 늦은 시간에 집에 도착했다. 그러자 그녀가 집 문을 열어주지 않을 때가 있었다. 이는 솔로몬이 호도 동산(호두 동산)에서 양 떼를 돌보는 일을 하다가 그만 늦게 귀가하였던 것이다(아 5:2). 여기서 '양 떼'라 함은 하나님께서 이 세상에 살고 있는 당신의 백성들을 가리켜 표현하는 말이다(시 100:3).

둘째, 솔로몬은 그곳에서 백합화를 주워 모으는 일을 하고 있었다(아 6:2~3). 여기서 '백합화'라 함은 이 땅에 있는 당신의 백성들 가운데에서도 거룩하고 깨끗한 당신의 신부들을 가리키는 표현이다. 술람미 여인도 역시 가시나무 가운데 있는 하나의 백합화였다(아 2:2). 그리고 솔로몬은 늘 동산으로 가서는 동산에 있는 많은 백합화 가운데 일하고 있었다(아 6:2~3). 왜냐하면 그 동산의 백합화는 이 땅에 살고 있는 사람들의 순결한 영혼을 가리키기 때문이다. 그러므로 이 땅에서 살고 있는 거룩한 신부들 가운데, 원수에 의해 고난을 당하고 핍박을 받다가 순교하는 신부가 생기면, 천국에 있는 동산의 백합화 꽃도 함께 꺾인다. 그러므로 영적으로 볼 때 예수님을 상징하는 솔로몬이 동산에서 꺾어진 백합화를 주워 모아 가슴에 품고 있다는 것은 그 영혼이 순교했다는 것을 의미한다. 그리고 그렇게 해서 순교한 영혼들을 위해, 지금도 하늘에서 우리 주님께서는 그러한 영혼에게 황금 수레를 내려보내신다. 그리고 그 백합화 같은 신부를 천국으로 데려오게 하는 것이다(아 6:12).

4. 내 마음이 주의 동산이 되게 하려면 어떻게 해야 하는가?

고로 이 세상에 살고 있는 우리 성도들은 내 마음이 주의 동산이 되게 해야 한다. 그러한 자만이 장차 천국에 있는 동산에 들어가서 살 수 있기 때문이다. 그렇다면, 내 마음을 주의 동산이 되게 하려면 어떻게 해야 할까?

그것은 주님께서 그 동산에서 무엇을 얻고 계셨는지를 살펴보면 알 수 있다. 주님께서는 그 동산에서 세 가지를 거두셨고 또한 먹고 마셨다(아 5:1).

첫째는 주님께서는 그곳에서 몰약과 향 재료를 거두셨다(아 5:1). 이것들은 향기가 나게 하는 것들이다. 구약에서 몰약과 향 재료들은 향기름을 만드는 재료들이다(출 30:22~25). 그리고 요한계시록에서 이 향은 곧 성도들의 기도들이다(계 8:3~5). 고로, 내 마음이 주의 동산이 되게 하기 위해서는 늘 기도에 힘써야 한다. 그리하여 내 마음이 주의 동산이 되도록 기도를 하되, 때로는 금식하면서 기도해야 하고, 때로는 방언하면서 기도해야 한다.

둘째는 주님께서 그곳에서 꿀송이와 꿀을 드셨다는 것이다(아 5:1). 여기서 먹었다는 것은 그것이 양식이라는 것을 가리킨다. 그러므로 내 마음이 주의 동산이 되게 하려면 우리는 영혼의 양식인 하나님의 말씀을 늘 먹어야 하는 것이다. 우리 주님께서도 늘 말씀을 먹고 사셨기 때문이다. 그러므로 시편 기자는 이렇게 말한다. "주의 말씀의 맛이 내게 어찌 그리 단지요. 내 입에 꿀보다 더 다니이다"(시 119:103). 그렇다. 그러므로 내 마음이 정말 주의 동산이 되게 하려면 우리도 역시 신구약 66권의 성경 말씀을 늘 섭취해야 한다.

셋째는 주님께서 그곳에서 포도주와 우유(젖)를 마셨다는 것이다(아 5:1). 여기서 포도주와 젖이란 마시는 것의 일종으로서, 예수께서 지상에 계실 때에 설교 가운데 나온다. 그것은 누구든지 목마르거든 그분에게로 나와서 마시라고 함으로써, 이것들이 곧 성령을 가리킨다고 할 수 있다(요 7:37~39). 고로 내 마음이 주의 동산이 되게 하기 위해서는 우리도 날마다 성령을 마셔야 한다. 그래서 그분의 음성을 들어야 하고 그분으로 호흡해야 하며 그분의 음성에 즉각적으로 순종해야 하는 것이다. 그래야 성령의 흐름이 내 마음속에서 계속 흘러넘쳐서 내 마음이 주의 동산이 될 수 있는 것이다.

5. 동산 안에도 세 장소가 있다는 데, 그곳은 대체 어디인가?

아가서 4:12의 말씀을 보면, 동산 안에도 세 장소가 있음을 알 수 있다. 첫째는 잠근 동산이요, 둘째는 덮은 우물이며, 셋째는 봉한 샘이다.

첫째로, 이 동산을 '잠근 동산'이라고 부름은 그 동산이 울타리로 쳐져 있기 때문에 일컫는 말이다. 그러므로 그 장소는 아무나 들어갈 수 있는 공간이 아니다. 마치 에덴동산이 두루 도는 화염검으로 울타리가 쳐져 있는 것과 같아서, 아무나 그곳에 들어갈 수가 없는 것이다. 그러므로 우리가 만약 잠근 동산에 들어갈 수 있다면, 우리는 그것만으로도 엄청난 특권을 얻은 것이라고 말할 수 있다. 그리고 영적으로 본다면, 잠근 동산은 우리의 신랑 되신 예수께서 계시는 '새 예루살렘 성'을 가리킨다.

그런데 둘째로, 잠근 동산 안에는 '덮은 우물'이 있다. 그리고 이 물은 생명수이다. 이는 마치 에덴동산의 한가운데에서 물이 흘러나와서 사방으로 흘러가면서 생명을 공급해 주는 것과 같은 것이다. 이는 또한 천국의 모습을 그대로 반영해 준 것이라고도 볼 수 있다. 왜냐하면 천국에서는 하나님의 보좌로부터 생명수가 솟아 나오고, 그 생명수가 새 예루살렘 성 안의 모든 곳으로 흘러 들어가기 때문이다. 고로 이 장소는 잠근 동산 안에 들어온 자만이 또다시 나아갈 수 있는 아주 특별한 장소인 것을 알 수 있다. 그러므로 천국에 들어간 성도라고 할지라도 아무도 하나님의 보좌 앞으로 가서 생명수를 마실 수 있는 것이 아님을 알아야 한다.

    그리고 마지막 셋째로, '봉한 샘'이 있다. 사실 덮은 우물에 있는 물은 이 봉한 샘에서 물이 흘러나와서 만들어진 물이다. 그러므로 물의 시원이 바로 이 봉한 샘이라고 할 수 있는 것이다. 그러므로 누군가 천국에 들어가게 되었을 때에, 그가 봉한 샘까지 들어갔다고 한다면, 그의 생명의 강도가 매우 강하다는 것을 알 수 있다. 사실 천국에서의 높고 낮음은 얼마나 그의 이름이 생명책에서 더 많은 분량을 차지하느냐에 따라 달려있다. 고로 봉한 샘에 들어가는 자는 천국에서 그의 신분이 매우 높은 자인 것을 알 수 있다. 시간 관계상 이러한 것들에 관하여는 다음 시간에 더 자세히 살펴보도록 하자.

제5과
동산에도 세 장소가 있다
(아 8:11~13)

> 아 8:11~13
> 11 [여자] 솔로몬이 바알하몬에 포도원이 있어 지키는 자들에게 맡겨 두고 그들로 각기 그 열매로 말미암아 은 천을 바치게 하였구나 12 솔로몬 너는 천을 얻겠고 열매를 지키는 자도 이백을 얻으려니와 내게 속한 내 포도원은 내 앞에 있구나
> 13 [남자] 너 동산에 거주하는 자야 친구들이 네 소리에 귀를 기울이니 내가 듣게 하려무나

1. 아가서에서 동산은 어디에 있는가?

아가서에서 동산은 예루살렘으로 내려가다가 있는 어떤 장소라고 나온다(아 6:2, 11). 그렇지만 그 장소가 정확히 어디인지는 알 수가 없다. 다만 그러한 장소가 있다는 것만은 확실하다. 그렇다면 과연 이 동산은 천국에 있는 장소를 가리키는가 아니면 지상에 있는 예루살렘 성 밖의 어떤 장소인가? 아마도 그곳은 천국에 있는 동산 같아 보인다. 그리고 동시에 이 지상에도 있는 공간처럼 보인다. 그런데 놀라운 사실은 이 동산 안에는 아무나 들어갈 수 없다는 것이다. 왜냐하면 그

곳은 오직 나 자신만 들어갈 수 있는 공간이면서 동시에 주님만이 거주하는 아주 은밀한 공간이기 때문이다. 그러므로 이 동산은 일종의 비원(비밀의 동산)이라고 말할 수 있다. 그런데 우리는 주님과 만나는 장소가 바로 이 공간이다. 그러므로 이 공간 안에는 주님 이외에 결코 다른 것이 들어오게 해서는 아니 된다. 특히 뱀이 들어오게 해서는 절대 아니 된다. 그러므로 우리는 이 동산은 나의 하나님과 나 자신이 같이 거주하는 공간으로서 우리의 '마음'이라고도 할 수 있다. 왜냐하면 주님께서 영으로서 우리의 영 안에 들어오실 수가 있기 때문이다.

2. 우리는 동산에서 주님과 어떻게 만날 수 있는가?

그렇다면 우리가 그 동산에서 주님과 만나기 위해서는 어떻게 해야 하는가? 그것은 솔로몬이 그 동산에서 무엇을 거두고 먹고 마셨는지를 보면 알 수 있다.

첫째, 그곳은 몰약과 향 재료를 거두는 곳이었다. 이는 그곳은 '기도할 때에' 만날 수 있는 공간이라는 뜻이다(계 8:3~5). 둘째, 꿀송이와 꿀을 먹을 수 있는 곳이었다. 이는 그곳이 '하나님의 말씀을 먹을 때에' 만날 수 있는 공간이라는 뜻이다(시 119:103). 셋째, 포도주와 젖을 마실 수 있는 곳이었다. 그것은 이곳이 '성령을 마실 때에' 만날 수 있는 공간이라는 뜻이다(사 55:1~2, 요 7:37~39).

그러므로 우리가 이 영적인 공간인 동산 안으로 들어가서 주님만을 만나기 위해서는 세 가지가 필요하다. 첫째, 기도해야 한다. 그리고 둘째, 하나님의 말씀을 먹어야 한다. 셋째, 성령의 음성에 귀 기울여야 한다. 그렇다면 우리의 삶 가운데 이 세 가지 요소들이 동시에 실현되는 시간과 공간은 언제일까? 그것은 '예배 때'이다. 우리는 예배 시간에 이 세 가지 일을 동시에 수행하기 때문이다. 그러므로 보이지 않지만 우리가 비원에 들어가기 위해서는 기도하고 말씀을 먹고 성령의 음성에 귀를 기울여야 한다.

3. 솔로몬은 동산에도 3가지가 있다고 소개하는데 그것을 어떻게 구분할 수 있는가?

솔로몬은 아가서 4:12의 말씀을 통하여, 동산의 공간을 세 가지로 구분하고 있다.

아 4:12 내 누이, 내 신부는 잠근 동산이요 덮은 우물이요 봉한 샘이로구나

첫째는 잠근 동산이 있다. 이곳은 울타리가 쳐져 있어서 아무나 들어갈 수 없는 장소다. 왜냐하면 잠근 동산에도 문이 있기는 있으나 그 문은 두루 도는 화염검에 의해 감시되고 있기 때문이다. 그러므로 누구나 그곳에 들어갈 수는 없다. 이것은 무엇을 말해주는가? 오로지 주님에 의해 허락된 사람만 들어갈 수 있는 공간이 잠근 동산이라는

것이다. 둘째, 잠근 동산의 한가운데에 보면, 우물이 있는데 이 우물은 무엇에 의해 덮여 있다. 그래서 '덮은 우물'이라고 한다. 그런데 이 우물에는 물이 가득 차 있다. 그리고 셋째, 덮은 우물 안에 샘이 있으니 그것은 '봉한 샘'이라고 한다. 동산을 흐르는 물은 바로 이 샘에서 솟아올라서 흐르는 것이다.

4. 동산의 세 장소는 누가 들어갈 수 있는가?

솔로몬은 아가서를 통하여 누가 이 세 장소에 들어갈 수 있는지를 말한다. 그곳에는 오직 신부만이 들어갈 수 있는데, 다음과 같은 세 종류의 신부만이 들어갈 수 있다.

첫째, 잠근 동산에는 백합화 같고 비둘기 같은 신부가 들어갈 수 있다고 하였다(아 2:2, 14, 5:2). 왜냐하면 잠근 동산에는 오직 예수님만을 열렬히 사랑하는 백합화 같은 신부가 들어갈 수 있기 때문이다. 이는 비둘기의 특징처럼 순결하고 일부종사하고 정절을 지키는 신부만 들어갈 수 있는 것이다. 그런데 우리의 마음은 백합화 같은가? 백합화처럼 순결하고 일편단심 주님만을 사랑하고 정절을 지키며 살고 있는가? 아니다. 대부분 귀신과 세상에서 점령당한 채 있다. 그리고 세상을 사랑하고 있었다. 그러므로 내가 백합화 같은 신부가 되기를 원하고 비둘기 같은 신부가 되길 원한다면 대체 무엇이 필요한가? 그것은 절대적으로 회개다. 회개가 필수적인 것이다. 회개 없이는 내 안에 들어와 이미 주인 행세를 해오고 있는 귀신들을 밖으로 내보낼 수 없기 때문이다. 그러므로 회개하는 자에게 비로소 흰옷이 입혀지기 시작하는 것이다.

둘째, 덮은 우물에는 원수의 영토에 깃발을 꽂을 수 있는 신부가 들어갈 수가 있다(아 6:4, 10). 덮은 우물은 잠근 동산의 한가운데에 있다. 이를 영적으로 본다면, 동산에 들어왔다고 해서 누구나 덮은 우물로 갈 수 없음을 말해준다. 그럼 누가 덮은 우물에까지 접근할 수 있는가? 그것은 영적 전투에서 승리하는 자뿐이다. 이것을 천국의 모습을 가지고 살펴보자. 새 예루살렘 성 안으로 들어가는 것은 잠근 동산 안으로 들어가는 것과 같다. 이는 백합화 같고 비둘기 같은 순결한 신부가 들어가는 곳이다. 그런데 이 동산 중앙에는 생명수가 고여 있는 하나님의 보좌가 있다. 이곳이 바로 덮은 우물이다.

그런데 사실 백합화 같고 비둘기 같은 신부였던 술람미 여인이 잠시 부주의한 적이 있었다. 그러자 그 순간에 그녀는 신랑의 임재를 잃어버렸다. 그래서 그때부터 신랑을 찾기 시작했으나 쉽게 발견할 수가 없었다. 오히려 밤에 성을 지키는 순찰자들이나 성벽을 수호하는 파수꾼에게 농락만 당할 뿐이었다. 하지만 그녀가 기도하고 회개하고 주님을 자랑하기 시작했을 때에 그녀는 동산에서 자기의 양 떼를 먹이고 있던 솔로몬이자, 꺾어진 백합화를 모으고 있던 솔로몬을 발견하게 된다. 이러한 사실은 무엇을 말해주는가? 앞에서 믿음과 회개가 잠근 동산으로 들어가게 해주는 키워드라고 한다면, 말씀과 순종이 덮은 우물로 가는 키워드와 같다는 것이다. 왜냐하면 덮은 우물로 가서 덮개를 제거하려면, 그는 하나님의 말씀과 계명에 순종해야 하기 때문이다. 왜냐하면 하나님의 말씀과 계명이 결국 하나님의 전신 갑주가 되어주기 때문이다. 그리고 하나님의 말씀은 성령의 칼이 되어주기 때문이다. 다시 말해, 원수의 영토에 깃발을 꽂는 전사가 되어야만 덮은 우물로 나아갈 수 있는 것이다.

셋째, 마지막으로 봉한 샘에는 새로운 포도원을 개척하여 열매를 맺는 신부가 들어갈 수 있다. 왜냐하면 자신이 신부이지만 또 다른 신부를 산출하고 또한 그 신부를 양육하는 신부가 될 때에, 비로소 덮은 우물의 안쪽에 있는 봉한 샘 안으로 들어갈 수가 있기 때문이다. 그럼 누가 이 땅에서 하나님의 자녀를 산출하는 포도원을 개척하는 자가 될 수 있는가? 그것은 역시 좁은 길을 걸어가기를 결단하는 사명자들이 될 때이다. 이들은 누가 뭐래도 자신에게 주어진 일을 감당하는 것을 자신의 사명으로 알고 죽기까지 하나님의 명령에 순종할 사람이기 때문이다. 고로 봉한 샘에 들어갈 자들은 거의 대부분 대가를 지불하는 자들이다. 자신의 시간과 물질과 미래를 다 주님께 드린 자들이 봉한 샘으로 갈 수 있는 것이다. 그러면 이렇게 해서 봉한 샘까지 나아간 자들에게 하나님께서 하늘나라를 그에게 기업으로 주신다.

5. 동산의 세 장소는 성막과 대제사장의 옷과 어떤 상관관계가 있는가?

사실 동산의 세 장소란 곧 '잠근 동산'과 '덮은 우물'과 '봉한 샘'을 가리킨다. 그리고 앞에서도 살펴보았지만 신부들 중에 깨끗하고 순결한 신부만이 잠근 동산 안으로 들어갈 수 있다. 그리고 원수와 싸워 승리하는 전투 신부가 '덮은 우물'로 나아갈 수 있다. 그리고 더 나아가서 대가를 지불하여 다른 신부를 산출하고 양육하는 신부가 될 때 그는 '봉한 샘'으로 나아갈 수가 있다.

그런데 놀랍게도 이러한 세 장소가 성막의 세 장소와 일치한다. 왜냐하면 첫째로, '잠근 동산'은 레위인들이 들어가는 바깥뜰을 가리키며, 둘째로, '덮은 우물'은 제사장들만이 들어가는 성소를 가리키기 때문이다. 그리고 셋째로, '봉한 샘'은 오직 대제사장만이 들어가는 지성소를 가리키기 때문이다. 고로 잠근 동산에 들어갈 자는 '바깥뜰'에 들어갈 자들을 가리키고, 덮은 우물에 들어갈 자는 '성소'에 들어갈 자를 가리킨다. 그리고 마지막으로 봉한 샘에 들어갈 자는 '지성소'에 들어갈 자들이라고 말할 수 있다.

한편 이 세 장소는 대제사장이 입는 세 가지 옷에 비유할 수가 있다. 왜냐하면 이사야 61:10의 말씀에 따르면, 잠근 동산은 구원의 옷을 입는 것을 가리키고, 덮은 우물은 의의 겉옷(에봇 받침 겉옷)을 입는 것을 가리키며, 봉한 샘은 사모와 보석들로 수놓은 티아라 모양의 관을 쓰는 것을 가리키기 때문이다.

사 61:10 내가 여호와로 말미암아 크게 기뻐하며 내 영혼이 나의 하나님으로 말미암아 즐거워하리니 이는 그가 구원의 옷을 내게 입히시며 공의의 겉옷을 내게 더하심이 신랑이 사모를 쓰며 신부가 자기 보석으로 단장함 같게 하셨음이라

제6과
천국에서 왕권신부, 왕후신부, 비빈신부, 시녀신부는 어떤 서열을 가리키는가? (아 6:8~9)

> 아 6:8~9
>
> 8 [남자] 왕비가 육십 명이요 후궁이 팔십 명이요 시녀가 무수하되 9 내 비둘기, 내 완전한 자는 [그녀] 하나뿐이로구나 그[녀]는 그의 어머니의 외딸(하나)이요 그 낳은 자가 귀중하게(깨끗하게, 순결하여, 흠없게) 여기는 자로구나 여자들(딸들)이 그[녀]를 보고 복된 자라 하고 왕비와 후궁들도 그[녀]를 칭찬하는구나

1. 솔로몬의 곁에 있었던 네 종류의 여인들은 누구 누구인가?

솔로몬의 곁에 있었던 네 종류의 여인들은 첫째, 오직 하나밖에 없는 왕의 비둘기이자 완전한 자로서 술람미 여인이 있었다(아 6:9). 이는 왕의 딸로서 천국에서 제일 높은 계급에 속하는 왕권 신부를 가리킨다. 둘째, 왕의 곁에는 왕비(왕후)가 60명이 있었다. 이는 천국에서 두 번째로 높은 왕후 신부를 가리킨다. 셋째, 왕의 곁에는 후궁(비빈)이 80명이 있었다. 이는 천국에서 세 번째로 높은 비빈 신부를 가리킨다. 그리고 마지막으로 넷째, 무수히 많은 시녀(처녀) 신부가 있었다. 이는 천국에서 제일 낮은 신부 계급에 속하는 자들을 가리킨다. 그러

나 이러한 네 종류의 신부들은 전부 이긴 자들의 표상으로서, 천국에서는 다 왕 노릇하는 자들을 가리킨다. 그러므로 천국에서는 아무런 계급을 갖지 않은 평민이 아무리 많아도 그들은 시녀 신부보다는 높지 못하다.

2. 아가서에 나오는 신부의 네 계급은 솔로몬만 본 것일까?

어떤 분들은 이렇게 말할 것이다. 천국에 무슨 계급이 있겠느냐면서, 천국에서는 다 똑같이 하나님의 자녀와 신부이면서 왕 같은 제사장들이라고 말이다. 하지만 그것은 천국에 들어가 보지 않았기 때문에 하는 말이다. 사실 천국에서는 일평생 죄짓다가 회개하여 간신히 턱걸이로 들어온 자들과 일평생 나실인처럼 헌신하며 살다가 들어온 자들이 똑같은 영광을 누리는 것이 아니기 때문이다. 그래서 사도 바울도 고린도전서 15장에서 천국에서 성도들이 누릴 영광에 대해 해의 영광과 달의 영광과 별의 영광이 각각 따로 있다고 하면서, 별의 영광들도 서로 다른 종류의 영광이 있다고 하였다(고전 15:40~41). 고로 솔로몬이 본 네 종류의 신부의 계급은 실재하는 계급인 것이다. 그것을 증명할 수 있는 다른 방법이 있는데, 그것은 솔로몬 말고도 다른 성도가 그것을 보았다는 기록이 있다. 그 사람은 바로 시편 42편에서 49편까지를 썼던 고라 자손의 시에 나온다. 일찍이 고라는 광야에서 모세와 아론을 대항하여 반란을 일으켰던 주동자로서 하나님의 심판을 받아 산 채로 음부에 빠져 죽은 비참한 자였다. 하지만 그의 후손들이 살아남아서 다윗 시대에 성전에서 문을 지키고 노래하는 자들이 되었는데, 그중 한 명이 시편 42~49편을 쓴 것이다. 그중 시편 45편은 소산님(백합화들)의 곡조에 맞추어 부른 노래로서, 왕실의 혼인 잔치를 묘사하고 있는 시다. 이 시에 따르면, 아름다운 외모와 은혜로운 말을 하고, 그 옷에서 몰약과 침향과 계피의 향기가 우러나오는 왕이 먼저 등장한다. 그리고 왕이 존귀하게 여기는 네 종류의 여자들이 등장하는데 아마도 왕의 혼인식 같아 보인다. 그중에 첫째 여인은 왕의 딸들인데, 이들은 친딸들이 아니라, 거듭나서 왕의 딸들이 된 자로서 왕권 신부를 가리킨다. 둘째는 왕비(왕후)가 있는데, 이는 수놓은 옷을 입고 오빌의 금으로 꾸민 채 왕의 오른쪽에 있는 자이다. 셋째는 두로의 딸이 나오는데 이는 비빈 신부를 지칭하는 다른 표현이다. 넷째는 왕후를 따르는 처녀들로서 시녀 신부들이 있다. 그렇다. 고라 자손도 장차 그리스도의 신부가 될 자들이 누군지를 보았던 것이다.

3. 왕권 신부, 왕후 신부, 비빈 신부, 시녀 신부는 무엇을 기준으로 나눈 신부들인가?

아가서 6:8~9에 나오는 네 종류의 신부는 어떤 기준으로 나눈 신부인가? 사실 아가서에는 크게 두 가지 유형의 신부들이 나온다. 하나는 얼마나 신랑을 사모하느냐 그리고 얼마나 주님의 뜻을 알고 실천하느냐에 따라 세 종류의 신부가 있다고 말한다. 그것은 백합화와 비둘기 같은 신부요, 원수의 영토에 깃발을 꽂는 신부요, 또 다른 신부를 산출하고 양육하는 신부다. 그런데 또 다른 유형의 신부들이 나온다. 그것은 그들이 영적 전쟁을 수행할 수 있는 능력에 따라 그리고 그들이 가진 영성에 따라 네 종류의 신부로 나눌 수 있는데, 그것이 바로 왕권 신부, 왕후 신부, 비빈 신부, 시녀 신부인 것이다.

4. 왕권 신부, 왕후 신부, 비빈 신부, 시녀 신부와 같은 네 종류의 신부들은 과연 어떠한 신부들이며 그들 서로는 어떤 차이가 있는가?

사실 네 종류의 신부들을 구별하는 기준은 그들의 영적 전쟁 수행 능력이다. 다시 말해, 이들은 공통적으로 영적 전쟁에서 승리한 자들이기에 영적 전쟁을 수행할 수 있지만 그 능력에 있어서 차이가 나는 것이다. 첫째로 왕권 신부는 가장 높은 계급의 신부로서 영적 전투에 능한 자들을 가리킨다. 그가 누가 되었든지 원수의 영에 사로잡힌 포로들을 구출하여 하나님의 영토에 데려올 수 있는 자들을 가리킨다. 그러므로 영권으로 본다면, 성령의 계시를 직접적으로 받을 수 있는 자들을 가리킨다. 둘째, 왕후 신부는 하나님의 백성들의 우두머리의 권세를 가진 자로서, 영적 전쟁에 강한 자들을 가리킨다. 이들은 양쪽에 날이 선 성령의 검 곧 하나님의 말씀을 자유자재로 사용할 줄 아는 신부들이다. 그러므로 영권으로 본다면, 영이 항상 깨어있는 자들을 가리킨다. 셋째로 비빈 신부가 있으니 이들은 하나님의 백성들의 머리가 될 권세를 가진 자들로서, 성령의 검 곧 하나님의 말씀을 가졌지만 그것을 자유자재로 쓰지 못해 전쟁 수행 능력이 조금 떨어진 자들로서, 적을 읽어내는 능력도 떨어진 자들을 가리킨다. 영권으로 본다면 이들은 영이 깨어 있기는 하지만 영이 졸 수 있는 신부들을 가리킨다. 마지막으로 네 번째 신부는 시녀(처녀) 신부가 있다. 이들도 역시 하나님의 백성들의 지도자가 될 수 있는 권세를 가진 자들인데, 성령의 검을 들기는 했으나 그것을 공격용으로 사용하지는 못하고 자기 방어용 정도로 사용할 수 있는 자들을 가리킨다. 영권으로 본다면 이들은 영이 때로는 졸고 있는 자들을 가리킨다.

5. 말씀을 기준으로 네 종류의 신부들을 나눈다면 어떻게 나눌 수가 있는가?

말씀에는 사실 세 가지 말씀이 있다. 첫째, '기록된 말씀'이 있다. 이 말씀은 성경 66권의 모든 말씀을 가리키는 것이다. 그래서 이 말씀은 흔히들 '로고스'라고 부른다. 둘째, '선포된 말씀'이 있다. 이는 설교자가 몇몇의 성경 구절을 가지고 그날의 설교 주제를 만들어서 설교할 때 선포되는 말씀을 가리킨다. 이 말씀은 성경 전체는 아니라고 할 수 있지만, 성경의 말씀을 설교할 때에 나오는 말씀이기 때문에 다소 하나님의 말씀이 들어 있는 말씀이라고 할 수 있다. 이것이 바로 '선포된 하나님의 말씀'이다. 그리고 마지막으로 '그 시에 주어지는 말씀'이 있다. 이는 지금도 일상생활 가운데서 성령께서 우리의 마음 가운데 들려주시는 말씀으로서, 이 말씀은 '레마 말씀'이라고 부른다. 이러한 말씀은 이미 성경 66권을 거의 암송한 상태에서 성령의 음성을 들을 수 있는 자들이 받는 말씀을 가리킨다. 이것을 네 종류의 신부들에게 적용한다면, 먼저 네 종류의 신부에 들지 못하는 사람들로서 일반 백성들(평민)은 평소 성경을 읽지 않는 자들이나 그나마 주일에 선포된 말씀이라도 듣고 있는 자들을 가리킨다. 그렇지만 시녀 신부는 기록된 말씀인 성경을 읽어서 하나님의 뜻을 발견하게 되면, 자기도 그 말씀대로 실천하려 노력하는 신부들을 가리킨다. 그러나 왕권 신부와 왕후 신부와 비빈 신부는 선포된 말씀을 듣고 기록된 말씀을 읽으면서 동시에 그 시에 성령께서 주시는 말씀을 듣는 자들을 가리킨다. 혹 어떤 사람의 말씀이 곧 그 시에 성령께서 하시는 말씀과 동일하다면 그 사람의 신분은 왕권 신부라고 할 수 있다. 거의 일치한다면 왕후 신부라고 할 수 있고, 조금이나마 일치한다면 그 사람은 비빈 신부가 될 수 있는 것이다. 그렇다면 나는 지금 어디에 속해 있으며, 그다음 단계로 진급하기 위해서 어떻게 해야 하는지에 대해서도 고민할 수 있기를 바란다.

제7과
신부 술람미 여인의 최종적인 요청은 무엇인가?
(아 8:14)

> 아 8:14
> [여자] 내 사랑하는 자야 너는 빨리 달리라 향기로운 산[들] 위에 있는 노루와도 같고 어린 사슴과도 같아라

1. 들어가며

　아가서는 선남선녀의 연애 이야기다. 그러나 그러한 이야기를 쓰려고 쓴 것이 아니다. 이것은 그리스도께서 어떻게 천국 성도를 얻으시는지 그리고 천국에 들어갈 성도들은 과연 어떤 신분으로 들어가는지를 알려주는 신부의 천국 입성 지침서이기 때문이다. 그러므로 우리는 실제 있었던 솔로몬과 술람미 여인의 사랑 이야기를 보면서, 하나님께서 육신을 입고 이 땅에 오신 예수 그리스도가 누군지를 배울 수 있으며, 동시에 장차 천국에 들어갈 성도들의 모습도 미리 엿볼 수가 있다. 그러기에 우리는 이 아가서를 영서(영적인 책)로 보아야 한다. 그렇다면 아가서의 끝은 어떻게 마무리되었을까? 신부의 최종적인 바람은 과연 무엇이었을까? 우리는 지난 스물일곱 번의 장들을 통하여 아가서 전체를 살펴보았다. 그중에 이번 장은 아가서의 맨 마지막 장

의 마지막 절을 살펴보고자 한다. 그래서 아가서가 궁극적으로 어떤 책인지를 살펴보고, 신부 된 성도들의 마지막 소망은 무엇이며 그리고 어떻게 그것을 준비해야 하는지까지 살펴보도록 하자.

2. 솔로몬과 술람미 여인이 이 세상 사람들의 이야기만이 아니라는 것은 어떻게 알 수 있는가?

열왕기상 11:3의 말씀에 따르면 솔로몬에게는 왕비(왕후)가 700명이나 있었고, 후궁(비빈)도 300명이나 있었다고 한다. 그러므로 왕비 700명 가운데에는 분명 술람미 여인도 들어 있었을 것이라 추정된다. 그런데 열왕기상의 기록 가운데 술람미 여인의 흔적을 찾기가 심히 어렵다. 아니 나오지 않는다. 있기는 있었으나 기록되지 아니한 것이라고 본다. 그러므로 술람미 여인이 실재하는 여인이었는지를 연구하는 것보다 더 중요한 것이 있는 것이다. 그것은 이 성경책이 우리에게 정경으로 주어져 있다는 것이다. 이러한 일에는 분명 하나님의 섭리가 작용했을 것이다. 그러므로 우리는 이 책이 정경의 한 권이라는 사실 자체만으로도 빨리 이 책의 가치를 알아볼 수 있어야 한다. 그렇다면, 이 책의 주인공들 곧 솔로몬과 술람미 여인이 실재하는 인물을 벗어나 그리스도와 천국의 신부를 예표하는 인물이라는 것은 어떻게 알 수 있을까? 그것은 솔로몬에 대한 아가서의 진술과 술람미 여인에 대한 성경의 진술을 통해서 확인해 볼 수 있다.

먼저, 솔로몬이 진짜 누군지를 알려주는 말씀이 아가서 8:1~2에 나온다는 것이다. 여기에서 술람미 여인은 솔로몬을 '내 어머니의 젖을 먹은 오라비'가 아닌 분으로, 자기와 자기의 어머니가 그분에게서 무엇인가를 교훈받아야 할 분이라고 말한다. 얼핏 보기에 이 말은 솔로몬이 자신의 친오빠가 아닌 아쉬움을 이야기하는 것이 아닌가 하는 생각도 할 수 있다. 하지만 찬찬히 읽어 보면, 술람미 여인의 어머니는 단순히 그녀의 모친을 말하고 있는 것이 아니다. 그녀는 하와 내지는 인류를 대표하는 인물로 묘사되고 있기 때문이다. 그러므로 술람미 여인이 말하고 있는 솔로몬은 인류의 젖을 먹지 않는 사람을 묘사하고 있다는 것을 알 수 있다. 그분은 원래 하나님이셨는데 사람이 되신 분이기 때문이다(요 1:18). 그리고 술람미 여인이 누군지도 소개되어 있는데, 그녀는 솔로몬에게 하나밖에 없는 짝이라고 나온다(아 6:9). 솔로몬에게 그녀는 자신의 비둘기이자 완전한 자라고 했다(아 6:9). 그런데 솔로몬에게는 당시 왕비가 60명이나 있었고, 후궁도 80명이나 있었으며, 시녀가 무수히 많이 있었다고 기록되어 있다. 왜 솔로몬은 굳이 숫자를 여기에 소개하고 있는 것일까? 과연 솔로몬이 언급한 여인들의 숫자는 실재 숫자에 불과한 것인가? 아니면 이 숫자들까지도 어떤 영적인 의미가 들어있는 것인가? 결론적으로 말씀드리면, 이 숫자는 역시 영적인 의미가 들어 있다는 것이다. 왜냐하면 솔로몬에게 있는 여인의 종류는 아가서에서만 나오는 것이 아니라, 아가서보다 먼저 쓰였을 것으로 여겨지는 시편에도 동일하게 소개되어 있기 때문이다(시 45:9). 시편 45편을 읽어 보라. 시편 45편의 저자인 고라 자손은 역시 백합화 같은 신부들을 네 종류로 구분하고 있다. 그들은 왕권 신부 즉 왕의 딸들과 아들들, 왕후(왕비) 신부, 비빈(후궁) 신

부인 두로의 딸, 시녀(처녀) 신부가 동일하게 등장하고 있기 때문이다
(시 45:9~17). 고로 이러한 신분들은 당시 실재하고 있었던 사람들이었
을 뿐만 아니라 장차 하늘의 신부가 누군지를 말해주는 것이다. 그것
을 후대 사람이었던 솔로몬도 같이 보았던 것이다. 특별히 왕권 신부,
왕후 신부, 비빈 신부, 시녀 신부란 천국에서 일반 백성(평민)을 말하
려는 것이 아니다. 이들은 전부 다 '이긴 자'들로서 영원한 천국에서
왕 노릇할 자들을 가리키는 것으로서, 이들의 숫자는 요한계시록에
144,000명이라고 나온다. 그런데 놀랍게도 왕권 신부 30명, 왕후 신
부 60명, 비빈 신부 80명을 곱하면, 144,000명이 나온다는 사실도 특
이하다. 고로 아가서에 나오는 숫자도 그냥 기록된 것이 아니었던 것
이다. 천국에서 왕 노릇할 144,000명이 과연 얼마나 많은 사람들의
보필을 받게 되는지도 기록하게 하신 것이다.

3. 신랑이 신부에게 최종적으로 바라는 사항은 무엇인가?

아가서는 총 8장으로 구성되어 있다. 그중에 1:1~3:5의 말씀은 결
혼 전의 이야기이고, 3:6~5:1의 말씀은 결혼식 때의 이야기다. 그리
고 5:2~8:14의 말씀은 결혼 후의 이야기다. 그렇다면 신랑은 신부에
게 최종적으로 어떤 바람을 마지막으로 노래했을까? 그 말씀이 바로
아가서 8:13에 나온다. "너, 동산에 거주하는 자야! 친구들이 네 소리
에 귀를 기울이니 내가 듣게 하려무나"(아 8:13). 그렇다. 솔로몬은 술
람미 여인이 동산에 거주하는 자라고 선포하고 있다. 그리고 주변의

친구들도 그녀의 소리에 귀를 기울임으로 그녀처럼 동산에 거주하는 자가 되기를 바라고 있다. 그러므로 우리가 이 말씀을 이해하기 위해서는 아가서에 나오는 '동산'에 대해서 제대로 알아야 한다. 그녀의 최종적인 처소가 '동산'이라고 말씀하고 있기 때문이다. 고로 아가서에 나오는 '동산'이 무엇인지를 정확하게 이해하지 못하면 아가서를 사실상 풀 수 없거나 잘못 풀게 된다. 그것은 앞 장에서 이미 전달했으니 그것을 참고하기를 바란다. 다만 간단히 정리하면 그것은 결국 감추어진 잠근 동산으로서 영적인 공간에 실재하는 장소를 가리킨다. 이것은 이 땅에서 우리의 마음 가운데 존재하는 것이자 동시에 하늘에서도 존재하는 것인데, 그 공간은 천국에서 주님이 일하시는 공간인 것을 알 수 있다. 주님께서는 그곳에서 이 지상에 있는 양 떼들을 돌보고 계시며, 당신의 백합화 같은 신부에게 더 특별한 관심을 가지고 지켜보고 계신다(아 6:2~3). 그리고 백합화가 꺾인다면, 주님은 그녀를 태우러 보내기 위해 수레를 준비하고 계신다(아 6:12). 그리고 그녀를 천국의 동산 곧 새 예루살렘 성안으로 데려가신다(아 4:12). 그런데 신부의 성숙도에 따라 그녀도 천국에 있는 잠근 동산, 덮은 우물, 봉한 샘으로 더 깊숙이 이끌어 가신다(아 4:12). 그러므로 우리 성도들은 어찌하든지 이 땅에 살 때에 자신의 영의 공간에 '동산'을 만들어야 한다. 그리고 동산을 만드는 법은 아가서 5:1에 나와 있다. 그것은 첫째, 기도하고 둘째, 말씀을 먹고 셋째, 성령을 마시는 것이다. 그런 자만이 동산을 만들 수 있으며, 결국에는 셋째 하늘에 있는 동산에 들어갈 수가 있다. 그러므로 솔로몬은 술람미 여인의 최종적인 거처를 마지막으로 언급하였던 것이다. 그리고 아직도 그 장소를 발견하지 못한 자들이 있다면 술람미 여인에게서 그것을 듣고 그 동산을 만들기를 바라고 계신다. 이것이 바로 아가서 8:13의 말씀이다.

4. 신랑에 대한 신부의 최종적인 요청은 무엇인가?

그렇다면 신부인 술람미 여인은 최종적으로 신랑인 솔로몬에게 어떤 부탁을 하였을까? 그것이 바로 아가서의 마지막 장의 마지막 구절이다. "내 사랑하는 자야, 너는 빨리 달리라. 향기로운 산[들] 위에 있는 노루와도 같고 어린 사슴과도 같아[여]라"(아 8:14). 그렇다. 여기에 나오는 '내 사랑하는 자'는 솔로몬을 가리킨다. 솔로몬은 술람미 여인이 처음부터 끝까지 변함없이 사랑하던 바로 그분이었다. 그런데 술람미 여인은 솔로몬에게 이렇게 요청을 한다. "당신은 빨리 달리세요". 그런데 한글 성경은 이 말의 뜻을 이해하기가 쉽지 않다. 그렇다면 히브리어로 보면 어떤 뜻일까? '빨리 달리라'는 말은 '바라흐'라는 동사로서, 크게 두 가지 의미가 있다. 하나는 '도망하다, 피하다'는 뜻이 있고, 또 하나는 '서두르다, 재촉하다, 어서 오다(가다)'는 뜻이 있다. 여기서는 후자의 뜻으로 쓰이고 있다. 그러므로 이 본문을 킹제임스 흠정역에서는 '서두르세요'라고 번역하고 있으며, 표준새번역에서는 '빨리 오세요'라고 번역하고 있다. 그러니까 신부가 신랑에게 "어서 오시옵소서"라고 말하고 있는 것이다. 그런데 신구약 성경의 결론의 책인 요한계시록을 보면, 신부가 역시 이 세상에 있는 사람들을 하늘의 동산인 새 예루살렘 성으로 초청하고 있는데, 그녀가 맨 마지막으로 하는 말도 역시 "아멘. 주 예수여, 어서 오시옵소서(마라나타)"(계

22:20)이다. 그렇다. 신랑에 대한 신부의 최종적인 요청은 "어서 오시옵소서"라는 간구였던 것이다. 이 말을 아람어로는 '마라나타'라고 한다. 그러므로 아가서를 쓰고 있을 당시로 가서 본다면(B.C. 960~950년) '빨리 달리라'는 말은 초림의 예수가 어서 오기를 기다리는 모습이라고 할 수 있고, 현재를 살아가고 있는 우리들의 경우라면, 재림의 예수께서 어서 오실 것을 요청하는 것이라고 할 수 있다.

5. 아가서의 최종적인 말씀을 재림하실 예수님을 고대하는 신부의 최종적인 요청으로 해석해야 할 이유는 무엇인가?

그러므로 오늘날의 관점으로 볼 때, 아가서의 최종적인 말씀(아 8:14)은 장차 재림하실 예수님을 학수고대하는 신부의 바람이라고 정의할 수 있다. 그 이유는 다음과 같다. 첫째, 신랑에 대한 신부의 요청이 '속히 오시옵소서'라는 말이기 때문이다. 이것은 주님의 재림을 바라는 신약 성도의 간절한 요청과 똑같다. 둘째, 장차 신부를 데리러 올 신랑이 현재 있는 장소를 천국이라고 말하고 있기 때문이다. 왜냐하면 8:14에 의하면, 신랑의 위치는 '향기로운 산들'이라고 나와 있다. 이것을 아가서의 기록으로 보면, 솔로몬의 동산을 가리킨다는 것을 알 수 있다(아 4:6, 13~15, 5:1). 왜냐하면 이 동산 안에서 세 가지가 나오는데(아 5:1), 하나는 몰약과 향 재료이고(향은 '기도'를 상징함), 둘째는 꿀송이와 꿀이며(이것은 먹는 양식인 '하나님의 말씀'을 상징함), 셋째는 포도주와 젖이기 때문이다(이것은 마시는 '성령'을 상징함). 그러므로 결혼 후 그녀가 가고 싶다고 말했던 그 장소 곧 몰약 산과 유향의 작은 산들과 동일한 장소다(아 4:6). 왜냐하면 천국의 동산은 사실 몰약 산이며 유향의 산들로서 아름다운 향기가 가득한 곳이기 때문이다. 셋째, 신부가 속히 오기를 바라는 신랑의 모습이 노루와 어린 사슴이라고 기록되어 있기 때문이다. 사실 아가서에 나오는 '노루'와 '사슴'은 팔짝팔짝 뛰어서 속히 신부에게로 달려올 수 있는 동물들의 대표이다(아 2:8~9, 17). 그런데 히브리어로 이 단어를 살펴보면, 더욱더 놀라운 사실들을 발견할 수 있는데, 그것은 '노루(체비)'의 히브리어가 '영광, 빛남, 광채'가 일차적인 뜻이며, 비로소 이차적인 뜻이 '노루'라는 말이기 때문이다. 또한 '체비'는 다시 동사 '차바'에서 온 말인데, 그 동사의 뜻은 '싸우다, 정렬하다'는 뜻을 가지고 있다. 그러므로 그분이 노루와도 같이 속히 오신다는 말은 다시 오실 그리스도는 영광 가운데 천사들과 함께 오실 분으로서, 마지막 때에 아마겟돈 전쟁을 일으킨 악의 무리들을 쳐부수고 오실 주님을 상징하는 것이다. 이것은 요한계시록 19장의 이야기를 요약한 말이라고 하겠다. 뿐만 아니라 '어린 사슴'이라는 말도 히브리어로 보면 재림하실 예수님에 대한 기대가 들어 있는 말이라는 것을 즉각적으로 알 수 있다. 왜냐하면 '사슴'은 히브리어로 '아이얄'이라는 단어이고, 이 단어는 '울'에서 왔는데, 히브리어로 '울'은 '힘, 권세'를 뜻하기 때문이다. 다시 말해, 재림하실 그리스도는 하늘의 강력한 권세와 능력을 가진 채 영광 중에 천사들과 함께 오실 것이며, 그때에 악인은 심판하여 불못에 멸하시고, 의인에게는 하늘에 속한 큰 상을 주실 것이기 때문이다.

6. 나오며

왜 아가서는 주 예수님의 재림을 바라는 여인의 요청으로 끝마치고 있는가? 그것은 아가서에 언급되고 있는 주님의 신부들이 이 세상에 살 때에 가장 바라고 가장 고대해야 할 일이 바로 '주님의 재림'에 있어야 함을 말하고 싶었기 때문이다. 그런데 주님의 재림을 기대하라는 요청은 사실은 주님의 재림 시에 부끄럽지 않을 사람으로 있어야 함을 암시한다. 만약 내가 여전히 죄짓고 있는 삶의 시점에 주께서 오신다면 그분 앞에서 얼마나 부끄럽겠는가? 그러므로 주님의 재림을 기대하고 사모하라는 말씀은 주님께서 언제 오시더라도 그때에 나 자신이 주님 앞에서 한 점 부끄러움이 없는 사람으로 설 수 있기를 소망해야 한다는 것을 뜻한다. 나는 지금이라도 주님께서 재림하신다면 한 점 부끄러움 없는 사람으로 설 수 있을까? 그러기에 우리 성도들에게 있어서 재림에 대한 온전한 소망이 있다면, 첫째, 그는 항상 회개하는 삶을 살아서 깨끗하고 흠 없는 그리고 오직 주님만을 바라는 백합화와 같은 신부, 비둘기와 같은 신부가 되어야 할 것이다. 그리고 우리는 오늘도 우리의 주인을 사탄 마귀에게서 주님으로 바꾼 이상 원수의 영토에서 벗어나 주님의 영토 안으로 들어가야 한다. 그리고 주님의 일이 나의 일이 되고 주님의 생각이 나의 생각이 되고 주님의 뜻이 나의 뜻이 되어야 한다. 또한 그러한 일을 실천함으로 거기에 합당한 열매들이 맺혀야 한다. 그러한 자들에게 비로소 "주여, 어서 오시옵소서"라는 말을 할 수가 있을 것이다. 나는 부족하다. 하지만 주님의 뜻을 알게 되었고, 나에게 기도의 무기가 들려 있고, 하나님의 말씀도 있으며, 나와 영원히 동행하도록 이 땅에 보내어진 성령님이 내 안에 있다. 힘을 내자. 나는 할 수 없지만 내게 능력 주시는 자 안에서 우리는 모든 것을 할 수 있기 때문이다. 아멘. 할렐루야!

바른 아가서(雅歌書) 강해

종합편

1. 술람미 여인과 나 너 그리고 우리들 (아 1:2, 4:6, 7:10~13)
2. 성안 순찰자와 성벽 파수꾼은 왜 술람미 여인을 도와주지 못했을까? (아 3:2~3, 5:8)

제1과
술람미 연인과 나 너 그리고 우리들
(아 1:2, 4:6, 7:10~13)

아 1:2

[여자] [그가] 내게 입맞추기를 원하니 [참으로] 네(당신의) 사랑이 포도주보다 나음이로구나(좋도다)

아 4:6

[여자] 날이 저물고 그림자가 사라지기 전에 내가 몰약 산과 유향의 작은 산으로 가리라

아 7:10~13

10 [여자] 나는 내 사랑하는 자에게 속하였도다 그가 나를 사모하는구나 11 내 사랑하는 자야 우리가 함께 들로 가서 동네(고페르 나무숲)에서 유숙하자 12 우리가 일찍이 일어나서 포도원으로 가서 포도 움이 돋았는지, 꽃술이 퍼졌는지, 석류 꽃이 피었는지 보자 거기에서 내가 내 사랑을 네게 주리라 13 합환채가 향기를 뿜어내고 우리의 문 앞에는 여러 가지 귀한 열매가 새 것, 묵은 것으로 마련되었구나 내가 내 사랑하는 자 너를 위하여 쌓아 둔 것이로다

1. 들어가며

　추수감사절은 기독교의 명절이다. 명절은 아무래도 풍성한 음식이 있어야 하고 축하 순서가 있어야 한다. 그런데 이스라엘도 명절들이 있다. 그리고 이스라엘의 경우, 명절 음식으로서 빵과 포도주가 들어간다. 그리고 축하 순서로서 노래와 춤도 들어간다. 그런데 이런 것들 중에서 춤은 반드시 있어야 할 필수적인 요소는 아니다. 그러므로 오늘날에 들어와서도 추수 감사 예배에 떡과 음식이 준비된다. 그리고 특별 순서가 들어가는 것이다. 그렇다면 명절의 핵심 요소는 무엇일까? 그것은 사실 '감사'다. 그렇다면 어떤 경우에 감사를 하는가? 특별히 아가서에 기록된 말씀 중에서 우리는 어떤 감사를 발견할 수 있을까? 특히 술람미 여인은 어떤 감사를 하였는가? 그런데 초기 장면에서 우리는 그녀에게서 '감사'를 발견할 수 없다. 하지만 솔로몬을 만나게 되면서 그녀에게도 드디어 감사가 나타나기 시작한다. 그리고 나중에는 감사는 이제 그녀의 생활이 되어버린다. 그렇다면 대체 그녀는 솔로몬을 만나 어떤 변화를 겪으면서 감사를 알게 되었는가? 오늘날 우리도 은혜를 받고 또한 감사하기 위해서는 어떤 변화를 겪어야 하는가? 감사에 대한 놀라운 비밀이 이번 시간에 있다.

2. 아가서에서 술람미 여인은 어떤 변화를 겪게 되었는가?

　아가서에 나오는 술람미 여인의 처음 모습은 어떠했을까? 아가서의 첫 시작은 그녀의 요청으로 시작되는데, 그것은 솔로몬이 그녀에게 입 맞춰 주기를 바란다는 내용이었다. 그러나 지금까지 아가서 강해를 통해서 살펴보았지만 그녀의 요청은 실제 입맞춤을 이야기하려는 것이 아니었다. 그것은 자신을 사랑해 달라고 요청하는 것임을 파악할 수 있었다. 왜냐하면 아가서 8:1에 보니, 그녀는 결혼한 후에도 쉽게 솔로몬과 입맞춤을 할 수 없다고 토로하고 있기 때문이다. 어찌 되었든 술람미 여인은 솔로몬이 자기를 사랑해주기를 간절히 기대하고 바라고 있었다. 그러다가 그가 솔로몬과 연애를 하게 된다. 그리고 이어서 결혼을 하게 된다.

그런데 결혼 후 그녀는 점점 달라지기 시작했다. 결혼 전이었을 때 그녀는 오직 자기중심적이었다. 그래서 솔로몬이 자기에게 다가오기를 바랐다. 하지만 결혼한 후에 그녀의 관심은 이제 솔로몬이 바라는 것으로 바뀐다. 그래서 솔로몬이 일하고 있는 동산 곧 몰약 산과 유향의 산으로 간다(아 4:6). 그래서 자기 중심에서 솔로몬 중심으로, '나' 중심에서 '너' 중심으로 바뀌게 된 것이다. 그런데 중간에 한 번 솔로몬과의 갈등이 있었다. 그렇지만 그것을 극복한 다음부터 그녀는 완전히 달라지게 되었다. 그것은 솔로몬이 하는 일을 계승하는 자 곧 그의 동역자로 탈바꿈하였기 때문이다. 그렇다면 처음에 자기중심적이었던 술람미 여인은 어떻게 되어서 솔로몬을 기쁘게 하는 삶 곧 이타적인 삶으로 바뀌게 되었는가? 그리하여 결국에는 솔로몬이 하는 일을 같이 행하는 사람으로 변화된 것인가?

3. 술람미 여인을 달라지게 했던 세 가지 사건은 무엇이었는가?

처음에 자기중심적인 사람이었던 술람미 여인은 대체 무슨 일을 겪으면서 이타적인 삶으로 바뀌게 된 것인가? 그것은 그녀에게 일어난 세 가지 사건 때문이었다.

첫째는 솔로몬이 그녀에게 다가온 사건 때문이었다. 사실 술람미 여인은 솔로몬이 가지고 있는 여러 포도밭 중 하나를 세로 받아서 그것을 경작하고 있는 시골 처녀에 불과했다. 그런데 어느 날 왕궁에 있어야 할 솔로몬이 바알하몬에 있는 그 포도원으로 내려왔다. 그리하여 그녀는 비로소 솔로몬을 만나게 된다. 그러다가 연애 후 술람미 여인은 솔로몬의 아내가 되었는데, 그녀가 그렇게 될 수 있었던 것은 순전히 솔로몬 때문이었다. 왜냐하면 왕이 자신의 보좌에서 내려와서 술람미 여인의 포도원을 방문했기 때문이다.

둘째는 연애 시절에 솔로몬이 그녀를 데리고 간 잔칫집 때문이었다. 보좌에서 내려와서 시골에 도착한 솔로몬은 술람미 여인을 보게 된다. 그리고 그녀를 사랑하게 된다. 그리하여 연애를 시작한다. 그런데 연애 시절에 솔로몬은 딱 한 번 그녀를 어떤 장소에 데리고 간 일이 있었다. 그곳은 잔칫집이었다(아 2:4). 하지만 잔칫집에서 그가 그녀에게 보여준 것은 그의 사랑의 깃발이었다. 그것은 그가 장차 어떻게 그녀를 사랑할 것인지를 예시해 주는 것이었다. 그런데 그곳은 '잔칫집'이 아니라 정확히는 '포도주의 집'이었다.

그렇다면 왜 솔로몬은 그녀를 포도주의 집으로 데려간 것일까? 그것은 아가서의 해설서라 할 수 있는 요한복음을 보면 금방 이해할 수가 있다. 왜냐하면 요한복음 2장을 보니, 잔칫집이 등장하고 거기에서 포도주가 떨어진 사건이 나오기 때문이다. 여기에서 포도주는 장차 예수께서 십자가에서 흘리신 고귀한 피를 의미한다(요 2:3~4). 그렇다. 솔로몬이 그날 그녀를 데려간 장소와 그가 그녀에게 보여준 사랑의 증표는 그녀를 위해 그가 피 흘려 죽을 것이라는 증표였던 것이다. 그렇다. 주님께서도 역시 무명과도 같은 자, 별 볼 일 없는 우리 인간들을 사랑하시고 선택하셨는데, 이는 우리를 당신의 아내가 되게 하려고 기꺼이 대속의 죽음을 선택하신 것이다.

셋째는 결혼 후 솔로몬을 다시 찾은 장소 때문이었다. 결혼 후 어느 날 솔로몬이 밤늦게 집에 들어온 일이 있었다. 그리고 문을 두드렸지만 술람미 여인은 그에게 문을 열어주지 않는다. 아마도 솔로몬이 다른 여자의 품에 있다가 새벽녘에 온 것일 수도 있었기 때문이다. 고로 그녀는 여러 핑계를 대면서 그에게 문을 열어주지 않았다. 그러자 문틈으로 그가 손을 내밀었다. 그런데 그 문틈으로 들어온 신랑의 손에서 몰약이 뚝뚝 떨어지는 것이 보였다. 그렇다면 왜 솔로몬의 손에서 몰약이 떨어지고 있었는가? 그것은 작가가 그리스도를 예표하는 예수님의 모습을 거기에 집어넣은 것이라고 할 수 있다. 사실 '몰약'이란 사람이 죽었을 때에 시체를 바르는 향품이다. 요한복음을 읽어 보라. 거기에 보면 니고데모가 몰약과 침향을 가지고 온다. 그것은 예수님의 시체에 바르기 위한 것이었다. 그런데 그전에는 순전한 나드 한 옥합을 가지고 있던 여인이 옥합을 깨뜨려 예수님의 몸에 부은 사건이 있었다. 주님은 그때 그녀가 옥합을 허비하고 있다고 책망하는 제자들을 향하여, 그녀가 행한 일은 누구도 행하지 않는 장례를 위하여 그녀가 행한 고귀한 일이라고 하셨다. 그렇다. 그때 솔로몬의 손에서 몰약이 떨어진 것은 그분이 십자가에서 죽을 것임을 보여준 장면이라고 할 수 있다. 그리고 그 손은 못 박힌 손을 예표하고 있다. 그런데 그날 그녀는 자신을 고된 노예 생활에서 해방시켜 주기 위하여 죽었던 그분을 모른체하고 말았다. 그러므로 그녀는 즉시 마음을 고쳐먹고 곧장 일어나 문을 열어 주지만 이미 남편은 가고 없었다. 그러자 이제 비로소 제정신을 차린 술람미 여인은 남편을 찾아 그 밤에 홀로 길을 떠난다. 심지어 성안에 있는 순찰자들에게 물어보지만 오히려 모욕만 당한 채 찾지 못한다. 그러자 그녀는 성 밖과 연결되는 성벽까지 가보지만 찾지 못한다. 그리고 파수꾼들에게 자신의 겉옷마저 빼앗기고 만다. 그래도 남편을 찾는 것을 포기하지 않았던 술람미 여인은 드디어 그다음 날 아침이 되어서야 남편을 발견하게 된다. 그런데 그때 자신의 남편은 성 바깥에 있는 동산에서 양 떼를 치고 있었다. 거기에서 솔로몬은 백합화 가운데 양 떼를 치고 있었으며, 꺾어진 백합화를 줍고 있었다. 그런데 이 모습도 사실 작가의 매우 상징적인 묘사가 아닐 수 없다. 왜냐하면 양 떼는 이 땅에서 살고 있지만 장차 하나님의 자녀가 될 사람들을 가리키기 때문이고, 백합화는 정결하고 거룩하고 정절로 단장한 신부를 가리키기 때문이다. 그렇다. 술람미 여인은 오해했던 것이다. 남편이 그날 밤늦게 집에 들어온 이유를 오해한 것이다. 그리고 나중에야 비로소 자신의 잘못을 알게 된다. 그리고 그분이 누군지를 알게 된다. 그것은 장차 천국에 들어올 양 떼를 지키고 보호하기 위해 불철주야 일하고 있는 신랑이었다. 이것은 마치 양 백 마리 중에 한 마리의 잃어버린 양을 찾아서 횃불을 들고 산과 들을 헤매는 목자의 모습과도 같다(눅 15:4). 주님은 이미 자신의 아내가 되어 하늘의 성 새 예루살렘 안에 들어와 있는 성도보다 이 땅에 살고 있는 양 떼들과 백합화들에게 관심이 많으셨던 것이다. 그러자 그녀는 그때부터 자신의 잘못을 깨닫고 남편의 일을 돕게 된다. 그래서 자기도 이제 포도원을 가꾸어 과실나무를 심고 가꾸며 양 떼들을 돌보는 일을 시작한 것이다.

4. 술람미 여인의 감사는 비로소 어떻게 해서 시작되었는가?

술람미 여인도 처음에는 오직 자기 자신만을 위해서 살고 있었다. 자기만 잘 되면 되었기 때문이다. 그런데 나중에 그녀는 자기중심적인 삶을 벗어나게 되고, 그분을 위한 삶으로 바뀌게 된다. 그러다가 남편과의 갈등을 겪은 이후 신랑을 되찾은 다음부터는 오직 신랑의 동역자가 된다. 그때부터 그녀도 역시 평안한 궁중의 삶을 버리고 스스로 포도원을 가꾸는 사람으로 탈바꿈한 것이다. 그녀가 그렇게 된 데에는 그녀에게도 감사의 마음이 있었기 때문이다. 왜냐하면 그녀가 그렇게 변하기까지는 자신의 노력이나 수고만이 아니라 다른 어떤 것이 작용하고 있었기 때문이다.

첫째, 그녀가 솔로몬의 선택을 받아 왕후가 된 것은 그녀가 잘나서 그렇게 된 것이 아니었음을 깨달았기 때문이다. 그것은 왕의 보좌에서 내려와 직접 시골 촌구석까지 방문했던 솔로몬 왕 때문에 가능한 일이었기 때문이다. 그러므로 그녀의 첫 번째 감사는 시골까지 내려와서 수많은 사람들 중에 자신을 아내로 선택해 준 솔로몬에 대한 감사였다.

둘째, 솔로몬이 자신을 아내로 취하기까지 그에게 엄청난 희생이 있었다는 것을 깨달았기 때문이다. 처음에는 자기가 솔로몬의 눈에 그냥 들어서 자기가 선택된 줄 알았다. 하지만 솔로몬이 그녀를 데려간 장소를 영적으로 보면, 그리스도께서 모든 인류의 죄를 속량하기 위해 피 흘려 죽으실 골고다 언덕이었고, 그가 밤늦게 집에 들어오게 된 것은 다른 여자들과 있기 위한 것이 아니라, 갈 길을 몰라 방황하는 양 떼들을 인도하고 먹이기 위함이었기 때문이다. 또한 주님께 순결을 바친 사람들을 천국으로 데려오기 위함이라는 것을 깨달았기 때문이다. 그러므로 자기를 위해 기꺼이 십자가의 죽음을 선택한 그분에게 감사하지 아니할 수 없었던 것이다.

셋째, 자기가 과거에 청혼한 솔로몬을 쉽게 찾을 수 있었던 것은 자기가 열심히 노력한 대가만이 아니라 실은 그녀의 어머니의 기도와 땀방울 때문이었다는 것을 깨달았기 때문이다. 이러한 사실은 그녀가 결혼 후에 신랑을 놓쳐 버린 후, 다시 찾기까지의 과정을 통해서 비로소 그녀가 깨달은 것이다. 기도는 일종의 저축과 같은 것이다. 필요할 때에 모아둔 것들을 인출해서 쓸 수 있는 것이 바로 기도이기 때문이다. 그것은 그녀가 초기에 솔로몬의 청혼을 받아들여 잠시 예루살렘에 있는 임시 거처에 있을 때에 일어났다. 며칠을 기다려도 솔로몬을 만날 수 없게 되자, 그녀는 밤에 혼자 솔로몬을 찾아 나서게 된다. 그런데 놀랍게도 그때는 쉽게 솔로몬을 만나게 된다. 하지만 그것은 그녀의 간절한 염원이나 그녀의 수고 때문만이 아니었다는 것을 나중에야 깨닫는다. 그녀를 위해 누군가가 기도하고 땀방울을 흘렸기 때문에 그를 쉽게 만날 수 있었다는 사실을 말이다. 그런데 결혼한 후 두 번째로 남편을 잃어버렸을 때에는 이전에 쌓여 있던 기도를 다 써 버린 후였다. 그러므로 그녀에게 다른 기도가 필요했다. 그러므로 그녀는 그때에 비로소 스스로 철야 기도와 회개의 제단을 쌓아야 했던 것이다. 그리고 비로소 기도를 통해 결국 남편을 찾을 수 있게 된다.

5. '은혜'와 '감사'란 무엇을 가리키는가?

'은혜'와 '감사'란 대체 무엇인가? 먼저, '은혜'가 무엇인지부터 이번 말씀을 통해 정리해 보자. 사실 '은혜'란 '값없이 주어지는 선물'이라는 뜻이다. 내가 수고하고 노력하지 않았는데도 좋은 것들이 나에게 값없이 주어지는 것을 가리킨다. 그런데 아가서의 말씀을 보면, 술람미 여인이 솔로몬의 왕후가 되고 그녀가 변화된 데에는 순전히 값없이 주어진 은혜 때문이었다는 사실이다. 그것은 솔로몬의 낮아짐과 희생이 있었기 때문이다. 그리고 그녀의 어머니의 기도와 땀방울의 결과였다. 그러한 혜택은 그녀에게 '은혜'로 주어진 것이다.

그렇다면, '감사'란 대체 무엇을 가리키는가? 그것은 자신이 지금

은혜를 누리고 살고 있는 것이 자신만의 노력과 수고로 된 것이 아니라 누군가의 기도와 땀방울과 희생 때문에 나에게 주어졌다는 것을 깨달을 때에 비로소 자기에게서 자연스럽게 나오는 탄성인 것이다. "주여, 감사합니다."라고 말이다.

6. 나오며

예수님의 낮아지심과 희생 그리고 누군가의 기도가 아니었다면 우리 중 누구도 죄와 죽음과 사탄 마귀의 포로에서부터 벗어날 수 없었을 것이다. 그리고 지금도 여전히 고된 노동에 시달리다가 죽음을 맞이했을 것이다. 하지만 하나님께서 직접 사람이 되시어 이 땅에 오셨고, 우리 인생들의 현장들을 직접 심방해주셨다. 그리고 우리를 건져주시기 위해 십자가에서 돌아가셨다. 그리하여 우리가 구원을 받을 수 있었던 것이다. 그러므로 지금 너와 나는 주님의 거룩한 신부 곧 백합화가 될 수 있었고 되어가고 있는 것이다. 주님께서는 당신의 사명을 완수하기 위해, 자기를 위한 기도하기에도 빠듯한 시간이었지만, 겟세마네 동산에서 베드로와 제자들을 위해서도 기도해주셨다. 그렇다. 주님의 그러한 기도 때문에 위대한 베드로 사도가 탄생할 수 있었던 것이다. 그 기도로 인해 베드로가 은혜를 받게 되었기 때문이다. 그런데 용서의 은혜는 베드로에게 그냥 주어진 것이 아니었다. 예수께서 대가를 지불하심으로 그에게 주어졌기 때문이다. 그렇다. 오늘날 내가 순탄한 길을 가고 있는 것은 내가 잘나서가 아니다. 누군가의 희생과 섬김과 기도가 있었기 때문이다. 특히 나를 낳아 주시고 길러 주신 내 부모와 조부모 그리고 가족들 그리고 친구들의 기도와 헌신과 노력이 있었던 것이다. 그렇다면 오늘날 내가 걸어가야 할 길이 대체 어떤 길인가? 그것은 내가 받은 은혜에 보답하는 길을 걸어가는 것이다. 그것을 나도 지금 행하고 있다면 우리의 후손들 중에서 은혜를 받는 자가 꼭 나올 것이다. 그리고 그 은혜가 거저 주어진 것이 아님을 알게 될 때에 내 후손들도 자신의 입술로 "주여, 감사합니다"라는 말을 쏟아낼 것이다.

제2과
성안 순찰자와 성벽 파수꾼은 왜 술람미 여인을 도와주지 못했을까?
(아 3:2~3, 5:7)

> 아 3:2~3
> 2 [여자] 이에 내가 일어나서 성 안을 돌아다니며 마음에 사랑하는 자를 거리에서나 큰 길에서나 찾으리라 하고 찾으나 만나지 못하였노라 3 성 안을 순찰하는 자들을 만나서 묻기를 내 마음으로 사랑하는 자를 너희가 보았느냐 하고
>
> 아 5:7
> [여자] 성 안을 순찰하는 자들이 나를 만나매 나를 쳐서 상하게 하였고 성벽을 파수하는 자들이 나의 겉옷을 벗겨 가졌도다

1. 들어가며

아가서의 말씀들은 사실 실제했던 사건을 기록한 것이지만 동시에 이 책에 등장인물과 배경들은 다 어떤 함축적인 뜻을 내포하고 있어 매우 영적인 책이라고 할 수 있다. 그러므로 아가서를 제대로 이해하기 위해서는 자신의 영적인 지혜를 사용해 좀 더 깊이 들여다보아야 한다. 왜냐하면 아가서에 나오는 각종 나무와 꽃들 그리고 동물들과

숫자까지도 다 의미가 들어 있기 때문이다. 그리고 등장인물도 마찬가지다. 특히 아가서를 제대로 이해하기 위해서는 등장인물들이 누군지를 파악하는 것이 매우 중요한데, 그들 중에는 '예루살렘의 딸들'로 지칭되는 '처녀들'이 나온다(아 1:3~4). 그리고 솔로몬의 아내로서 왕후(왕비)와 비빈(후궁)과 시녀들도 등장한다(아 6:8). 그런데 술람미 여인이 예루살렘에 살 때에 만났던 사람들도 나온다. 그들은 바로 '성안의 순찰자들'과 '성벽의 파수꾼들'이다(아 3:2~3, 5:7). 이번 시간에는 이들이 과연 누구인지 왜 이들은 술람미 여인을 도와주지 않았는지 그리고 나중에 이들은 왜 술람미 여인을 모욕하는 자들이 되었는지를 살펴보고자 한다. 이것은 조금 마음 아픈 이야기다. 그러나 무슨 말씀을 듣든지 나에게 주시는 말씀으로 듣는다면 매우 유익한 시간이 될 것이다. 그리고 어떤 것은 우리의 일평생 과제로서 또는 기도 제목으로 들을 수 있어야 한다.

2. 술람미 여인이 청혼 후 임시로 거주했던 예루살렘 성안에서 무슨 일이 있었는가?

술람미 여인을 귀하게 보았던 솔로몬은 어느 날 그녀에게 청혼을 한다(아 2:10~14). 그리고 임시로 예루살렘 성안에 머물게 한다(아 3:1~3). 그런데 솔로몬이 나타나지 않는다. 그러자 술람미 여인은 고민을 하다가 꿈속에서 예비 신랑인 솔로몬을 찾아 나선다. 하지만 그녀는 꿈속에서도 솔로몬을 만나지 못한다. 이에 꿈에서 깨어난 술람미 여인은 그날 밤에 성안을 돌아다니며 마음에 사랑하는 자 솔로몬을 찾아서 거리들과 큰 광장으로 나간다. 하지만 또한 만나지 못한다. 그때 그녀는 성안에서 성안을 순찰하는 자들을 만난다. 그리고 그들에게 자신이 마음으로 사랑하는 자를 보았는지를 묻는다. 하지만 그들은 대답해주지 못한다. 그런데 그때 그녀가 그들을 지나치자마자(사라지자마자) 솔로몬을 만나게 된다. 솔로몬이 그녀 앞에 나타난 것이다. 그렇다면 왜 성안을 순찰하는 자들은 솔로몬을 찾는 데 도와주지 못했던 것인가? 그리고 그들이 지나가자마자 왜 솔로몬이 그녀 앞에 문득 나타나게 된 것인가?

3. 결혼 후에 또 한 번 신랑을 잃어버리는 일이 일어났다. 대체 무슨 이유 때문이었는가?

그런데 술람미 여인은 결혼 후에도 신랑을 한 번 잃어버린 일이 있었다(아 5:2~7). 그런데 이번에는 남편을 찾기가 예전의 경우보다 훨씬 힘들었다. 왜 그랬을까? 그 일은 어느 날 밤에 있었다. 그녀가 침소에 든 지 오래 지난 시각이었다. 그런데 새벽녘이 되어서야 남편이 들어온 것이다. 그런데 남편의 머리에는 밤이슬이 가득하였다. 그러자 그녀는 핑계를 대면서 문을 열어주지 않았다(아마도 다른 여인의 품에 있다가 이제야 들어오느냐 하는 생각이 아니겠는가 싶다). 핑계는 그녀가 옷을 벗은 상태이기 때문에 다시 입을 수 없다는 것이었으며, 발을 씻었기에 다시 더럽힐 수 없다는 것이었다. 하지만 사랑하는 자가 문틈으로 그의 손을 내미는 것이 아닌가? 그때 신랑의 손으로부터 몰약이 뚝뚝 떨어지고 있었다(아 5:4~5, 13). 그러자 그녀는 일어나서 자신의 남편을 위하여 문을 열어준다. 그녀가 문빗장을 만졌을 때에 자신의 손에서도 남편에게서 나온 몰약 즙이 떨어지고 있었다. 그런데 남편은 이미 벌써 돌아가 버리고 거기에 없었다. 아차 싶었지만 이미 때는 늦고 말았다. 그러자 그녀는 곧장 남편을 찾는다. 하지만 만날 수 없었으며, 그를 불러 보았지만 응답도 없었다. 그러자 옷을 주섬주섬 입고 밖으로 나가 찾아보기 시작한다. 그리고 성안에서 성안을 순찰하는 자들을 만났는데, 이번에는 그들이 그녀를 때려서 상하게 하고 가버린다. 그리고 이어서 성벽을 파수하는 자들을 만났는데 그들도 역시 그녀의 겉옷을 벗겨서 가져가 버린다.

그러자 그녀는 예루살렘의 딸들에게 자신의 남편을 찾을 수 있도록 하소연을 한다. 그러자 그들이 그녀에게 말했다. "네가 사랑하는 자가 다른 사랑하는 자보다 나은 것이 무엇인가?" 그러자 그녀는 자신의 남편이 얼마나 희고도 붉은지 만인 중에 뛰어나다고 말했다(아 5:10). 그리고 남편의 머리부터 다리까지 남편의 아름다움을 그들에게 들려주었다(아 5:11~16). 그가 바로 자신이 사랑하는 자요 자신의 친구라고 말이다. 그러자 예루살렘의 딸들도 그녀와 함께 그를 찾는 데에 도와주겠다고 했다. 그리고 얼마 안 있어 그녀는 자신의 남편을 그의 동산에서 만난다. 그때 그녀의 남편은 이미 동산으로 돌아가서 양 떼를 먹이고 있었고 백합화를 줍고 있었다. 그럼, 왜 이때 술람미 여인은 남편을 쉽게 만나지 못했고 많은 어려움을 겪어야 했는가? 그리고 그녀는 왜 성안 순찰자들과 성벽 파수꾼들에게 수모를 당해야 했는가?

4. 두 번의 사건 속에 등장하는 '예루살렘'은 무엇을 가리키는가?

이러한 문제를 풀기 위해서는 우선 두 가지를 고려해야 한다. 첫째, 그녀가 거주하던 '예루살렘'이 대체 어떤 곳인지를 알아야 한다. 그리고 그녀가 나중에 신랑을 발견한 장소였던 바, 솔로몬이 양 떼를 먹이고 있는 동산이 어떤 곳인지를 알아야 한다. 그리고 둘째, 두 사건 속에 등장하는 성안의 순찰자들이 누구인지도 알아야 한다. 왜 성안의 순찰자들과 성벽의 파수꾼들은 그녀가 솔로몬을 찾는 데 처음에도 도움을 주지 못했으며, 뿐만 아니라 나중에는 오히려 그녀를 때리고 그녀의 겉옷까지 빼앗아 가는 일을 저질렀던 것인가?

먼저, 그녀가 처음에 남편을 찾았던 장소와 그리고 순찰자들을 만났던 장소가 어디였는지부터 정리해 보자. 그곳은 '성안'이었다. 여기서 성이란 '예루살렘' 성을 가리킨다. 왜냐하면 솔로몬 왕은 예루살렘에서 왕 노릇을 하고 있었기 때문이다. 그러므로 예루살렘 성이란 왕이 거주하고 다스리는 도성을 가리킨다. 그런데 그녀가 첫 번째의 경우에는 예루살렘 성안에서는 예비 신랑을 만났지만, 나중에는 성안에서 그를 만나지 못했고 그의 동산에서 만나게 된다.

그러므로 이 본문에 대한 영적인 해석을 할 때에 우리는 예루살렘 성이 무엇을 가리키는지 잘 해석해야 한다. 어떤 이는 예루살렘 성은 '천국'을 의미한다고 말하지만, 그렇게 단순하게 해석해서는 아니 된다. 왜냐하면 예루살렘 성은 남편의 임재를 잃어버릴 수도 있는 공간이었고, 신부가 성안의 순찰자들에게 모욕을 당할 수도 있는 공간이었기 때문이다. 그러므로 예루살렘 성은 오늘날로 치자면 양과 염소가 혼재되어 있는 '교회'라고 말할 수 있을 것이다. 그리고 주님은 지상에 있는 교회 안에도 계시지만 진정 주님이 계시는 공간은 주님이 일하는 일터 곧 자기 동산에 계시기 때문이다. 그렇다. 그분은 교회 안에 계신다. 하지만 교회 전체가 다 거룩한 공간은 아니며, 거기에는 그리스도의 신부를 위하는 사람만 있는 것도 아니다.

또한 여기서 간과하지 말아야 할 것은 그녀가 두 번 다 솔로몬을 찾아 나선 시간이 어느 때였는가 하는 것이다. 그런데 둘 다 밤 시간이었다. 그런데 아가서에서 밤 시간이란 두려움이 임하는 시간으로 묘사된다. 그러므로 솔로몬도 결혼을 위하여 술람미 여인을 데려오도록 자신의 가마를 보낼 때에도 밤의 두려움 때문에 이스라엘의 용사 60명을 딸려 보낸다. 그 용사들은 다 칼로 무장한 사람들이었고 싸움에 익숙한 사람들이었다(아 3:7~8). 왜냐하면 이스라엘 용사들도 밤의 두려움(위험)으로 인하여 각기 자기의 허리에 칼을 차야 했기 때문이다. 그럼, 솔로몬이 가마를 지키라고 보낸 용사들은 대체 누구인가? 우선은 솔로몬이 보낸 왕의 군사들을 가리킨다. 그리고 좀 더 영적으로 들어간다면, 귀신들의 공격으로부터 신부인 술람미 여인을 보호하도록 주께서 보낸 천사들 곧 칼을 찬 수호천사들이라고 할 수 있다.

5. 두 번의 사건 속에 등장하는 성안의 순찰자들과 성벽의 파수꾼들은 누구를 가리키는가?

이제 우리는 오늘 메시지의 가장 중요한 부분으로서 '성안의 순찰자들'과 '성벽의 파수꾼들'의 정체에 대해서 알아볼 시간이 되었다. 그럼 이들은 과연 누구를 가리키는가? 사람들을 가리키는가 아니면 천사들을 가리키는가? 그것은 둘 다 가능하다고 말할 수 있다.

먼저, 성안의 순찰자들과 성벽의 파수꾼들은 사탄 마귀와 귀신들이라고 해석해도 무방한 해석이 될 것이다. 왜냐하면 아가서에서는 기본적으로 짐승들 곧 포도밭을 허는 여우(아 2:15)와 사자와 표범(아 4:8)은 다 사탄 마귀와 귀신을 지칭하고 있기 때문이다. 사실 '여우'는 신약성경에서 예수님께서 '왕'을 지칭할 때 사용했던 표현이요(눅 13:32), '사자'와 '표범'은 다니엘서 7장과 요한계시록 13장에 보면, 세상 제국의 왕들을 가리킨다. 그리고 그들의 실제는 그들의 배후에서 조종하고 있는 악한 영들(귀신들)을 가리킨다. 그러나, 아가서에 나오는 사람들은 아무래도 그냥 사람으로 해석하는 것이 바람직할 것이다. 고로 예루살렘의 딸들, 술람미 여인의 의붓오빠들, 그리고 성안의 순찰자들과 성벽의 파수꾼들은 일차적으로는 그때 술람미 여인의 주변에 있던 사람으로 해석하는 것이 바람직할 것이다.

그렇다면, 술람미 여인에게 아무런 도움을 주지 못했고, 오히려 나중에는 술람미 여인을 모욕하고 상처를 주고 겉옷까지 빼앗아 갔던 성안의 순찰자들과 성벽의 파수꾼들은 진짜 누구를 가리키는가? 이에 대해서는 두 가지 견해가 있다. 첫째는 '사탄의 무리들'로 보는 견해다. 이렇게 해석하는 분은 히브리어 원어로 성경을 해석하는 체데크 성경 원어 신학대학원장 송광현 박사의 경우다('원어로 풀어보는 예수 그리스도의 사랑이야기 아가서/체데크' 책을 참고하기 바란다. p.202.). 그리고 둘째는 교회를 지키도록 감독의 직분을 맡아 임무를 수행하는 자들로 보는 견해다. 이러한 견해는 총신대를 졸업하고 칼빈대와 총신대의 교수를 역임하신 하문호 박사의 경우이다('아가서'/도서출판 그리심. p.413). 하문호 박사는 그 직분자를 오늘날 교회의 목사와 장로, 더 나아가서는 권사나 구역장이나 교사들이라고 했다. 상당히 새겨들어야 할 해석이라고 보인다. 왜냐하면 예수께서도 이스라엘 백성들이 천국에 들어가는 데 가장 방해하는 존재들이 바로 당시 종교 지도자들이라고 호되게 지적하셨던 일이 있었기 때문이다(마 23:33~34). 주님께서는 하나님의 백성들을 모두 천국에 들여보내야 할 자들이 오히려 천국 문을 가로막고 있다고 책망하셨던 것이다(마 23:13). 그러므로 술람미 여인이 신랑을 만나는 데 방해하고 해코지하고 모욕을 준 자들은 교회의 지도자들일 수도 있다. 특히 여기서 '성안을 순찰하는 자들'은 성안에 있는 사람들을 지켜주는 자들로서 교회의 목회자와 지도자들을 가리킬 수 있다. 그리고 '성벽을 파수하는 자들'은 외부 세력의 침입을 경고하는 자들로서, 신학자들이나 이단 감별사들을 가리킬 수 있다. 사실 이들은 성도들을 지켜주어야 하고, 이들이 신랑 되신 예수님을 찾는 데 도움을 주어야 할 자들이다. 그런데 오히려 방해꾼들이 될 수 있는 것이다.

그렇다면 오늘날 우리 성도들은 혹시 자신이 섬기는 교회에 이러한

지도자들이 있을 때에 어떻게 해야 하는가? 그런 경우에는 그런 분들을 위해 기도해야 할 것이다. 왜냐하면 목회자들의 모든 삶이 다 방해꾼이 아니기 때문이요, 어느 목회자치고 자신의 양 무리를 때리거나 힘들게 하고 양 떼들의 것을 갈취하려는 자는 거의 없을 것이기 때문이다. 그러나 만약 십만 분의 일이라도 그러한 일이 있다면 성도들은 적극적으로 기도해야 할 것이다. 나를 인도하는 목회자가 예수님과 같은 선한 목자로서 양 무리를 천국으로 잘 인도하는 목회자가 될 수 있게 해 달라고 말이다.

6. 나오며

오늘 말씀은 정말 주의해서 들어야 할 말씀 중의 하나다. 잘못 설교했다가는 오늘날 교회의 목회자들을 비난하는 말씀이 될 수도 있기 때문이다. 하지만 목회자의 입장에서 본다면 이러한 말씀만큼 새겨들어야 할 중요한 말씀은 또 없지 않을까 한다. 예수님을 찾을 수 있게 도와주어야 하고 예수님을 만날 수 있도록 도와주어야 할 자가 오히려 주님과의 만남에 아무런 도움을 주지 못한다거나 오히려 주님과의 만남을 방해하는 존재가 되어서는 아니 될 것이기 때문이다.

그러므로 성도들은 정말 자신이 섬기고 있는 목회자들을 위해 기도를 많이 해야 한다. 아무리 부족하다고 하더라도 자신의 영적인 부모님을 함부로 대해서는 아니 될 것이기 때문이다. 그것이 바로 요한계시록에 나오는 에베소 교회에게 주신 말씀의 핵심 사항이기 때문이다 (계 2:2~5). 그렇다. 목회자는 교회 안에서 성도를 지키고 보호하는 존재가 되어야 하며, 외부의 이단 세력이나 귀신의 세력으로부터 방어해주는 존재가 되어야 한다. 더욱이 목회자는 성도들로 하여금 주 예수님을 만나게 도와주고 성도들로 하여금 천국에 잘 들어갈 수 있도록 도와주는 역할을 잘 감당해야 한다. 하지만 이것이 정상적으로 실행되지 못했을 때에, 아가서의 말씀은 오늘날의 목회자들에게 경종을 울리는 말씀이 될 수 있다. 그리고 성도의 입장에서는 이런 경우를 본다면, 자신을 목양하는 목자를 위해 기도해야 할 기도 제목이 되는 것이다. 그렇다면, 술람미 여인으로 하여금 솔로몬을 만나는 데 실제적으로 방해하는 자들은 누구라고 결론을 내릴 수가 있는가? 그것은 사탄 마귀와 귀신들이다. 이들이 배후에서 사람들까지 다 조종하고 있기 때문이다. 그러므로 사람을 미워하려고 하지 말고 그 배후에 역사하고 있는 귀신들을 미워하라. 오히려 사람을 위해서는 기도하라. 이것이 성도의 바른 삶이기 때문이다.

바른아가서(雅歌書)강해

부록편

[부록] 정보배 목사가 히브리어에서 직역한 번역본

아가서 1장

[표제]

(01) 솔로몬에게 속한, 그 노래들 중의 노래.

[여자]

(02) "그가 그의 입의 입맞춤들로 내게 입 맞추시기를! 진실로 당신의 사랑은 포도주보다 더 좋기 때문입니다.

(03) 당신의 기름들이 향기로 좋고, 당신의 이름은 쏟아부어진 기름 같으니, 그러므로 처녀들이 당신을 사랑합니다.

(04) 나를 이끄소서, 당신 뒤를 우리가 달려가겠습니다."

[예루살렘의 딸들]

"왕이 나를 그의 방들 안으로 데려오셨으니, 우리가 당신 안에서 기뻐하고 또 즐거워하며, 우리가 당신의 사랑을 포도주보다 더 기억하겠습니다. 그들이 당신을 사랑함이 올바릅니다."

[여자]

(05) "예루살렘의 딸들아, 내가 검으나, 내가 아름다우니, 케다르의 장막들처럼, 솔로몬의 휘장들처럼.

(06) 내가 검기 때문에, 나를 보지 말라. 태양이 나를 내려쬐었기 때문이다. 내 어머니의 아들들이 내게 분노하여, 그들이 나를 포도원들의 파수꾼으로 삼았으나, 나에게 속한 나의 포도원은 내가 지키지 못하였습니다.

(07) 내 혼이 사랑하는 당신이여, 내게 말해주소서. 당신이 어디에서 (양을) 먹이며, 정오에 어디에서 (양 떼를) 눕게 합니까? 어찌하여 내가 당신 친구들의 양 떼들 곁에서 방황하는 자 같아야 합니까?"

[남자]

(08) "오 여자들 가운데 가장 어여쁜 자여, 만일 네가 알지 못한다면, 너는 양 떼의 발자취들을 따라 나가라. 그리고 너는 목자들의 거처들 곁에서 너의 어린 염소들을 먹이라.

(09) 나의 사랑아, 내가 너를 파라오의 병거들에 있는 나의 암말에 비유하였다.

(10) 네 두 뺨은 땋은 머리들로 아름답고, 네 목은 구슬 꿰미들로 아름답구나."

[예루살렘의 딸들]

(11) "우리가 너를 위하여 은 방울들을 박은, 금 고리들을 만들 것이다."

[여자]

(12) "그 왕이 그의 식탁에 있는 동안에, 나의 나도 기름이 그것의

향기를 발하였도다.

(13) 나의 사랑하는 이는 내게, 내 유방 사이에서 밤을 지내는, 몰약 주머니요.

(14) 나의 사랑하는 이는 내게, 엔게디의 포도원들에 있는, 고벨화 한 송이로다."

[남자]

(15) "보라, 너는 아름답다, 나의 사랑아. 보라, 너는 아름답다. 너의 눈들은 비둘기들 같구나."

[여자]

(16) "보라, 당신은 아름답습니다, 나의 사랑하는 이여. 참으로 즐겁습니다. 또한 우리의 침상은 푸르릅니다.

(17) 우리 집의 들보들은 백향목들이요, 우리의 서까래들은 잣나무들이로다."

아가서 2장

[여자]

(01) "나는 샤론의 수선화요, 골짜기들의 백합화로다."

[남자]

(02) "가시나무들 사이에 있는 한 백합화처럼, 딸들 가운데 있는 나의 사랑이 그러하구나."

[여자]

(03) "숲의 나무들 가운데 있는 한 사과나무처럼, 아들들 가운데 있는 나의 사랑하는 이가 그러하구나. 내가 그의 그늘 아래에 간절히 원하여 앉았고, 그의 열매는 내 입에 달았도다.
(04) 그가 나를 포도주의 집 안으로 데려왔으니, 내 위에 있는 그의 깃발은 사랑이로구나.
(05) 너희는 내게 건포도들을 주어 기운을 북돋우고, 사과들로 내게 생기를 주어라. 진실로 나는 사랑으로 병이 났기 때문이다.
(06) 그의 왼팔은 내 머리 아래에 있고, 그의 오른팔은 나를 껴안는구나.
(07) 예루살렘의 딸들아, 내가 너희에게, 노루들을 두고 또는 들의 암사슴들을 두고 맹세하게 하노니, 너희는 그 사랑이 원하기까지는, 흔들지 말고 또 깨우지 말라."

[여자](사랑하는 이의 목소리를 듣고 묘사함)

(08) "내 사랑하는 이의 소리로다! 보라, 그가 오는구나. 그는 산들 위를 뛰어오고, 언덕들 위를 건너뛰는구나.
(09) 나의 사랑하는 이는 노루와 같고, 또는 어린 사슴들과도 같구나. 보라, 그가 우리의 벽 뒤에 서서, 창문들을 통해 들여다보며, 창살들을 통해 엿보는구나.
(10) 나의 사랑하는 이가 내게 대답하여 말하였네.

[남자](여자의 회상 속 목소리)

'나의 사랑, 나의 어여쁜 자야, 일어나라. 너는 나와 함께 가자.

(11) 왜냐하면, 보라, 그 겨울은 지나갔고, 그 비는 그쳐서 가버렸기 때문이다.

(12) 그 꽃봉오리들이 땅에 보이고, 그 노래의 때가 이르렀으며, 그 비둘기의 소리가 우리 땅에서 들리는구나.

(13) 그 무화과나무는 그것의 어린 열매들을 냈고, 그 포도나무들은 꽃을 피워 그것들의 향기를 내는구나. 나의 사랑, 나의 어여쁜 자야, 일어나라. 너는 나와 함께 가자.

(14) 바위틈 안에, 절벽의 은밀한 곳에 있는 나의 비둘기야, 내가 너의 모습을 보게 하고, 내가 너의 목소리를 듣게 하라. 진실로 너의 목소리는 감미롭고, 너의 모습은 아름답기 때문이다.'

[여자]

(15) "우리를 위하여 여우들을, 곧 포도원들을 망치는 작은 여우들을 붙잡으라. 우리의 포도원들이 꽃을 피웠기 때문이다."

(16) "나의 사랑하는 이는 내게 속하였고 나는 그에게 속하였으니, 그는 백합화들 사이에서 (양 떼를) 먹이는구나.

(17) 그날이 서늘해지고 그 그림자들이 사라지기까지는, 나의 사랑하는 이여, 돌아오소서. 그리고 당신은 베데르 산들 위에 있는 노루와 같고 또는 어린 사슴들과도 같아지소서."

아가서 3장

[여자]

(01) "밤중에 내 침상 위에서, 내 혼이 사랑하는 이를 내가 찾았노라. 내가 그를 찾았으나, 그를 발견하지 못하였노라.

(02) 이제 내가 일어나서 성읍 안을, 시장들 안과 광장들 안을 두루 다니며, 내 혼이 사랑하는 이를 내가 찾으리라. 내가 그를 찾았으나, 그를 발견하지 못하였노라.

(03) 성읍 안을 두루 다니는 파수꾼들이 나를 발견하였기에, '내 혼이 사랑하는 이를 당신들이 보았습니까?' (물었노라.)

(04) 내가 그들을 지나치자마자, 내 혼이 사랑하는 이를 내가 발견하였노라. 내가 그를 붙잡고 그를 놓아주지 아니하였으니, 마침내 내가 그를 내 어머니의 집 안으로, 나를 잉태하였던 이의 방 안으로 데려왔노라.

(05) 예루살렘의 딸들아, 내가 너희에게, 노루들을 두고 또는 들의 암사슴들을 두고 맹세하게 하노니, 너희는 그 사랑이 원하기까지는, 흔들지 말고 또 깨우지 말라."

[예루살렘의 딸들]

(06) "몰약과 또 유향으로 향기를 피우며, 상인의 모든 향품으로 (단장하고), 연기 기둥들처럼 광야로부터 올라오는 이가 누구인가?"

[솔로몬의 행차를 묘사하는 목소리]

(07) "보라, 그것은 솔로몬의 가마로다. 이스라엘의 용사들 가운데 육십 명의 용사들이 그것을 둘러쌌구나.

(08) 그들 모두는 칼을 잡았고, 전쟁에 익숙한 자들이라. 각 사람은 밤의 두려움 때문에, 자기의 칼을 자기의 허벅지 곁에 두었도다.

(09) 솔로몬 왕이 자기를 위하여 레바논의 나무들로 가마 한 대를 만들었구나.

(10) 그는 그것의 기둥들을 은으로 만들었고, 그것의 등받이는 금으로, 그것의 앉는 자리는 자색 천으로 만들었으니, 그 안쪽은 예루살렘의 딸들로부터 온 사랑으로 꾸며졌도다."

[예루살렘의 여자들을 향한 목소리]

(11) "너희 시온의 딸들아, 너희는 나가서 솔로몬 왕을 보라. 그의 혼인 날에, 그리고 그의 마음이 기쁜 날에, 그의 어머니가 그에게 씌워준 그 왕관을 쓰고 계시는구나."

아가서 4장

[남자]

(01) "보라, 너는 아름답다, 나의 사랑아. 보라, 너는 아름답다. 너의 눈들은 너의 너울 뒤에 있는 비둘기들 같고, 너의 머리카락

은 길르앗 산으로부터 내려오는 염소들의 무리 같구나.

(02) 너의 이들은 털을 깎으려고 올라오는 암양들의 무리 같으니, 그것들 모두는 쌍둥이를 가졌고 그것들 가운데는 새끼 잃은 것이 하나도 없구나.

(03) 너의 입술은 주홍색 실 한 가닥 같고, 너의 입은 아름답구나. 너의 관자놀이는 너의 너울 뒤에 있는 석류 한 쪽 같구나.

(04) 너의 목은 무기를 두려고 건축된 다윗의 망대, 곧 천 개의 방패가 그 위에 달린 망대 같으니, 모두 용사들의 방패로다.

(05) 너의 두 유방은 두 마리 어린 사슴, 곧 백합화들 사이에서 풀을 뜯는, 쌍둥이 노루 같구나.

[여자]

(06) 그날이 서늘해지고 그 그림자들이 사라지기까지, 나는 몰약의 산으로 갈 것이며, 유향의 언덕으로 갈 것이다.

[남자]

(07) 나의 사랑아, 너의 모든 것이 아름답고, 너 안에는 어떤 흠도 없구나.

(08) 나의 신부야, 너는 나와 함께 레바논으로부터, 나와 함께 레바논으로부터 오라. 너는 아마나의 꼭대기로부터, 스닐과 헤르몬의 꼭대기로부터, 사자들의 굴로부터, 표범들의 산으로부터 내려다보라

(09) 나의 누이, 나의 신부야, 네가 나의 마음을 사로잡았구나. 네가 너의 눈의 한 번 보는 것으로, 너의 목걸이의 한 줄로 나의 마

음을 사로잡았구나.

(10) 나의 누이, 나의 신부야, 너의 사랑이 어찌 그리 아름다운가! 너의 사랑이 포도주보다 어찌 그리 더 좋은가! 또 너의 기름들의 향기가 모든 향품보다 더 좋구나!

(11) 나의 신부야, 너의 입술들은 벌집 꿀을 떨어뜨리고, 꿀과 젖이 너의 혀 아래에 있으며, 너의 의복들의 향기는 레바논의 향기와 같구나.

(12) 나의 누이, 나의 신부야, 너는 잠긴 동산이요, 덮은 우물이요, 봉인된 샘이로구나.

(13) 너에게서 나는 것들은 석류나무들의 과수원이요, 값진 열매들과 함께 고벨화와 나도초가 있구나.

(14) 나도와 또 사프란, 창포와 또 계수나무가 모든 유향목들과 함께, 몰약과 또 침향이 모든 으뜸가는 향품들과 함께 있구나.

(15) 너는 동산의 샘이요, 살아있는 물들의 우물이요, 그리고 레바논으로부터 흘러내리는 시냇물이로구나."

[여자]

(16) "오 북풍아, 깨어나라. 그리고 오 남풍아, 오라. 나의 동산에 불어서, 그것의 향기들이 흩날리게 하라. 나의 사랑하는 이가 그의 동산으로 들어오셔서, 그의 값진 열매들을 드시게 하라."

아가서 5장

[남자]

(01) "나의 누이, 나의 신부야, 내가 나의 동산으로 들어왔노라. 내가 나의 몰약과 나의 향품을 거두었고, 내가 나의 벌집과 나의 꿀을 먹었으며, 내가 나의 포도주와 나의 젖을 마셨노라. 오 친구들아, 먹으라. 오 사랑하는 이들아, 마시라. 그리고 흠뻑 마시라."

[여자]

(02) "나는 잠을 자고 있었으나, 나의 마음은 깨어 있었네. 나의 사랑하는 이가 두드리는 소리로다! '나의 누이, 나의 사랑, 나의 비둘기, 나의 완전한 자야, 내게 (문을) 열어다오. 왜냐하면 나의 머리는 이슬로, 나의 머리채는 밤의 물방울들로 가득 찼기 때문이다.'

(03) 내가 나의 옷을 벗었으니, 내가 어떻게 그것을 다시 입겠는가? 내가 나의 발들을 씻었으니, 내가 어떻게 그것들을 다시 더럽히겠는가?

(04) 나의 사랑하는 이가 그 틈으로부터 그의 손을 뻗으니, 나의 속마음이 그를 향하여 움직였구나.

(05) 내가, 나의 사랑하는 이에게 (문을) 열어주려고 일어났으니, 나의 손들에서는 몰약이, 나의 손가락들에서는 흘러내리는 몰약이 문빗장 손잡이 위로 떨어졌네.

(06) 내가, 나의 사랑하는 이에게 (문을) 열어주었으나, 나의 사랑하

는 이는 이미 몸을 돌려 가버렸네. 그가 말할 때에 나의 혼이 나갔구나. 내가 그를 찾았으나, 그를 발견할 수 없었고, 내가 그를 불렀으나, 그가 내게 대답하지 아니하였네.

(07) 성읍 안을 두루 다니는 그 파수꾼들이 나를 발견하여, 그들이 나를 치고, 나를 상하게 하였으며, 성벽의 그 파수꾼들이 나의 너울을 내게서 벗겨갔네.

(08) 예루살렘의 딸들아, 내가 너희에게 맹세하게 하노니, 만일 너희가 나의 사랑하는 이를 발견하면, 너희는 그에게 무엇을 말할 것인가? 내가 사랑으로 병이 났다고 (말하여라)."

[예루살렘의 딸들]

(09) "오 여자들 가운데 가장 어여쁜 자여, 너의 사랑하는 이가 다른 사랑하는 이보다 나은 것이 무엇이며, 너의 사랑하는 이가 다른 사랑하는 이보다 나은 것이 무엇이기에, 네가 이같이 우리에게 맹세하게 하는가?"

[여자]

(10) "나의 사랑하는 이는 빛나고 또 붉으며, 만 명 가운데서 뛰어나구나.

(11) 그의 머리는 순금 같고, 그의 머리채는 종려나무 가지 같으며, 까마귀같이 검구나.

(12) 그의 눈들은 시냇가에 있는 비둘기들 같으니, 젖으로 씻은 듯하고, 알맞게 박혀있구나.

(13) 그의 뺨들은 향기로운 풀의 화단 같고, 향기로운 허브의 언덕

같으며, 그의 입술들은 백합화들 같고, 흘러내리는 몰약을 떨어뜨리는구나.

(14) 그의 손들은 감람석을 박은 금 원통 같고, 그의 몸은 사파이어들을 덮은 상아 작품 같구나.

(15) 그의 다리들은 순금 받침대들 위에 세워진 대리석 기둥들 같고, 그의 모습은 레바논 같으며, 백향목들처럼 뛰어나구나.

(16) 그의 입은 지극히 달콤하니, 그의 모든 것이 사랑스럽구나. 예루살렘의 딸들아, 이가 나의 사랑하는 이요, 그리고 이가 나의 친구로다."

아가서 6장

[예루살렘의 딸들]

(01) "오 여자들 가운데 가장 어여쁜 자여, 너의 사랑하는 이가 어디로 갔는가? 너의 사랑하는 이가 어디로 발길을 돌렸는가? 그러면 우리가 너와 함께 그를 찾으리라."

[여자]

(02) "나의 사랑하는 이는 자기의 동산으로, 향기로운 풀의 화단으로 내려가서, 동산들 가운데서 (양 떼를) 먹이며 또 백합화들을 꺾는구나.

(03) 나는 나의 사랑하는 이에게 속하였고 나의 사랑하는 이는 내게

속하였으니, 그는 백합화들 사이에서 (양 떼를) 먹이는구나."

[남자]

(04) "나의 사랑아, 너는 디르사처럼 아름답고, 예루살렘처럼 사랑스러우며, 깃발을 든 군대처럼 두렵구나.
(05) 너의 눈들을 내게서 돌리라. 왜냐하면 그것들이 나를 압도하기 때문이다. 너의 머리카락은 길르앗 산비탈에 누워있는 염소들의 무리 같구나.
(06) 너의 이들은 젖을 먹이려고 올라오는 암양들의 무리 같으니, 그것들 모두는 쌍둥이를 가졌고 그것들 가운데 새끼 잃은 것이 하나도 없구나.
(07) 너의 관자놀이는 너의 너울 뒤에 있는 석류 한 쪽 같구나.
(08) 육십 명의 왕비들이 있고 팔십 명의 후궁들이 있으며, 시녀들은 셀 수가 없으나,
(09) 나의 비둘기, 나의 완전한 자는 오직 하나뿐이로구나. 그녀는 그녀 어머니의 외동딸이요, 그녀를 낳은 이에게 가장 귀한 자로구나. 딸들이 그녀를 보고 그녀를 축복하였고, 왕비들과 후궁들도 (그러하였으며), 그들이 그녀를 칭찬하였도다.
(10) 새벽처럼 나타나고, 달처럼 아름다우며, 태양처럼 빛나고, 깃발을 든 군대처럼 두려운 이가 누구인가?"

[여자]

(11) "내가 골짜기의 푸른 초목을 보려고, 포도나무가 순이 돋았는지, 석류나무들이 꽃을 피웠는지 보려고, 호두나무 동산으로

내려갔을 때에,
(12) 내가 알기도 전에, 나의 혼이 나를 내 고귀한 백성의 병거들 가운데에 두었구나."

[예루살렘의 딸들]
(13) "돌아오소서, 돌아오소서, 오 술람미 여자여. 돌아오소서, 돌아오소서. 그러면 우리가 당신을 바라보겠습니다."

[남자]
"너희가 무엇 때문에 마하나임의 춤에서처럼, 술람미 여자를 바라보려느냐?"

아가서 7장

[예루살렘의 딸들 혹은 남자]
(01) "오 귀한 자의 딸아, 신들 안의 네 발걸음이 어찌 그리 아름다운가! 너의 둥근 넓적다리는 장인의 손들이 만든 장식품 같구나.
(02) 너의 배꼽은 섞은 포도주가 부족하지 않은 둥근 잔 같고, 너의 배는 백합화들로 두른 밀 한 더미 같구나. (03) 너의 두 유방은 두 마리 어린 사슴, 곧 쌍둥이 노루 같구나.
(04) 너의 목은 상아 망대 같고, 너의 눈들은 바드랍빔 문 곁에 있는 헤스본의 연못들 같으며, 너의 코는 다마스쿠스를 향하여 바라

보는 레바논의 망대 같구나.
(05) 너의 머리는 너의 위에 갈멜처럼 자리 잡았고, 너의 머리의 머리채는 자색 같으니, 왕이 그 흐르는 머릿결에 사로잡혔도다.

[남자]

(06) 오 사랑아, 쾌락을 주는 내 기쁨아, 너는 어찌 그리 아름답고 또 어찌 그리 즐거운가!
(07) 너의 이 키는 종려나무 같고, 너의 유방은 그것의 열매송이 같구나.
(08) 내가 말하기를 '내가 종려나무 위로 올라가서, 그것의 가지들을 붙잡으리라' 하였노라. 부디 너의 유방이 포도나무의 송이들 같고, 너의 코의 숨결이 사과들 같기를.
(09) 그리고 너의 입은 좋은 포도주 같기를."

[여자]

"그것은 나의 사랑하는 이를 위하여 부드럽게 흘러내려, 잠자는 자들의 입술 위로 미끄러지는구나.
(10) 나는 나의 사랑하는 이에게 속하였고, 그의 갈망은 나를 향하여 있구나.
(11) 나의 사랑하는 이여, 오소서. 우리가 들로 나가서, 마을들 안에서 밤을 지냅시다.
(12) 우리가 아침에 일찍 일어나서 포도원들로 갑시다. 우리가 포도나무가 순이 돋았는지, 그 꽃이 피었는지, 석류나무들이 꽃을 피웠는지 봅시다. 거기에서 내가 나의 사랑을 당신에게 주겠습

니다.

(13) 그 합환채들이 향기를 내뿜고, 우리의 문들 곁에는 온갖 귀한 것들이 있으니, 나의 사랑하는 이여, 내가 당신을 위하여 간직해 둔, 새것들과 또 낡은 것들이라오."

아가서 8장

[여자]

(01) "오, 당신이 내 어머니의 젖을 빤 나의 오빠 같았더라면! 내가 밖에서 당신을 발견하였을 때, 내가 당신에게 입 맞추어도, 참으로 그들이 나를 멸시하지 아니하였을 것을.

(02) 내가 당신을 이끌어, 나를 가르치셨던 내 어머니의 집 안으로 당신을 데려왔을 것을. 내가 당신에게 향료를 섞은 포도주, 나의 석류즙을 마시게 하였을 것을.

(03) 그의 왼팔은 내 머리 아래에 있고, 그의 오른팔은 나를 껴안는구나.

(04) 예루살렘의 딸들아, 내가 너희에게 맹세하게 하노니, 너희는 무엇 때문에 그 사랑을 흔들며, 또 무엇 때문에 그 사랑이 원하기까지 깨우려느냐?"

[예루살렘의 딸들]

(05) "그녀의 사랑하는 이에게 기댄 채, 광야로부터 올라오는 이가

누구인가?"

[남자]

"사과나무 아래에서 내가 너를 깨웠노라. 거기에서 너의 어머니가 너를 위하여 산고를 치렀고, 거기에서 너를 낳은 이가 산고를 치렀노라.

(06) 너는 나를 너의 마음 위에 한 인장처럼, 너의 팔 위에 한 인장처럼 두어라. 왜냐하면 사랑은 죽음처럼 강하고, 질투는 스올처럼 잔인하기 때문이다. 그것의 불꽃은 불의 불꽃이요, 주님의 거센 불꽃이다.

(07) 많은 물들이 그 사랑을 끌 수 없고, 홍수들도 그것을 삼킬 수 없으리라. 만일 한 남자가 자기 집의 모든 재산을 그 사랑을 위하여 준다 해도, 그들은 분명히 그를 멸시할 것이다."

[오빠들](과거 회상)

(08) "우리에게 한 작은 누이가 있는데, 그녀는 아직 유방이 없구나. 만일 그녀를 위하여 혼담이 오가는 그날에, 우리가 우리의 누이를 위하여 무엇을 해야 할까?

(09) 만일 그녀가 성벽이라면, 우리는 그녀 위에 은 망대를 세울 것이요, 만일 그녀가 문이라면, 우리는 백향목 판자로 그녀를 두를 것이다."

[여자]

(10) "나는 성벽이었고, 나의 유방은 망대들과도 같았네. 그때에 나

는 그의 눈들 안에서 평화를 얻은 자 같았노라.

(11) 솔로몬이 바알하몬에 한 포도원을 가지고 있었는데, 그가 그 포도원을 파수꾼들에게 맡겼으니, 각 사람이 그것의 열매를 위하여 은 천 개를 가져와야만 했네.

(12) 나에게 속한 나의 포도원은 내 앞에 있구나. 오 솔로몬이여, 그 천 개는 당신에게 속하였고, 그것의 열매를 지키는 자들에게는 이백 개가 속하였도다."

[남자]

(13) "오 동산들에 거하는 자여, 친구들이 너의 목소리에 귀를 기울이니, 내가 그것을 듣게 하라."

[여자]

(14) "나의 사랑하는 이여, 서두르소서. 그리고 당신은 향료의 산들 위에 있는 노루와 같고 또는 어린 사슴들과도 같아지소서."

에필로그

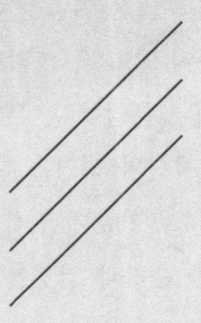

| 에
| 필
| 로
| 그

    아가서라는 비밀의 동산을 함께 거닐어 온 여정이 이제 끝에 이르렀습니다.

    처음 이 책의 문을 열 때, 우리는 솔로몬과 술람미 여인의 낯선 사랑 노래 앞에서 당혹했을지 모릅니다. 한 여인이 왕에게 "내게 입 맞춰 주기를 원한다"고 속삭이는 첫 대사 앞에서, 우리는 이것이 과연 거룩한 성경의 일부가 맞는지 고개를 갸웃거렸을지도 모릅니다. '하나님'이라는 단어조차 거의 등장하지 않는 이 책을 어떻게 이해해야 할지 막막했을 것입니다.

    그러나 이제 우리는 압니다. 이 책이 단순한 연애시가 아니라, 바로 당신과 나를 향한 하늘의 신랑, 예수 그리스도의 불타는 사랑 이야기임을 말입니다.

    우리는 이제 솔로몬이 왜 수많은 여인들을 뒤로하고 햇볕에 그을린 시골 처녀를 향해 달려갔는지 압니다. 그녀가 바로 창세 전에 잃어버렸던 그의 유일한 짝이었기 때문입니다. 우리는 이제 '엔게디 포도원의 고벨화'가 신부를 위해 자신의 생명을 속전으로 내어주신 그리스도의 십자가 사랑을, '가시나무 가운데 백합화'가 세상 속에서 고통받으면서도 오직 주님을 향한 순결과 열정을 지키는 성도의 모습임을 압니다.

    포도원을 허무는 '작은 여우'들이 우리를 넘어뜨리는 영적 실체임을, '성안의 순찰자들'과 '성벽의 파수꾼들'이 때로는 신랑에게 나아가는 길을 가로막는 현실 속 장애물이 될 수 있음도 보았습니다. 그리고 마침내, 신랑이 밤늦도록 양 떼를 먹이고 꺾인 백합화를 품에 안고 있던 그 '비밀의 동산'이, 바로 오늘 우리를 향한 주님의 마음이 머무는 곳임을 깨달았습니다.

그렇습니다. 이 책은 당신의 이야기입니다. 포도원지기로 고된 노동에 시달리던 술람미 여인의 모습에서 우리의 과거를 보았고, 왕의 사랑을 받아 신부가 되고, 수많은 시련을 거쳐 마침내 왕과 함께 동산을 가꾸는 동역자가 되어가는 그녀의 모습에서 우리의 현재와 미래를 보았습니다.

그러므로 이제 책을 덮는 당신에게 간절히 묻고 싶습니다. 그리고 염원합니다.

우리는 언제까지 세상의 가시덤불 속에서 상처받은 채 신랑의 처분만 기다리는 연약한 '백합화'로만 머물러 있겠습니까? 신랑의 임재를 놓치고 밤거리를 헤매면서도, 그를 다시 찾기 위한 간절한 기도와 눈물의 회개, 그리고 담대한 선포를 시작하지 못하고 있지는 않습니까?

이제 당신의 포도원을 허무는 '작은 여우들'을 향해 담대히 맞서 싸우십시오. 그리하여 원수의 영토 한복판에 '사랑'의 깃발을 꽂는 '군대같이 당당한' 신부로 일어나십시오. 당신의 삶이 신랑의 마음을 알아 그분의 양 떼를 먹이고 꺾인 백합화를 품에 안는 '왕의 동산'이 되게 하십시오. 그리하여 그저 사랑받는 신부에 머무르지 말고, 또 다른 신부를 낳고 양육하는 성숙한 어미의 자리로 나아가십시오.

이 책의 마지막 장은 덮였지만, 당신의 아가서는 이제 막 시작되었습니다. 당신과 주님 사이의 가장 깊고 은밀한 사랑 이야기는 지금부터 쓰여야 합니다.

부디 당신의 삶의 마지막 장에서, 향기로운 산 위에서 달려오시는 신랑을 향해 외치는 술람미 여인의 마지막 고백이 당신의 고백이 되기를 간절히 소망합니다.

"내 사랑하는 자야, 빨리 달리라… 아멘, 주 예수여, 어서 오시옵소서!"

주님의 다시 오심을 기다리는 한 순례자가
정보배 목사